只是孩子　*Just Kids*

佩蒂·史密斯　Patti Smith

文学森林系列
Lf
0017

新経典文化
ThinKingDom

本書作者佩蒂・史密斯，最為世人所知的專輯《群馬》（*Horses*）封面照片，由羅柏・梅普索普拍攝。他們在1967年初次相識在紐約，兩人先是戀人，而後是創作上的伴侶，相互支持，直到1989年羅柏過世，照片完成於兩人相識的第8年。

contents

◎名家好評推薦

佩蒂・史密斯給了我們這本詩般的傑作，這本書就像是難得而特別的邀請，帶領我們進入一個從未被開啟的歲月寶盒。

——演員　強尼・戴普

這本書如此誠摯，如此純淨，我只能說它真是一本悸動人心之書。

——作家　瓊・蒂蒂安

這本書提醒了我們純真、烏托邦理想、美及反抗都是對人類發展歷程起著啟蒙作用的引導。作者透過它寫出整個時代的共同記憶，毫無閃躲與退怯。引領我們從那過去照見今日，走向未來。——REM主唱　麥可・史戴普

風趣、迷人，且出奇地溫柔。

——知名電視主持人　歐普拉

這本書對六〇年代末七〇年代初那紐約做了讓人著迷沉醉的描述，這是至今那一代人都沒寫出來過的故事。

——《紐約時報》重量書評人　Janet Maslin

佩蒂・史密斯透過自己和攝影師羅柏的情誼，描繪出七〇年代的紐約和整個龐克世代。我一邊播放聽了不下數百次史密斯的專輯《群馬》，一邊翻閱本書。「Jesus died for somebody's sins but not mine……」她寫下這段經典吟唱作為開場，後半段翻唱范・莫里森的Gloria，Gloria變成榮光，懷抱著共有的愛和憤怒，我們牽起了手大張旗鼓——就像《群馬》的封面上，羅柏用相機記錄下史密斯的這股桀驁不馴，從此他們將帶領每個世代的年輕人，為自己、為愛好好幹一場架。

——1976樂團　阿凱

穿過七〇年代的柯尼島與雀兒喜飯店，用蘇打粉擦洗的床墊與吉普賽的家，佩蒂．史密斯和愛人一起走過紐約的貧窮與浪漫。路人說，他們只是孩子。我想，他們的確是。

——「音樂是這世界上最美好的事」 林貓王

她是我們這個時代最有原創力的詩人、歌手、畫家，但她也曾經是在生活餬口與藝術創作間掙扎的未婚媽媽、餐館女服務生和身無分文的書店職員。這是一個關於愛情與死亡、欲望與背叛、性與音樂的冒險紀實，佩蒂．史密斯揭露的不只是個人的私密過往，也是上個世紀七〇年代紐約藝術家的集體心靈史。我們讀到的，不是她在舞臺上的激昂嘶吼與光鮮亮麗，更多的是她未曾輕易透露的脆弱、恐懼、憂傷與混亂。不管你聽不聽她的歌，如果讀完這本書讓你直接想到自己——毫無疑問，我們跟他們一樣，都只是一些在冰冷的夜晚，利用手邊僅存的材料，彼此互相燃燒取暖的孩子。

——作家、搖滾樂迷 林維甫

佩蒂．史密斯為我們打開一個秘密通道，進入那個已然消逝的波西米亞紐約，一窺青春的貧困與夢想，對藝術與搖滾的獻身與信念，以及兩個靈魂之間最綿密的情感。

——搖滾作家 張鐵志

佩蒂．史密斯是將火燄化做紅蓮的女人，親身面對生命及其中散落的緣份；她所成就的一生也是最壯麗，傳說著奇蹟的作品，更是宇宙中最公開的一份秘密珍寶。

——創作歌手 張懸

一九七五年的某個午後，格林威治村的一間公寓裡，佩蒂．史密斯靠著一面白牆，夾克披在左肩，炯炯有神盯著鏡頭。攝影機後方是她的靈魂伴侶羅柏．梅普索普，當時仍是業餘攝影師，兩人都二十八歲。幾個月後這張照片成了《群馬》的封面圖像，後來發生的事我們都清楚了：史密斯被奉為龐克教母，梅普索普躋身紐約前衛藝術圈的要角。

讀《只是孩子》有好多共鳴，書中的故事多發生在一九七五年之前，兩人仍寂寂無名的純真年代。她在書店打工讓他遊手好閒，一起窮著、苦著、愛著、痛著，是那樣放肆地燃燒青春，那樣瀟灑地活在當下。因為成名在望，未來有無限可能，每天都要比昨天更接近夢想。

這本書讓人體驗七〇年代紐約的蓬勃能量，見聞了曼哈頓下城形形色色的藝術家，更感受到一股穿透時空的情思，纏繞著梅普索普─史密斯這一生偉大而無畏的愛，最深的知己，也是最濃的牽絆。一九八九年他因愛滋病過世，她用接下來的一輩子想念他。我知道那個想念的表情，我看過幾次，在紐約的演唱會與簽名會中，她常在臺上提起他；一瞬間，一切彷彿又回到一九七五年的午後，遠大前程即將落到腳邊，拍完那張照片，兩人相視而笑。

我看過那個想念的表情，我永遠不會忘記。

——作家　陳德政

導讀

那時，他們和世界都正年輕

馬世芳

男孩女孩逃離各自的家鄉，在那座世界中心之城邂逅。那時他們纔二十歲，除了一身膽量別無所有。他們還太年輕，不確定自己應當長成什麼模樣，卻都堅信自己終將成為偉大的藝術家。

沿著顛沛的逐夢之路，他們相濡以沫，一起被這座城市傷害，被這座城市滋養，結識各路怪人貴人，那些名字如今看來皆閃爍如天穹星辰。他們體嘗了戀愛的甜苦，生活的逼壓，見識了廟堂之高江湖之大，見證了彼此性靈與才華的突變茁長。到頭來，這座城不僅是當初投奔的應許之地，更是一座賜與養分的學校，讓他們終於足夠強壯，足夠成熟，足夠讓夢想成真。他們果然兌現了青春的自許，雙雙成為偉大的藝術家，躋身那些閃閃發光的名字，改變了千萬人的生命。

男孩在四十二歲盛年死於絕症，臨死交代女孩：向世人說出他們的故事。女孩足足花了二十一年纔終於踐履諾言——當她完成這本回憶錄，當年男孩拍的那幀唱片封面上睨視著你的女孩，已經六十三歲了。

世人認識佩蒂·史密斯，多半始自一九七五年的《群馬》（Horses）專輯。封面那幀黑白照，瘦削的女子脂粉不施，穿著男氣的白襯衫吊帶褲，黑外套甩在肩上，一頭蓬亂的黑髮，雙眼直直望向你，背景是陽光斜映的白牆。這幅圖像平靜而強悍，挑釁卻細膩，和專輯開篇名句「耶穌是為別人的罪而死／不是我的」相互映襯，平地一聲雷，從此改變了搖滾的面貌。紐約龐克大潮從這張專輯開始延燒，繼而與大西洋彼岸的英倫龐克同黨合流，終於成為橫掃時代的燎原大火。史密斯遂被尊為「龐克教母」——在高帽和標籤氾濫成災的流行樂壇，這是一頂「名副其實」的冠冕。

史密斯曾自謂「恨不能生在十九世紀」，她變成「龐克教母」實屬意外，她骨子裡始終是一個詩人。搖滾於她，最重要的意義便是詩的載體。她說她從不覺得自己是「搖滾明星」，寧願自視為「表演者」。她飽讀詩書，摯愛的偶像是韓波（Arthur Rimbaud）、布雷克（William Blake）和波特萊爾（Charles Baudelaire）。看看她這些年的造型，你不難發現史密斯對那個時代的執迷：那一身裝扮，活脫脫是從漫漶的銀版相片裡走出來的十九世紀頹廢派詩人。而羅柏·梅普索普，始終都是最能捕捉她完美形象的那雙利眼。

梅普索普在攝影界如雷貫耳的威望，乃至於生前身後作品掀起的爭議，都已經是當代藝術的必修教材。七〇年代，攝影作品的藝術地位逐漸上升，跨進了美術館的殿堂，梅普索普便是彼時崛起的新世代「巨星級」攝影家之一。他常以嚴謹的古典構圖和細膩的光影拍攝跨人種的同性戀、性愉虐等題材，屢被目為驚世駭俗。即使在他死後，作品已動輒天價，相關展覽和書籍仍屢遭抵制，險被查禁。當年一連串爭議，牽扯藝術與出版自由的界線，如今都成了文化史的經典案例。

史密斯和梅普索普從一開始的愛侶關係，到梅普索普「發現」自己的同志性向，幾經掙扎而至坦然面對，他們始終相互陪伴，相互理解。這份生死與共的情感，即使後來兩人生活軌跡漸行漸遠，仍然緊密相繫，至死不渝。或許史密斯和梅普索普的作品都太經典，在幾代人記憶中烙下的印象太鮮明，總以為他們生來便該是那模樣，殊不知兩位藝術家的養成，充滿了意外與曲折：梅普索普起初全心投入繪畫和裝置藝術，對攝影毫無興趣。他之所以拿起相機，是為了自製拼貼材料，省下蒐尋素材的工夫。史密斯則專心致志寫詩作畫，一心向韓波與布雷克看齊，這個內向的女孩原本壓根兒沒想過公開表演，遑論出唱片。她之所以組團，最早只是為了在詩歌朗誦的場合添一把電吉他，增加戲劇張力。就這樣，一樁意外連到另一樁意外，引爆了他們自己都始料未及的潛能。梅普索普變成了名滿天下的攝影大師，史密斯則變成了「龐克教母」。

這一切都發生在六七〇年代之交的紐約——他們在對的時代來到對的地方，遇見了對的人：「垮掉一代（The Beat Generation）」尚未老去，你仍能在東村和正值壯年的大詩人艾倫·金斯堡（Allen Ginsberg）和傳奇作者威廉·布洛斯（William Burroughs）交朋友。儘管史密斯和梅普索普租住的房間沒有電視機，她仍有可能在一九六八年看過《在路上》作者凱魯亞克（Jack Kerouac）最後一次上電視，醉醺醺地議論嬉皮一族與「垮掉一代」的關聯——次年他就因為酗酒嘔血而亡。安迪・沃荷（Andy Warhol）和圍繞他身邊那群美麗而奇特的男女儼然當代藝壇的小朝廷，「馬克斯的堪薩斯城」（Max's Kansas City）便是王族進出的宮殿，彼時沒沒無聞的「地下絲絨」樂團（The Velvet Underground）在那兒製造出搖撼天地的聲響。搖滾正邁入爛熟的百花齊放的黃金時期：史密斯初抵紐約那年，正是嬉皮風潮勃發的「愛之夏（Summer of Love）」，巴布・狄倫（Bob Dylan）、滾石（Rolling Stones）、「門」樂團（The Doors）的吉姆・莫里森（Jim Morrison）風華正盛，珍妮絲・喬普林（Janis Joplin）和吉米・韓崔克斯（Jimi Hendrix）一夕成名——兩年後，他們將和史密斯在「雀兒喜飯店（Chelsea Hotel）」短暫相遇。因為窮，史密斯和梅普索普只住得起「雀兒喜」最小的房間。但在那間「古怪、混帳的飯店」，他倆獲得了任何名校都不能給予的最頂級的文化教育——「雀兒喜」烜赫照人的住客名單，就是一部當代地下文化的點將錄。如今，史密斯和梅普索普的名字也鑲在那份後人仰望的名單之中，繼續吸引著一代代逐夢人前去「朝聖」。

這部書花了二十多年纔終於成形，佩蒂・史密斯在這段期間經歷了許許多多的傷逝：梅普索普辭世沒幾年，音樂夥伴理查・索爾（Richard Sohl）、丈夫弗雷德・史密斯（Fred "Sonic" Smith）、弟弟陶德（Todd Smith）相繼驟逝，當時史密斯已經遠離樂壇多年，帶著兩個孩子過著半隱居的主婦生活。在樂壇後進麥可・史戴普（Michael Stipe，REM主唱）、老友艾倫・金斯堡和偶像巴布・狄倫鼓勵之下，她重新站上舞臺，又錄下了一張接一張震懾人心的壯美之作——上帝帶走了她最親愛的人，同時又還給這世界一位頂天立地的詩人歌手。而她必得花上這麼長的時間，纔能穿越失落的傷痛，尋得合宜的敘述方式。回望所來處，《只是孩子》也是一部獻給那些隕落星辰的傷悼之書。

二〇〇五年，法國文化部頒贈藝術文化勳章給佩蒂・史密斯，這來自韓波與波特萊爾故鄉的禮讚，於她再合適不過。二〇〇七年，史密斯正式列名搖滾名人堂（Rock and Roll Hall of Fame），典禮最後群星大合唱的歌，便是她的〈人民擁有力量〉（People Have the Power）。近年她仍不斷巡迴演出、錄音，並且持續寫作。她的一對兒女，如今都成了厲害的樂手，經常和母親同臺表演。

二〇一〇年十一月七日，美國國家書卷獎頒給了《只是孩子》。在領獎臺上，佩蒂・史密斯憶及她當年在史克萊柏納書店（Scribner's）打工的日子：「我夢想能擁有一本自己的書，寫一本我能放在那架子上的書。」她眼眶泛淚地說：「拜託，不管我們科技再怎麼進步，請不要遺棄書本。在這有形的世界，沒有任何東西比書本更美麗。」

——她的確寫出了一本擔得起那夢想的，美麗不可方物的書。

關於羅柏，人們已經說了很多，以後也還會再說。男孩們會學他的儀態。女孩們會穿起白裙，悼念他的捲髮。他會被譴責，受崇拜。他不羈的行為會遭到指責或浪漫化。最後，他最真實的那一面將在作品中——在藝術家有形的存在裡——被發現。它不會消散。人類無法評判它，因為藝術是讚美上帝的，並終將屬於上帝。

前言

他去世時我沉睡著。睡前我還打過電話到醫院去，想跟他再道一個晚安，他卻已在重重嗎啡的作用下失去了意識。我在電話裡聽著他吃力的呼吸。站在桌邊，拿著聽筒，我知道我將再也聽不到他的聲音了。

我默默地收拾起自己的物品，我的筆記本和鋼筆。那個深藍色的墨水瓶原本是他的。我的波斯杯、我的「紫心」——一副乳牙牙托。我慢慢地走上樓梯，邊走邊數，一階，一階，有十四階。我幫嬰兒床裡的女兒蓋上毯子，親親熟睡的兒子，然後在丈夫身邊躺了下來，祈禱。他還活著，我記得自己這樣低語著。然後睡去。

我醒得很早，下樓梯時我知道他已經離去。一切都靜止不動，只有昨晚沒關的電視機兀自響著：藝術節目臺正播放著歌劇。螢幕上的托斯卡（Tosca）吸引著我，她以有力但悲傷的聲調，表白她對畫家卡瓦拉多西（Cavaradossi）的感情。這是個春寒料峭的三月清晨，我穿上了毛衣。

我拉起百葉窗，陽光照進書房。撫平鋪在椅子上的亞麻布，我選了一本奧迪隆．魯東（Odilon Redon）的畫冊。翻開那幅《閉合的雙眼》（*Les yeux clos*），一名女子的頭漂浮在一小片海藍上。蒼白的眼瞼下，含著尚未顯現的宇宙萬象。此時，電話響起，我起身去接。

羅柏最小的弟弟愛德華打來。他告訴我，他已經替我給了羅柏最後的一吻，就像他答應過的。我一動不動，全身如凍結，然後慢慢地，就像作夢一樣，坐回椅子上。那一刻，托斯卡開始唱起那段偉大的詠嘆調〈為了藝術，為了愛情〉（Vissi d'arte）：**我為藝術而生，為愛而活**。我閉上眼睛，十指相扣。冥冥之神決定了我該怎麼向他道別。

在我很小的時候，母親會帶著我到洪堡公園沿著草原河散步。那記憶很模糊，就像玻璃盤子上的印痕，我記得有間老船屋、一架圓頂棚、一座石拱橋。河流流入一片寬闊的淡水湖，我在那水面上看到一則造物奇蹟：一條彎彎的長脖子從一團潔白羽毛中升起。

天鵝，母親察覺到了我的興奮，說道。那天鵝輕拂明亮的水面，揮舞著一對大翅膀，朝天際升起離去。

語言難以表達它的壯美，也不能傳達我對它所產生的情感。眼前美景觸發了我心中難言的強烈欲望，一種想對天鵝說點什麼的渴望：說一說它的潔白，它那動作的爆發性，以及它悠然的振翅。

天鵝與天空已融為一體，我還在努力尋找辭彙形容我對它的感覺。**天鵝**，我重複道，但不盡滿意，然後我覺得被什麼戳到，心生一種新奇的渴望，那是路人、母親、樹林或者雲朵都覺察不到的。

★

我出生於某個星期一，正值一九四六年芝加哥北部大暴風雪期間。我來得太早，不像那些新年夜降生的嬰兒，出院時還能帶走一臺新冰箱[1]。計程車在風雪的漩渦中沿著密西根湖岸爬行；任憑母親努力地忍耐，蠢蠢欲動的我還是讓她耗盡體力。聽父親說，我生下來又瘦又長、還有支氣管炎，為了不讓我死掉，他一直捧著我在冒熱氣的洗衣盆上取暖。

妹妹琳達跟著在一九四八年另一場暴風雪中誕生，這迫使我迅速地成長。在媽媽熨衣服時，我坐在租來的公寓門廊前，等待賣冰的人與他的推車。賣冰的人給了我幾包裝著碎冰的棕色紙包。我會把其中一包塞進口袋裡留給還是嬰兒的妹妹，但過一會兒當我伸手去拿時，卻發現冰已經不見了。

母親懷弟弟陶德時，我們搬離羅根廣場擁擠的住處，搬到賓州的日爾曼敦。接下來幾年，我們都住在為軍人和其眷屬搭建的臨時組合屋裡——從那些刷了白灰的營房，俯瞰出去是一片開著野花的棄耕地，我們叫那塊地「補丁」。夏天時，大人們會坐在那裡聊天、抽菸，一邊傳著喝罐子裡的蒲公英酒；我們小孩自己玩。母親教我們玩「雕像」、「紅衣流浪者」和「賽門說」，都是她幼年玩的遊戲。我們用雛菊做成項鍊和皇冠裝扮自己。到了晚上，就用廣口玻璃瓶收集螢火蟲，擠出它們的發光部位，做成戒指戴在手上。

母親教我祈禱；她教我念的祈禱文也是她媽媽教她的。**現在我將躺下睡覺，祈求天主守護我靈魂**。黃昏，我跪在小床前，菸不離手的她站在一旁，聽我跟著背誦。我最盼望的就是念祈禱文了，儘管那些話讓我困惑，我用各種問題糾纏著她。靈

1 佩蒂·史密斯生於1946年12月30日。

魂是什麼？是什麼顏色的？我曾經懷疑，我的靈魂會惡作劇地在我做夢時偷偷溜走，一去不回。我努力不讓自己睡著，好讓它老老實實地待在我身上。

或許是為了滿足我的好奇心，母親把我送進主日學校。我們死記硬背著《聖經》和耶穌的話，然後所有人站成一排，得到分食滿滿一勺蜂蜜的獎賞。好多咳嗽的孩子也去含那罐子裡唯一的勺子。我本能地厭惡那把勺子，不過我很快地就接受了「上帝」。我喜歡想像有個高於我們的存在，想像持續移動就像一片液態的星辰。

沒多久，我對那種給孩子念的祈禱文不滿足，央求母親讓我自己創作祈禱文。我很高興不必再重複那句**如果我在醒來之前死去，請主帶我的靈魂同行**，從此可以說些真心話。獲得首肯後，我可以躺在煤爐邊的床上，興致勃勃如寫信般對上帝悄聲說很多話。我睡得不多，我那無窮無盡的誓言、憧憬和計畫，想必把祂煩透。隨著時日漸增，我開始體驗另外一種祈禱文，一種安靜的、更需去傾聽而非傾訴的祈禱文。

我那股對文字的小小激情不斷擴展，發展為模糊的細膩情感。那是我走進想像力之光的入口。尤其在染上流感、麻疹、水痘和腮腺炎而發燒的時光裡，這個過程被強化放大。我很想得到那些病，每發一次病，我對文字的認識就幸運地再上一階。在我內心深處，有一朵雪花般的東西在空中旋轉，在穿過眼瞼的剎那變得愈發強烈，我抓住了一份最珍貴的紀念品，一枚從天堂的萬花筒中墜落的碎片。

我對祈禱文的愛漸漸不敵對書的熱愛。我會坐在母親腳邊，看她喝著咖啡，抽著菸，讀著攤在膝頭的那本書。她的全神貫注引我好奇。儘管那時我連幼稚園都還沒上，卻已經愛上看書，我喜歡撫摸那些書頁，掀開蓋在卷首插圖上的薄紙。我想知道書裡到底有什麼，能如此深深地吸引她。我把她那本深紅色封皮的福克斯《殉道者書》（*Book of Martyrs*）藏在枕頭底下，希望能理解書的含意。後來母親發現了，她要我坐下，開始了教我讀書的辛苦歷程。經過許多努力，我們從「鵝媽媽」讀到了蘇斯博士。等我不再需要她教認字，母親便要我坐在又軟又厚的沙發上和她一起閱讀，她讀《漁夫的鞋》（*The Shoes of the Fisherman*），我呢，讀《紅舞鞋》（*The Red Shoes*）。

我一下子就被書完全吸引住。我渴望讀遍所有書，每讀到新的東西就萌生新的渴望。我渴望過到非洲去當史懷哲醫生的助手；夢想著戴上我的浣熊皮帽和牛角火藥筒，像美國十九世紀的英雄大衛．克羅那樣保衛人民。我想攀上喜馬拉雅山，住在山洞裡轉動著轉經輪，讓地球持續轉動下去。但，表達自己才是我最強烈的渴望，弟弟妹妹於是成了我運用想像力的第一批熱忱同謀。他們聚精會神聽我講故事，高興地在我的遊戲裡扮演角色，在我安排的戰役中英勇作戰。有他們在，一切皆有可能。

春天的那幾個月我總是生病，我被規定躺在床上，不得已地聽著窗外小孩的嬉鬧。夏天，年幼一點的孩子會來我床邊報告：大軍壓境，我方保住了多少陣地。因為少了我，所以造成我方在某場戰役中損失慘重，我疲憊的部隊士兵會聚到床前，我會讀一段對這群小兵來說像《聖經》一樣、羅柏・路易士・史蒂文生（Robert Louis Stevenson）寫的《一個孩子的詩園》（*A Child's Garden of Verses*），為他們祝福。

冬天，我們堆起雪堡，我當將軍，指揮戰役、製作地圖並擬定進攻和撤退戰略。我們為了愛爾蘭世代祖先而戰，橙軍對綠軍[2]。我方穿橙色，但橙色代表什麼其實沒人知道，那對我們來說只是顏色罷了。心不在焉的時候，我會擬一份停戰協議，然後去探望我的朋友史蒂芬妮。她那時生了一場我搞不大懂的重病，正在調養中，據說是一種血癌。她比我大，我八歲時她大概十二歲。我跟她沒有多少話可以聊，可能也無法給她太大的安慰，可是我的出現似乎令她高興。我相信自己接近她的真正原因並非出於好心，而是被她的富有吸引。她姐姐會掛起我的濕衣服，用托盤端來巧克力牛奶和全麥餅乾。史蒂芬妮會靠在枕頭上，我呢，則負責講一些離奇的故事，看她的漫畫書。

我對她的漫畫收藏大為讚嘆，那一大堆都是她長年臥病在床累積起來的，《超人》（*Superman*）、《小露露》（*Little Lulu*）、《經典漫畫》（*Classic Comics*）系列和《神秘故事屋》（*House of Mystery*），一期都沒漏掉。她那個舊雪茄盒裡裝著所有一九五三年的幸運小飾品：賭博輪盤、打字機、溜冰選手、美孚商標的紅色飛馬、艾菲爾鐵塔、芭蕾舞鞋，還有全套四十八州形狀的徽章。我永遠玩不膩這些收藏，如果她剛好有兩個，還會送一個給我。

我床邊的地板下有一個秘密夾層，藏著我的寶貝：彈珠遊戲的戰利品、收藏卡，還有我從天主教堂垃圾桶裡搶救回來的手工藝品——舊聖卡、使用過的儀式肩衣、缺了手腳的聖徒石膏像。史蒂芬妮給我的戰利品也收在裡面。我內心有個聲音告訴我，不該拿病人的禮物，但我還是拿了，而且還佔為己有，有點慚愧。

我答應情人節那天去看她，但我失約了。身為「將軍」，領導弟弟妹妹和鄰居小朋友組成的部隊非常重要，況且還要穿越三英尺厚的積雪。那年的冬天很冷。第二天下午，我丟下我的崗位去找她喝巧克力牛奶。她非常安靜，懇求我留下來後就沉沉睡去。

我開始翻看她的珠寶盒。那是個粉色盒子，一打開就會有個芭蕾舞者躍然眼前，就像「糖梅仙子」。盒子裡一枚溜冰選手的別針深深吸引我，我把它偷偷塞進我的連指手套裡，一動不動地在她身邊坐了很久，然後趁她睡著時悄悄離開。我把那枚別針塞進我的收藏中。那一晚睡睡醒醒，我對自己的舉動非常懊悔。隔天早上，我難受到沒辦法上學，帶著深重的罪惡感賴在床上不肯起來。我發誓要把別針還給她，請求她的原諒。

第二天是我妹妹琳達的生日，但我們沒有舉辦慶生會。史蒂芬妮的病情惡化

2 橙色代表新教，綠色代表天主教。

了，我父母都去了醫院捐血。他們回來後，父親流著淚，母親跪到我身邊，告訴我史蒂芬妮的死訊。在摸過我的額頭後，她的悲傷迅速轉成擔憂。我全身發燙，發燒了。

我們住的公寓被隔離了，因為我得了猩紅熱。在五〇年代猩紅熱是很可怕的疾病，因為往往會發展為致命的風濕熱。公寓的門被漆成黃色。臥病在床的我沒去參加史蒂芬妮的葬禮。她的母親把她成堆的漫畫書和那一雪茄盒的飾品都帶來給我。現在我什麼都有了，擁有她所有的珍藏，可是我卻病得連看這些東西一眼的力氣都沒有。那時候起，我體會到惡的沉重，即使是偷了一枚溜冰選手別針這樣的小惡。我當時想：無論我如何地想成為好人，都不可能圓滿實現了。我永遠無法得到史蒂芬妮的原諒。但隨著我夜復一夜地躺在床上，我忽然想到，也許可以透過祈禱來跟她說話，或至少請求上帝代我去懇求原諒。

羅柏迷上這個故事，偶爾遇到寒冷、提不起勁的星期天，他還會要我再講一遍。「講講史蒂芬妮的故事。」他會這樣提議。在那些在床上不知如何打發時間的漫長上午，我不厭其煩地說著童年的故事，講它的悲傷和神奇；同時我們努力裝出不餓的樣子。而每一次，當我講到要打開那個珠寶盒時，他都會喊：「佩蒂，不要啊……」

我們總喜歡嘲笑小時候的自己，笑我是一個努力學好的壞女孩，而他是一個拚命學壞的好男孩。多年之後，這角色會顛倒，然後再顛倒，直到我們開始接受自己擁有善惡兩面，我們就這樣接納許多彼此衝突的信條，光明與陰暗。

我是愛做白日夢的小孩。我早熟的閱讀能力，被視為無法用於任何實際事情上的才能，讓老師們傷透腦筋。他們一個接一個在學習評語上說我整日幻想、心不在焉。問我心到底跑哪裡去了，我也說不上來，不過這讓我總是落得在眾目睽睽下戴上圓錐紙帽，罰坐在角落的高腳凳上。

後來，我還為了羅柏，將這些滑稽的屈辱時刻細緻地畫下來。他以此為樂，他似乎欣賞所有我飽受排擠或跟人格格不入的天份。透過這些圖像對話，我的青春記憶也變成了他的。

★

我們被逐出「補丁」，只好打包行李搬往紐澤西州南部展開新生活，這讓我悶悶不樂。母親生下第四個小孩金柏莉，我們全家合力撫養照顧著這個體弱多病卻陽光的小女孩。周圍的沼澤地、桃子園、豬圈，都讓我感到孤立無助和格格不入。我讓自己沉浸在書本裡，構思著一本只編到西蒙．波利瓦（Simon Bolivar）這一詞條的百科全書。父親帶我走進科幻小說的天地，我們曾經研究當跳方塊舞的舞廳上空出現過的幽浮蹤跡，他也不斷質疑人類的起源。

剛滿十一歲時，我最開心的事就是帶著小狗到偏遠的樹林裡散步。紅土地上遍布著天南星木、朽木和臭菘。我會找個好位子享受孤獨與自在，把頭靠在一截從滿是蝌蚪的小溪沖上來的原木休息。

弟弟陶德是個忠實的「中尉」，我們會匍匐爬向採石場邊的土灰色田地。我盡職的妹妹在原地駐紮，等著為我們包紮傷口，並用父親的軍用水壺供給我們緊急用水。

有一天，我在毒辣的太陽下一瘸一拐地回到家，卻迎頭被母親訓了一頓。

「派翠西亞，把襯衫穿上！」她斥責著。

「太熱啦！」我抱怨：「大家不是都沒穿嗎？」

「不管熱不熱，你都到了得穿襯衫的年紀。你馬上就要成為小姐了。」我強烈抗議，並強調我永遠不會變成任何人，我是小飛俠彼得潘一族，不會長大的。

這場爭執最後是母親獲勝，我穿起了襯衫，但無法形容在那一刻感到的背叛。我沮喪地看著母親履行她的女性職責，注意到她豐滿的女性軀體。這看起來似乎有違我的天性。那濃重的香水味和兩抹紅唇，在五〇年代都顯得太過誇張，讓我討厭。我一度對她憤憤不平，因為她既是信使也是壞消息。為了反抗她，加上我有小狗相伴，於是我夢想著去旅行。跑得遠遠的，參加外籍軍團，級級晉升，然後帶著我的士兵遠征沙漠。

書本給了我慰藉。說來奇怪，是露易莎・梅・奧爾科特（Louisa May Alcott）讓我對自己生為女人的宿命有了一份積極的心態。《小婦人》（*Little Women*）裡馬奇家四姊妹中個性最像男孩的喬，以寫作養家，在南北戰爭期間勉強維持溫飽。她用桀驁不馴的潦草筆跡，填滿了一頁又一頁的稿紙，在當地報紙副刊上發表。她給了我樹立新目標的勇氣，沒過多久我就開始精心創作短篇故事，樂此不疲地為弟弟妹妹編織天馬行空的冒險奇譚。從那時候起，我便想著有朝一日要寫本書。

第二年，父親帶全家到費城美術館，這是一趟難得的遠行。我父母平時工作非常辛苦，帶著四個孩子坐巴士去費城，既累又花錢。這是我家唯一一次家庭旅遊，我首度與藝術面對面接觸。我對筆下人物修長、慵懶的莫迪利亞尼（Amedeo Modigliani）有一種身體上的認同感；被薩金特（John Singer Sargent）和湯瑪士・艾金斯（Thomas Eakins）優雅的靜物寫生所觸動；對印象派作品散發的光芒而心動不已。而在一個畢卡索的主題大廳裡，從他的「小丑」系列到立體主義作品，無一不給我最深刻的影響，他那蠻橫的自信令我嘆絕。

我父親欣賞薩爾瓦多・達利的繪畫技藝和象徵手法，但對畢卡索毫無感覺，這是我們第一次重大分歧。母親則忙著抓住我的弟弟妹妹，他們不停地在光滑的大理石地面滑著玩。我敢肯定，當我們排成一隊走下那一大段樓梯時，我看上去與平時毫無兩樣：一個憂鬱消沉的十二歲普通孩子，但實際上，我知道自己已經被改變了。是這樣的啟示改變了我：人類創造了藝術，作一名藝術家就是要去探索別人所不能。

那時候開始我就渴望成為藝術家，儘管沒辦法證明自己有那個潛能。我想像自己感受到那種召喚，並祈禱真能實現。但一天晚上，在看珍妮佛・瓊斯（Jennifer Jones）演的《聖女之歌》（*The Song of Bernadette*）時，我猛然意識到這名年輕的聖女並沒有渴望受到召喚。影集中，卑微的鄉下姑娘伯納黛特被選中了，但渴望召喚的卻是另外那位女修道院院長。這讓我不安。我懷疑自己是否真受到成為藝術家的召喚。我不怕天降大任讓我吃苦，我真正懼怕的是，上天沒選中我。

我的身高一下子抽高好幾英吋。長到將近五呎八吋，但體重卻不到一百磅[3]。十四歲時，我已不再是忠誠小部隊的指揮官，我成了一身皮包骨的失敗者，一名棲息在高中社群中最底層、飽受奚落的對象。我沉浸在書籍和搖滾樂裡，那是一九六一年青春期的救贖。父母晚上要上班。做完家事和功課後，我和陶德、琳達便會隨著詹姆斯・布朗（James Brown）、雪莉兒合唱團（The Shirelles）和「漢克・巴拉德與午夜人」樂團（Hank Ballard and The Midnighters）的音樂跳舞。可以謙虛地說，我們在舞池裡的表現和在戰場上一樣出色。

我畫畫、跳舞，還寫詩。我沒有什麼天賦，但想像力豐富，老師們也鼓勵我。

我在宣偉塗料店主辦的繪畫比賽中獲勝，作品被陳列在商店櫥窗，還得到一筆夠買一個木質畫箱和一套油畫顏料的獎金。我跑遍圖書館和教堂市集收集畫冊。那時候，人們還可以用半買半送的價格買到精美畫冊，我快樂地倘佯在莫迪利亞尼、杜布菲（Jean Dubuffet）、畢卡索、弗拉・安吉利科（Fra Angelico）和阿爾伯特・萊德（Albert Ryder）的世界裡。

母親送我《迪亞哥・里維拉的精彩人生》（*The Fabulous Life of Diego Rivera*）作為十六歲的生日禮物。他的壁畫、他的遊歷與苦難，以及他的愛與勞作，都讓我激動不已。那年夏天，我在一家沒有工會的工廠找到一份工作，專門檢查三輪車的把手，工作環境惡劣至極。我一邊做著按件計酬的工作，一邊逃入白日夢裡。我極度渴望加入藝術家團體，渴望他們的創作欲、他們的穿衣打扮、他們的理念以及祈禱文。我向人吹噓，說自己有朝一日會成為藝術家的情婦。在我稚嫩的心靈裡，似乎沒有比這更浪漫的了。我把自己想像成迪亞哥的芙烈達・卡蘿（Frida Kahlo），她既是繆斯也是創作家。我夢想著遇到一個能讓我去愛，互相扶持，並肩創作的藝術家。

羅柏・邁可・梅普索普（Robert Michael Mapplethorpe）出生於一九四六年十一月

3 173公分，45公斤左右。

四日，星期一。他在長島的弗羅洛公園區長大，家中六個孩子他排行老三，是個調皮搗蛋的小男孩，他有著無憂無慮的童年，還包括一份對美的歡欣痴迷。他青春的眼眸裡貯藏起每一道光：珠寶的閃爍、聖壇的華貴壇布、金色的薩克斯風，抑或一片抑或遍野藍星。他生性細緻，謙和而靦腆。甚至在更小的時候，他就已經開始壓抑一份騷動和他那對那份騷動的渴望。

那光芒透過他孩子般的雙手，照在他的著色本上。著色讓他興奮，不是因為塗滿空白的快感，而是他喜歡選擇那些別人不會選的顏色。他在群山的蔥綠間看到紅色。紫色的雪，綠色的皮膚，銀色的太陽。他喜歡這樣影響別人，他的兄弟姐妹都被他弄暈了。他發現自己有速寫的天份。他天生是畫畫的料，他偷偷地把自己的形象扭曲和抽象化，感受著自身能量的增長。他從小就是藝術家，他自己也知道。這不是什麼幼稚的念頭，他只是認同了自己的角色。

那光芒照在羅柏鍾愛的首飾製作工具組上，照在裝著瓷釉的瓶瓶罐罐和小刷子上。他的手真巧。他很高興能為母親拼接和裝飾胸針，也不擔心這是屬於女生的嗜好，而飾品製作工具組通常是送給女孩的傳統耶誕節禮物。他的運動健將哥哥，會在他串飾品時偷偷嘲笑他，而他菸不離手的母親瓊，則讚賞地看著兒子坐在桌邊，恭敬地為她串著一條條印度細珠項鍊。這是一個預示，預示著他之後將會自己戴上這些項鍊，擺脫他的父親，在LSD[4]藥效後醒來時，將天主教信仰、經商和從

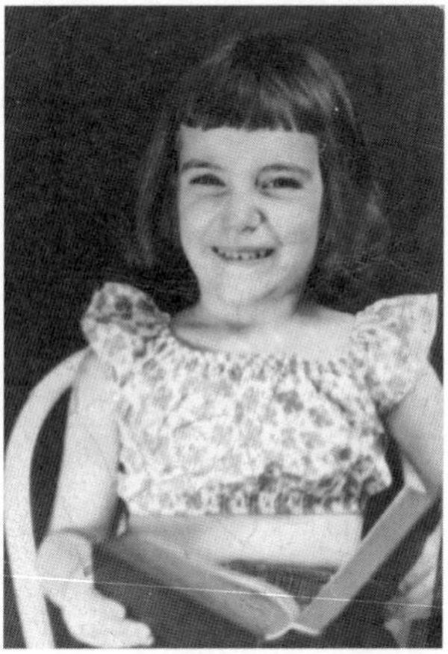

佩蒂小時候，主日學校，費城。

羅柏小時候，第一次聖餐禮，弗羅洛公園區，長島。

軍等人生選項拋諸腦後，承諾只為藝術而活。

對羅柏來說做出如此決斷並不容易，儘管他也渴望取悅父母，體內卻有種不可否認的東西。羅柏很少講起他的童年或者家庭。他總是說自己有一段不壞的成長經歷，說他的日子過得安全又衣食無憂。但他總是壓抑著他的真實情感，模仿著他父親的堅忍性情。

母親希望他成為神職人員。他喜歡當輔祭，不過更多時候他只是在享受涉足那些神秘領域：聖器室、禁室、聖袍和儀式。他和教堂之間的關係並非出於宗教或虔誠，而是基於美學。正邪較量的戰慄感吸引著他，大概因為那是他內心衝突的寫照，也揭示了一條他或許仍需穿越的界線。然而，在他第一次的聖餐儀式上，他驕傲地完成了那份神聖的工作，陶醉於成為眾人目光的焦點。他繫了一個巨大的波特萊爾式領結，手臂上戴著一個跟挑釁者韓波（Arthur Rimbaud）一模一樣的臂章。

他父母親家裡，看不到一點文化氣息或屬於波希米亞式的凌亂。雜誌在架子上，首飾在匣子裡，屋子裡乾淨整潔，簡直就是戰後中產階級拘謹敏感的模範樣本。他的父親哈利想必是個嚴厲而武斷的人，羅柏也從父親身上遺傳了這些特質，還有他那雙強壯、靈敏的巧手。母親則給了他秩序感和狡黠的笑容，使他看起來總像懷著秘密。

走廊牆上掛著好幾幅羅柏的畫。住在家裡時，他都盡力扮演孝順兒子，甚至選擇了父親要他學的課程——商業美術。就算他對自己有任何發現，也都悶在心裡。

羅柏很愛聽我講小時候的冒險故事，但是每當我問起他的，他總是說沒什麼可說。他說他父母從來不多說話、讀書或是分享親密情感。他們沒有全家共同的神話，也沒有關於叛國罪、寶藏和雪堡的故事。那是一種安穩的生活，而非傳奇童話。

「你就是我的家人。」他說。

我還只是個年輕女孩，就遇上了麻煩事。

一九六六年夏末，我和一個比我更少不經事的男孩上床睡了覺，隨即懷了孕。我去看了一位醫生，他覺得我大驚小怪，並用一番什麼女性週期的費解言論打發我。但幾週過後，我知道我真的懷孕了。

我成長的那個時代，性與婚姻完全是混為一談的。那時候也沒有節育措施，我十九歲時對性還是一派天真。我們的結合如曇花一現；薄弱到我都不敢確定，我們是否圓滿表達了彼此間的愛意。大自然和它無所不在的力量將決定一切。諷刺的是，像我這麼一個從來不想當女孩也不想長大的人，在這場磨難前無所遁逃。大自然輕鬆地為我上了一課。

4 六〇年代興起的一種迷幻藥。

那個男孩只有十七歲，也毫無經驗，負不起什麼責任。我不得已要隻身應付很多事情。那個感恩節的早晨，我坐在父母家洗衣房的折疊床上；之前暑期工廠打工、平時在葛拉斯堡羅州師範學院念書的那些年，我都是睡在這張摺疊床上。我能聽到爸爸媽媽煮咖啡，弟弟妹妹坐在桌邊嬉笑的聲音。我是老大，是家中的驕傲，努力念大學。父親擔心我的魅力不足以找到老公，覺得當教師能給我安全保障，要是我沒能完成學業，對他將是沉重打擊。

我看著撫在肚子上的雙手，在那兒坐了很久。我已經解除了那個男孩的責任。這孩子就像一隻在繭中掙扎的飛蛾，而我下不了那個狠心，阻止他笨拙地來到這個世界。我知道他是無能為力的，也知道自己沒辦法照顧一個嬰兒。我向一位很有愛心的教授尋求幫助，他為我找到了一對有教養又渴望要個孩子的夫婦。

我環視著身邊這一隅之地：一臺洗衣烘乾機，一個巨大的柳條籃，待洗的亞麻衣物就快從籃裡滿溢出來，熨衣板上放著疊好的父親襯衫。一張小桌上擺著我畫畫的鉛筆、速寫本和韓波的《彩畫集》（*Illuminations*）。我坐著，為面對父母做準備，低聲地祈禱著。有那麼一瞬，我覺得自己離死不遠了；轉瞬間，我又知道一切都會沒事。

我無意誇大那份突如其來的平靜，巨大的使命感遮蔽了我的恐懼。我把這歸功於寶寶，想像是它在同情我的處境。我是完全屬於自己的。我會盡我的義務，保持堅強和健康。我將永不回頭，不會再回到工廠或者師範學院，而會成為一個藝術家，我會證明我的價值。帶著這份決心，我站起身來，向廚房走去。

我被學院開除了，不過我不在乎。雖然我相信教師是一份令人羨慕的職業，但也知道我命中註定不是當老師的料。我繼續住在我的洗衣間裡。

大學的學伴珍妮・漢米爾（Janet Hamill）鼓舞了我。已經失去母親的她搬到我家，和我分享著我的小宿舍。我們倆都心懷崇高的夢想，還有對搖滾樂的共同熱愛，在漫漫長夜裡，認真討論披頭四和滾石哪個更厲害。為了買巴布・狄倫（Bob Dylan）的《金髮疊金髮》（*Blonde on Blonde*）專輯，我們在山姆・古迪唱片行排隊等了好幾個小時。為了找到唱片封面上狄倫戴的那種圍巾，我們在費城地毯式搜尋。他騎摩托車出車禍後，我們還為他點起蠟燭。我們躺在高高的草叢裡，珍妮的那輛破車四門大敞地停在路邊，從車上的收音機裡傳來「門」樂團（The Doors）〈點燃我〉（Light My Fire）。我們把長裙剪成了凡妮莎・蕾格烈芙（Vanessa Redgrave）在電影《春光乍洩》（*Blow-Up*）裡的那種迷你裙長度，在二手店裡搜尋奧斯卡・王爾德和波特萊爾穿的那種厚長款大衣。

在我懷孕期間她始終是我的摯友，但隨著肚子越來越大，我不得不另找庇護所。說三道四的鄰居們使我無法繼續待在家裡，在他們眼裡，我的家人就像在窩藏罪犯。我找到了一個代理家庭，也姓史密斯，住在更南方的海邊。那位畫家和他的陶藝家妻子很寬容地接納了我，他們有一個小兒子。養生飲食、古典音樂和藝術組成了他們秩序井然而溫馨的家居生活。我很孤獨，好在珍妮會盡可能地來看我。我有一小筆零花錢。每逢週日，我都會走很長一段路到一家寂寥的海濱咖啡屋，點一杯咖啡和一個果醬甜甜圈，這兩樣食物在那個恪守健康飲食的家庭裡都是禁品。我品味著這小小的放縱，往點唱機裡丟一枚二十五分錢的硬幣，一連聽〈草莓園〉（Strawberry Fields）三遍。這是我的私人儀式，讓約翰・藍儂（John Lennon）的聲音和歌詞在我心生動搖時賦予我力量。

復活節假期過後，我父母來看我。我的陣痛也巧合地隨著滿月開始了。他們把我送到卡姆登的醫院。因為未婚，護士們態度非常冷漠、粗暴，把我晾在一張桌子上好幾個小時，才通知醫生我已經開始陣痛。她們嘲笑我那像「垮掉一代」的打扮和不軌行為，她們稱我為吸血鬼德古拉的女兒，還威脅說要剪掉我烏黑的長髮。醫生趕過來的時候怒不可遏，我聽到他衝著護士們嚷嚷，說我這是臀位生產，不應該把我獨自晾在這裡。在我忍受陣痛的時候，窗外的夜色中傳來一首男聲無伴奏合唱，那是來自紐澤西卡姆登街角的四部合聲。隨著麻藥開始作用，醫生關切的面容和護理人員的竊竊私語便成了我最後的記憶。

我的孩子就降生在格爾尼卡（Guernica）轟炸紀念日[5]裡。我記得我當時想起那幅畫，一位哭泣的母親懷抱著她死去的孩子。雖然我不能把孩子抱在懷裡，雖然我也哭泣，但我的孩子將會活下來，健康地活下來，將會得到悉心的呵護。我從心底這樣相信。

陣亡將士紀念日（Memorial Day）那天，我坐巴士到費城去看美術館旁的聖女貞德雕像。第一次去是和家人一起，當時我還是個小女孩，那時它也還不是擺在那兒。她跨坐馬上的樣子是那麼美，將旗幟高高舉向太陽；在漢斯，這個未成年少女把遭囚禁的國王帶回了王座，卻遭背叛而在這一天被燒死在火刑柱上。我從書中認識的小貞德和我那永遠沒機會相認的孩子，我向他們兩個發誓，我要闖出自己的名堂。然後我調頭往家裡走，去卡姆登的古德威商店買了一件灰色的長雨衣。

就在同一天，在布魯克林，羅柏吞下了LSD。他收拾好工作區，把畫板和鉛筆擺在一張矮桌上，在桌邊放了一個坐墊。他在桌上鋪了一張嶄新的白土塗佈紙。他知道藥力一到高潮他可能會畫不下去，但仍把畫具放在手邊備用。他也試過在用藥後創作，但這把他拉向了構圖的負空間（negative spaces）[6]，那是他通常會刻意迴避的區域。他見到的美常常是騙局，富有攻擊性、令人不快。他沒好好想過

5 西班牙小城，1937年4月26日遭德國空軍轟炸。畢加索於同年創作了名作「格爾尼卡」。
6 構圖中，物體之間的空白稱為「負空間」，看得出形狀的「圖」，則為「正空間」(positive space)。

這樣做有什麼意義，只是這樣做。

一開始ＬＳＤ似乎很溫和，他很失望，隨後增加了劑量。他已經過了期盼和焦慮的階段，他喜歡那種感覺，他發現顫慄和恐懼正在心中綻放。他做輔祭的時候也經歷過這種感覺，那時他穿著小聖袍站在天鵝絨帷幔前，舉著遊行十字架，準備出發。

他忽然感覺什麼事也不會發生。

他扶正了壁爐臺上方的一個鍍金鏡框。他看到血液正在手腕交叉的靜脈裡奔流，看到襯衫袖口明亮的邊沿。他注意到房間就在一群群飛機、女海妖與犬隻之中，牆壁就在他們的脈搏裡。他猛然意識到自己正緊咬著牙齒。他注意到自己的呼吸彷彿一尊崩倒的神。一種可怕的清醒襲來；一股定格的力量迫使他跪倒在地。一連串往事像太妃糖一樣被拉長——軍校學員們譴責的面容、滿溢著聖水的廁所、同學像漠然的狗一樣走過、父親的反對、被預備役軍官訓練營開除，還有他母親的眼淚，和他的孤獨一起滲出，他的世界末日。

他嘗試站起來，雙腿卻毫無反應。他設法往上撐起，搓著他的腿，手上的靜脈鼓得異乎尋常。他脫下那件浸透了光和潮氣的襯衫，褪去了外殼的囚籠。

他低頭看到小桌上的那張畫紙。儘管還一筆未著，他已然能看到那幅畫了。他再次蹲下，在下午最後的一縷光線中自信地畫著。他完成了兩幅素描，細長的線條模糊而不規則。他把自己看到的話寫在紙上，感受著它的嚴重性：**宇宙的毀滅。一**

九六七年五月三十日。

不錯，他想著，多少還是有些沮喪。因為這裡沒有人能見他之所見，也沒有人能理解，他很熟悉這種感覺。這種感覺將伴隨他一生，但過去他曾努力彌補，好像這是他的錯一樣。他用一種可愛的性格來補償，從他的父親、他的老師和他的平輩人那裡尋求認可。

他不確定自己到底算好人還是壞人，無論他是否無私，無論他是否邪惡。不過有一件事他很確定：他是一個藝術家。對於這一點，他絕不會有任何妥協。他靠在牆邊，抽著菸，感到自己正被清晰的思維包圍著，微微地顫抖，但他知道這不過是生理的反應，另有一種說不出的感覺正在醞釀中。他覺得他可以主導一切，他再也不會成為奴隸了。

夜幕降臨，他發覺自己渴了，迫切需要來上一杯巧克力牛奶。有個地方一定還開著。他伸手摸了摸零錢，轉過街角，在夜色中咧嘴笑著，朝默特爾大道走去。

★

一九六七年春天，我檢視了自己的人生。我已經把一個孩子健康地帶到世上，讓她生活在一個有教養、溫馨的家庭庇護之下。我已經從師範學院輟學，養育孩子所需紀律、專注和金錢，我一樣也沒有。我在費城一家課本工廠打工，領的是法定最低工資。

我的當務之急是想清楚接下來要去哪裡、要做什麼。我堅守著成為藝術家的希望，但也知道自己絕對上不起藝術學院，而且必須先謀生。留在家裡什麼都做不了，既看不到前景，也沒有歸屬感。父母為我們營造的成長環境充滿了虔誠的對話、憐憫，尊重個人意志，可是南澤西的鄉村卻幾乎看不到藝術家。我的幾個朋友已經搬到紐約寫詩、學藝術去了，這讓我倍感孤獨。

我在阿蒂爾．韓波的詩中找到了慰藉，初次邂逅他，是十六歲時在費城一個公車站對面的書攤上。在《彩畫集》的封面上，他高傲的目光與我的相遇。他那種不恭的才情點燃了我，我就像對一位同胞、親戚，甚至是秘密情人那樣地接納了他。我連九十九美分也掏不出來，直接把書拿走了。

韓波掌握著一串神秘語言的鑰匙，那種語言我無法完全破譯，卻讀得如飢似渴。我對他的單戀，像我經歷過的所有事情一樣真切。在工廠裡，我跟一群現實又殘酷的文盲女性工作，因為他而不斷受到騷擾。就因為讀著一本外文書，我被懷疑為共產黨員。她們在廁所裡威脅我，逼我貶斥他。我就在這樣的環境裡強壓著怒火。我寫作和幻想都是為了他。他成了我的大天使，把我帶離工廠生活的單調和恐怖。他用雙手鑿刻了一部令我為之持守的天國指南。對他越瞭解，越使我的步伐增添了一分神氣，這也是不可能被剝奪的。我把我抄寫的《彩畫集》扔進一個格紋旅行箱，我們要一起逃走。

我有個打算，我要找到在布魯克林普拉特藝術學院念書的朋友們。我認為只要置身他們的環境，就能從他們身上學到東西。六月底，我離開了課本工廠，把這視為出發的前兆。在南澤西找工作很困難。我應徵了哥倫比亞唱片公司設在皮特曼的印刷廠和卡姆登的康寶湯公司，但這兩份工作，無論想起哪一個都令我作嘔。我的錢還夠買一張單程車票，我打算把城裡的書店逛遍，對我來說這似乎才是理想的工作。做過女服務生的母親，給了我一雙白色高跟鞋和一件簡單包裹著的新工作服。

「你永遠也當不成女服務生的，」她說：「不過無論如何我會支持你。」這就是她表示支持的方式。

那是七月三日星期一的早晨。我演了一場淚眼婆娑的道別，徒步走到伍德伯里，搭百老匯巴士先到費城。我途經深愛的卡姆登，向一度繁榮、如今卻顯得悲哀的華特·惠特曼飯店恭敬地點點頭。遺棄這座掙扎中的城市，讓我感到一陣劇痛，但那裡確實沒有我養活自己的方式。他們正在關閉大造船廠，很快大家就要重新找工作了。

我從市場街出發，到內迪克連鎖餐廳稍作停留。我向點唱機裡投了一枚二十五分硬幣，點了妮娜・西蒙（Nina Simone）的雙面唱片，又點了離別前最後一份甜甜圈和咖啡。我走到菲爾貝特街，去了這些年裡始終念念不忘的那個書攤對面的巴士總站。我在過去偷過韓波詩集的地方停了下來，那個位置換成一本破舊不堪的《左岸之戀》（*Love on the Left Bank*）攝影集，裡面是粗顆粒畫面的五〇年代末巴黎夜生活黑白攝影。那美麗的瓦莉・邁爾斯（Vali Myers），她野性的頭髮和化了煙燻妝的雙眼，她在拉丁居民區跳舞的樣子，都深深打動了我。我沒有偷走那本畫冊，而是把她的樣子印在心裡。

自從上次遠行後，到紐約的車票價格幾乎翻一倍，這對我實在打擊不小。我買不起車票了，我鑽進電話亭思考對策。這是一個真實版的克拉克・肯特（Clark Kent）[7]時刻。我考慮過打電話給妹妹，也知道就這麼回家很丟臉。然而就在電話機下面的擱板上，就在那本厚厚的黃色電話本上，躺著一個白色女用手提包。裡面有一個盒式項鍊墜子和三十二美元，幾乎超過我之前一個禮拜的工錢。

我明知不應該，卻還是拿走了那些錢，我把手提包留在售票處，希望它的主人至少能找回項鍊墜子。墜子裡沒有任何主人身份的資訊。如同這些年來我多次在心裡做的，我只能向這位不知名的施主道謝。是她給了我這最後的一點鼓舞，一個賦的幸運符。就像有命運之手在推著我前進，我接受了那個白色小包的資助。

二十歲的我搭上了巴士。我穿著工作褲、黑色高領衫和在卡姆登買的那件灰色舊雨衣。紅黃相間的格紋小旅行箱裡，裝著一些繪圖鉛筆、一本筆記本、《彩畫集》、幾件衣服和一些弟弟妹妹的照片。我迷信。今天是星期一，我出生在星期一；今天是去紐約城的好日子。沒有人期待我的到來，一切又都在期待我。

我毫不耽擱地坐上地鐵從港務局巴士總站到傑伊街和區公所，然後轉線前往了霍伊特・舍默霍恩站和迪卡爾布大道。這是個晴朗的下午。我希望朋友們能收留我，直到我找到自己的地方。我找到地址上那幢褐石樓房，可是他們已經搬走了。新房客很客氣，他朝大樓邊間的一個房間指了指，說他的室友或許知道他們的新住址。

我進了那個房間。一張樣式簡單的鐵床上，有個男孩正在睡覺。他又白又瘦，一頭深色的亂髮，光著胳膊，脖子上戴著幾串珠子。我站在那裡。他睜開了眼睛，對我微笑。

聽說了我的困難後，他一下坐了起來，穿上他的綁帶涼鞋和白色T恤，示意我跟他走。

我看著走在前頭的他——步態輕盈地領著路，有點O型腿。我注意到他的手，他用手指輕敲著大腿。我從沒見過像他這樣的人。他把我帶到柯林頓大道上的另一幢褐石樓房前，微笑著，向我行了一個小小的告別禮，轉身離去。

7 電影「超人」主角在其日常生活中的名字。

一天慢慢過去，我等著我的朋友，他們沒有回來。那一晚，無處可去的我就睡在他們的紅色門廊上。醒來時已經是獨立紀念日了，我的第一次離家遠行就這樣伴著熟悉的遊行、退伍老兵野餐和煙火表演。我聞到空氣中的那種躁動不安。成群的孩子扔著鞭炮，在我腳邊炸響。接下來幾週，我都將像這天一樣度過，尋找同類、棲身之所，以及那最迫切的一份工作。想找到一個富同情心的學生，夏天似乎不是時候，沒有哪個人願意向我伸出援手。人人都在奮鬥，而我，這隻鄉下老鼠，只是一個尷尬的存在。我最後回到了城區，睡在中央公園裡《愛麗絲夢遊仙境》「瘋帽客」雕像不遠處。

我在第五大道沿途的商店和書店都留了求職資訊。我常會在一家大飯店門口駐足，像一個外國觀察員，旁觀著特權階層普魯斯特式的生活，看闊氣的黑色轎車駛進駛出，後車廂還裝飾著棕金相間的精美花紋。這是生活的另一面。巴黎劇院和廣場大飯店之間還有四輪馬車可以搭乘。我在扔棄的報紙上查看當晚的娛樂資訊。在大都會歌劇院對面看著人群入場，感受著他們的期盼。

紐約是一個真正的城市，狡猾而性感。我被一小群兩頰緋紅的年輕水手輕輕推擠著，他們是去42街找刺激的，那兒有成排的限制級電影院、花枝招展的女人、閃閃發光的紀念品商店和賣熱狗的小攤。我在電影院大廳徘徊，透過格蘭特生鮮酒吧氣派的窗戶，端詳著裡面那些穿黑衣的男人敏捷地舀起一堆堆的生蠔。

摩天大樓都很漂亮，看上去不只是包裝企業的外殼，它們是傲慢而博愛的美國精神紀念碑。每一段弧線都是精神煥發的，讓人感受到它不斷變化的歷史。在工匠和建築師的一磚一瓦下，舊世界與新世界比肩而立。

我花了幾個小時從這個公園走到那個公園。在華盛頓廣場，仍能感受到作家亨利・詹姆斯（Henry James）和他筆下人物的氣息。一邁進那座白色拱門，迎接你的就是手鼓和木吉他、抗議歌手、政治辯論、行動主義者的傳單和被年輕人挑戰的老棋手。這種開放的氛圍是我不曾體驗過的，一種無意勉強任何人的純粹自由。

我又累又餓，帶著僅有的幾樣東西流浪，像遊民一樣把東西裹在衣服裡做成一個包袱，旅行箱則被我留在布魯克林。這是個星期日，我讓自己放了一天假，沒去找工作。直到天亮，我已經把科尼島來回走了一遍，一有機會就閉目養神。我在華盛頓廣場站下了F線地鐵，沿著第六大道走。在休士頓街附近，我停下來看男孩打籃球。也就是在那兒，我遇到了「聖徒」，我的指引者，一個黑膚的徹羅基原住民（Cherokee），一隻腳站在街上、一隻腳踏在銀河裡的人。他不期而至，就像一個流浪者有時會遇到另一個流浪者那樣。

我迅速注意到了他，裡裡外外，覺得他還不賴。儘管我一向不跟陌生人說話，和他倒是挺自然就聊了起來。

「嘿，大姊，還好嗎？」

「你是問在地球還是宇宙？」

他大笑著：「好吧！」

他仰頭看天的時候，我打量著他。他的樣子像吉米．韓崔克斯（Jimi Hendrix），挺高，挺瘦，說起話來溫文爾雅，就是穿得破了點。這個人不造成任何威脅，沒有性暗示，不提生理層面，除了最基本的需求。

「你餓嗎？」

「嗯。」

「那來吧！」

咖啡街剛剛甦醒。他在麥克道格街上好幾個地方停了下來，向正準備開門營業的店員打招呼；我站在幾英尺外。「嘿，聖徒，」他們會這樣喊他，然後他順道一問：「有吃的可以給我嗎？」

廚師們跟他很熟，把吃的裝在牛皮紙袋裡送給他，他以自己從中西部到金星的旅行軼事作為回報。我們走到公園裡，找張長椅坐下，分享著他的收穫：幾條隔夜的麵包，還有一顆生菜。他教我把生菜最外面的幾層葉子剝掉，再把麵包一掰兩半。有些葉片還是脆的。

「生菜裡有水分，」他說：「麵包能解餓。」

我們把最好的菜葉堆在麵包上，開心地吃了起來。

「好一頓監獄早餐啊！」我說。

「是啊，不過我們可是自由的。」

這真是一語中的。他在草地上睡了一會兒，我只是安靜地坐著，一點也不害怕。他醒了以後，我們四處尋覓，總算找到一塊沒長草的地方。他用一根枝棍畫了一幅天體圖，告訴我人在宇宙中的位置，以及人體內的小宇宙。

「懂了嗎？」

「這是常識啦。」我說。

他笑了很久。

接下來的幾天，我們都靠著不需說出口的默契生活。到了晚上我們就各奔東西。我會目送他遛達著走遠。他經常光著腳走，把一雙涼鞋搭在肩上。令我讚嘆的是：怎麼會有人，哪怕是在夏天，能有這樣的勇氣無聲地在城市裡赤足倘佯。

我們會各自尋找地方睡覺。也從來不說自己睡在哪。早上，我會在公園裡找到他，我們四處走走，像他所說的「獲得生命所需」。我們能吃到填餡麵包和芹菜。第三天，我在公園的草地上發現了兩枚嵌在土裡的二十五分硬幣，我們便到韋弗利餐廳喝咖啡，吃抹果醬的吐司，還分享了一顆雞蛋。五十分錢在一九六七年還真值錢呢！

這天下午，他又花很長時間為我重述了一遍關於人和宇宙。儘管他看上去不如平時專注，卻似乎很滿足有我這樣一位學生。金星，他告訴我，遠不止一顆星那麼簡單。「我在等著回家。」他說。

真是美好的一天，我們坐在草地上。我猜我睡著了，醒來的時候他已經不在。地上留著一截他在人行道上畫畫用的紅色粉筆。我把它裝進口袋裡，獨自離開。第二天，我有一搭沒一搭地等他回來。他沒有出現。他已經給了我繼續前進所需的東西。

我不難過，因為每當想到他，我都會微笑。我想像他跳上一節貨車車廂，駛向他信仰的那個星球，以愛之女神命名的星球。我不清楚他為什麼在我身上花了這麼多時間。我猜，是因為我倆都在七月還穿著長大衣，出於波希米亞兄弟情誼吧！

★

為了找到工作，我越來越顧忌，開始轉向精品店和百貨公司。我很快明白，我的穿著不適合找這類型工作。就連專營古典舞服裝的「Capezio」都不要我，哪怕我舉止文雅，看起來還頗具「垮掉一代」芭蕾舞者架勢。我遊說了60街和萊辛敦大道一帶，還在亞歷山大信託留了求職申請，作為最後的一搏，我也知道我不可能到那裡工作。然後我開始往市中心走，一心一意地只想改善我的困境。

七月二十一日星期五，我始料未及地遭遇了一個時代的悲痛。約翰．柯川（John Coltrane），那個給過我們《至高無上的愛》（*A Love Supreme*）的男人，離開了人世。大量人流聚集到聖彼得大教堂想與他道別。幾個小時過去了。在艾伯特．艾勒（Albert Ayle）那愛的哭喊中，人群黯然啜泣。彷彿死去的是一位聖者，他奉獻給我們能夠療傷的音樂，自己卻沒能獲得治癒。我和眾多陌生人聚在一起，經歷了痛失一個人的刻骨銘心，我並不真的認識他，卻從他的音樂裡得到救贖。

後來我走到了第二大道，那是法蘭克．歐哈拉（Frank O'Hara）的領地。粉色的燈光洗刷著成排的板材建築，那是紐約的燈光，是抽象表現主義藝術家們的燈光。我想法蘭克應該也愛過這黃昏的顏色。如果他還活著，他可能已經為約翰．柯川寫了輓詩，就像他曾為比莉．哈樂黛（Billie Holiday）寫的那樣。

我整晚都在聖馬克廣場關注著發生的事。留長髮的男孩們穿著條紋喇叭褲和舊軍用夾克，以爵士口技亂喊著，兩旁的女孩們穿著手工紮染的衣服。滿街散發的傳單宣告保羅．巴特菲爾（Paul Butterfield）和鄉村喬與魚（Country Joe and the Fish）的到來。夜店「電動馬戲團」（Electcic Circus）敞開的大門裡鑽出迷幻遙滾樂團傑弗遜飛機（Jefferson Airplane）響亮而刺耳的名曲〈白兔〉（White Rabbit）。變幻莫測的藥物、蘑菇和印度大麻的土腥味將空氣變得濃濁。蠟燭燃燒著，大顆的蠟油溢到人行道上。

我不能說我適合這裡，但我感到安全。沒有人注意到我，我來去自由。這裡有一支漂泊的青年團體，他們在公園裡睡臨時帳篷，是湧入東村的新移民。我跟這些人非親非故，而那種自由獨立的氛圍，使我倘佯其中。我有信心，在這座城市裡，我不覺得危險，也從沒遭遇過危險。我身上沒有什麼可偷的，也不怕那些悄然潛行的男人。誰對我都沒有興趣，在七月初我遊手好閒的幾個星期裡，這一點對我很有利，白天我盡情探索，晚上走到哪就睡哪。我睡過門房、地鐵車廂甚至墓地。我在都市的天空下或在陌生人的推搡中驚醒，該換地方了，該換地方了。

日子實在太煎熬的時候，我會回到普拉特藝術學院去，偶爾撞見一個認識的人，我就能洗個澡，睡一宿。要不然，我就會睡在熟悉友人家的門廳前。那可不怎麼好玩，不過我有我的咒語「我是自由的，我是自由的」，即使幾天過後，我的咒語變成「我餓了，我餓了」，我也不著急。我只是需要休息一下，並不打算放棄。我拖著我的格紋旅行箱，從這個門廊到下個門廊，努力爭取不被轟走。

這是柯川離開的夏天。是「門」發表〈水晶船〉（Crystal Ship）的夏天。手無寸鐵的花童舉起了雙臂，中國試爆了氫彈。吉米．韓崔克斯（Jimi Hendrix）在蒙特羅燒了他的吉他。AM電臺播放了〈比利．喬頌歌〉（Ode to Billie Joe）。紐華克、密爾瓦基和底特律發生了暴動的一九六七年夏天。這是電影《鴛鴦戀》（*Elvira Madigan*）的夏天，愛的夏天。在居無定所、飽受冷遇的氣氛裡，一次偶然的相遇改變了我的生命軌跡。

這是我遇到羅柏・梅普索普的夏天。

城裡很熱，我卻仍穿著雨衣。上街找工作時它給了我信心，我唯一的履歷就是曾在一家工廠工作過，受過一點不完整教育，還有一套漿洗得整齊潔淨的女服務生制服。我在時代廣場上一家叫「喬」的義大利小餐廳找到了一份工作。剛當班不到三小時，我就把一盤帕馬森起司焗牛肉倒在客人的斜紋西裝上，然後就被請出門，不用幹了。我知道自己反正是做不來服務生的工作，便把制服——只髒了一點點——和配套的厚跟鞋留在公廁裡。當初母親把這套白衣配著白鞋送給了我，並在上面寄託了對我的祝福和期許。而今它們躺在白色水槽裡，就像枯萎了的百合花。

我穿行過東村聖馬克廣場上濃重的迷幻氛圍，心裡對這些已經開始的革命根本毫無準備。空氣中有一種朦朧不安的偏執狂氣味，隱隱流竄著各種謠言，以及對未來革命充滿期盼的言談碎語。我只是置身其中，試圖搞懂這一切，空氣中大麻味很重，可能是它讓我的記憶恍惚。我從瀰漫著文化覺醒的時代密網中匍匐而過，當時我根本不知道文化覺醒是什麼東西。

我一直生活在我的書本世界裡，這些書大多數都是十九世紀的作品。儘管我有心理準備找到工作前得去睡長椅、地鐵和墓地，卻沒想到要被飢餓啃噬。我瘦歸瘦，胃口和新陳代謝卻很好。浪漫主義不能熄滅我對食物的需求。就是波特萊爾也是要吃飯的。在他的字裡行間，從不缺乏對需求肉和黑啤酒的絕望吶喊。

我需要一份工作。布倫塔諾書店的上城分店聘用我當收銀員，我總算安了心。照說，比起在收銀機前幫人結算民族風的首飾和手工藝品，我應該更喜歡詩歌部，不過我喜歡看那些來自遙遠國度的小首飾：柏柏爾手鐲，阿富汗貝殼項圈，還有一尊綴滿珠寶的佛像。我最喜歡的是那條樸素的波斯項鍊。銀、黑兩色的粗線串著兩片琺瑯釉金屬片，就像一塊異國風情的古老肩胛骨，賣十八美元，那時候似乎價格不菲呢。閒時我就會把它從盒子裡拿出來，臨摹它紫羅蘭色表面上蝕刻的書法字，想像著它的來歷。

剛到書店工作沒多久，我在布魯克林遇過的那個男孩就來了店裡。他穿白襯衫、打領帶，樣子換了個人以前，像個天主教學校學生。他說，他就在布倫塔諾的市中心店上班，來這兒要用一張積點卡。他端詳著所有珠子、小雕像和綠松石戒指，看了很久。

「我要這個。」終於他指著那條波斯項鍊。

「哦！我也最喜歡這個了，」我應道：「我覺得它像塊肩胛骨。」

「你是天主教徒？」他問我。

「不是，我只是喜歡天主教的東西。」

「我曾當過輔祭，」他朝我露齒一笑：「我喜歡搖晃香爐裡的乳香。」

雖然就要和那項鍊告別，但是被他選走了我最喜歡的項鍊，還是很開心。把它包好遞給他時，我衝動地說了一句：「別送給別的女生，要送就送我。」

一說完我就覺得很不好意思，不過他只是微笑著說：「放心吧！」

他走了，我看著曾經擺放過那條項鍊的黑絲絨，空空的。第二天一早，一件更精緻的首飾佔據了這位置，卻缺少了波斯項鍊的那種簡樸的神秘。

工作了一週，我還是非常餓，且無處棲身。我開始睡在店裡，別人下班的時候我躲進浴室，等守夜人鎖了門，我就蓋上衣服睡去。第二天一早，我還得裝作很早到的樣子。我想在自動販賣機裡買點花生夾心餅乾，身上卻一個銅板也沒有，翻遍別的員工的口袋，也找不到一毛錢。本來飢餓就令我無精打采，發薪那天沒拿到給我的信封更是讓我震驚。當時我還不明白第一週的薪水還不會發放，我流著淚跑回衣帽間。

當我再回到櫃檯時，我注意到一個男人正四處張望，觀察著我。他留著絡腮鬍，穿著細條紋襯衫和一件手肘處有山羊皮補丁的夾克。主管介紹我們認識，說他是位科幻作家，他想請我出去吃飯。儘管我已經二十歲了，母親說過「不要和陌生人出去」的警告言猶在耳。但是有飯吃的渴望動搖我的意志，我答應了。我希望眼前這個人，這名作家，不是什麼壞人，儘管他看上去更像是假扮成作家的樣子。

我們走進了帝國大廈地下層的一家餐廳。我來紐約以後還沒在像樣的地方吃過東西。我努力想點不太貴的菜，最後要了份五塊九十五分錢的旗魚，那是菜單上最便宜的東西。我看著服務生在我的盤子裡放了一大團馬鈴薯泥和厚厚的一片過熟的旗魚。我當時餓壞了，但卻無法享受這頓飯，我渾身不自在，不知道該怎麼應付這種事，不知道他到底為什麼要和我一起吃飯。他似乎在我身上花了不少錢，我不得不擔心他要我怎麼回報。

吃完飯，我們一路走到市中心。來到湯普金斯廣場公園東側，坐在長椅上。當他提議到他的公寓小坐，喝一杯時，我不停地在想該怎麼回應才能脫身。果然是這麼回事，我心想，母親警告過我的那個關鍵時刻來了。我絕望地環顧四周，無法回答他。就在這時，我看到有個年輕人向這邊走來。我如同看到一扇通往希望的小門正向我打開，從裡面走出來的，就是那個布魯克林男孩，那個選走我最鍾愛的波斯項鍊的男孩，對一個未成年的祈禱者來說，這就是答案了。我一眼就認出了他那微微O型腿的步態和蓬亂的捲髮。他穿著工作褲和羊皮背心，脖子上戴著幾串珠鍊，就像個嬉皮牧羊少年。我跑上前去，一把抓住了他的胳膊。

「你好，還記得我嗎？」

「當然。」他微笑著。

「幫幫我，」我不假思索地脫口而出：「你可以假裝成我男朋友嗎？」

「行啊！」他說。我突然的現身好像一點也沒有嚇到他。

我把他拉到那位科幻作家面前。

「這是我男朋友，」我氣喘吁吁地說：「他一直在找我，簡直氣到不行，他要我現在就回家去！」那個男人疑惑地看著我們。

「快跑！」我大喊一聲。那男孩抓起我的手，我們撒腿就跑，一直跑到了公園的另一頭。

我們上氣不接下氣地癱倒在別人家的門廊。「謝謝你，救了我一命。」我說。他面露不解地接受了我的道謝。

「還沒告訴過你呢，我叫佩蒂。」

「我叫鮑伯。」

「鮑伯……」我重複著，第一次正眼端詳他：「不知道為什麼，我老覺得你不像叫鮑伯的，我可以叫你羅柏嗎？」

太陽已經落到B大道盡頭。他牽著我的手，我們就在東村閒逛。在聖馬克廣場和第二大道的轉角，他在寶石礦泉（Gem Spa）[1]買了一杯蛋奶給我。幾乎都是我在說話，他只是微笑著傾聽。我跟他說起小時候的故事，從頭講起：史蒂芬妮、「補丁」，還有馬路對面的廣場舞廳。我驚訝於和他在一起竟能讓我覺得那麼舒服和放鬆。後來他才告訴我，他當時用了LSD，正身處幻覺之中。

我只在安奈絲・寧（Anaïs Nin）的一本叫《拼貼》（*Collages*）的小書裡讀到過LSD，還沒有意識到嗑藥文化在一九六七年夏天的盛行。我對藥物抱有一種浪漫觀感，覺得它們是神聖的，是專門給詩人、爵士樂手和印度儀式用的。羅柏沒有表現過任何我想像中用藥者的陰陽怪氣。他散發著一種溫存而頑皮、害羞而有保護欲的魅力。我們一直逛到凌晨兩點，最後，幾乎是同時，我們都表示無處可去，兩人不由得笑了出來。不過時間確實很晚，我們也都累了。

「我知道有個地方能去，」他說他的前室友出城去了。「我知道他把鑰匙藏在哪裡；我想他不會介意。」

我們搭乘地鐵去了布魯克林。他朋友住在韋弗利大道上的一間小房子裡，就在普拉特藝術學院附近。我們穿過一條窄巷，在一塊鬆動的磚頭底下找到了鑰匙，開門進去。

一進公寓，我們倆忽然都不好意思起來。與其說因為孤男寡女獨處一室，倒不如說因為那是別人的屋子。為了讓我自在一點，羅柏開始找事情做，然後，他不管時刻已晚，突然問我要不要看他放在密室裡的畫。

羅柏把畫一一鋪在地板上給我看。有素描，有蝕版畫，有些油畫還讓我想起理查．普謝提─達特（Richard Pousette-Dart）和米修（Henry Michaux）的作品。各種能量，從交織的話語和線條中輻射而出。層疊的詞語構築成能量場。那些油畫和素描，如同是從潛意識中浮現的。

還有一套盤子，上面印著「自我、愛、上帝」的字眼，他的名字也融在其中；

1 紐約一間經營了幾十年的報亭，以賣蛋奶（Egg Cream）聞名。蛋奶為紐約特殊飲品，使用牛奶、蘇打水和糖漿調製而成。

它們在公寓的地板上逐漸擴散直至消失。我盯著它們，忍不住告訴他，小時候我就見過夜裡天花板上輻射狀的圓形圖案。

他翻開一本關於密宗藝術的書。

「像這樣的嗎？」他問。

「嗯。」

我驚訝地認出那些童年裡的天體大圓；一種曼陀羅。

尤其觸動我的，是他在陣亡將士紀念日畫的那幅素描。我從沒見過這樣的畫。同樣震撼我的是那個日期，聖女貞德節，跟我在她雕像前發誓要闖出名堂是同一天。

我把這件事告訴他，他說，這幅畫象徵他對藝術的承諾，也是同一天。他二話不說就把畫送給了我，我明白，在當時那一小段時空裡，我們交付出彼此的孤獨，從此以信任填補了過去的孤獨。

我們翻看達達主義和超現實主義的畫冊，最後沉浸在米開朗基羅的「奴隸」系列作裡，結束了這一夜。我們默默地吸收著彼此的思想，在破曉時分相擁而眠。再醒來時，他用他那狡黠的笑容向我致意，而我知道，他已是我的騎士。

我們就這樣再自然不過地在一起了，上班之外，總是形影不離。什麼也不用說，只有相互理解的默契。

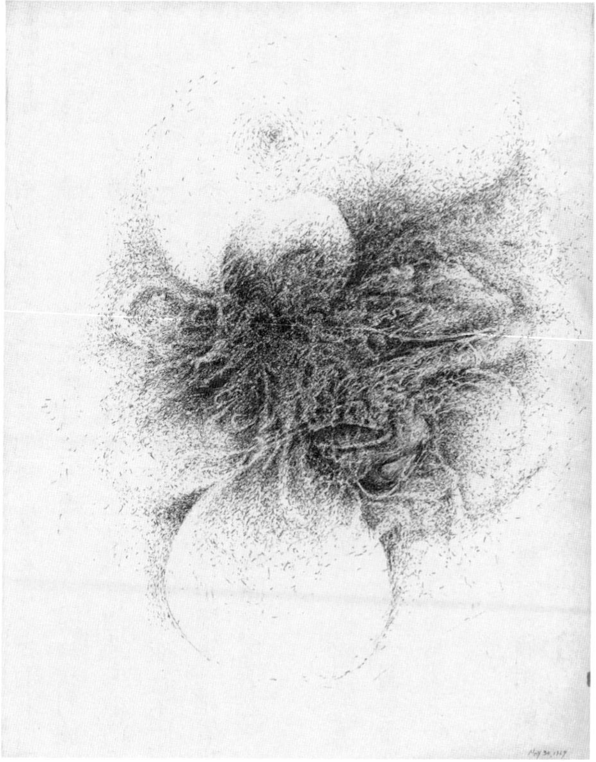

羅柏於一九六七陣亡將士紀念日當天的創作。

接下來的幾星期，我們完全仰賴羅柏朋友們的慷慨，尤其是派翠克和瑪格麗特．甘迺迪，就是在他們韋弗利大道上的公寓裡，我們度過了初夜。我們住在頂樓，有一張床墊，牆上貼著羅柏的素描，牆角放著他捲起的彩畫，還有我唯一的格紋旅行箱。我敢說，對這對夫婦而言，收留我們肯定困擾不小，因為我們倆沒什麼錢，而且我不太懂得跟人打交道。到了晚上，我們幸運地分享甘迺迪夫婦的晚餐，把錢存起來，希望日後能夠自己租房子。我在布倫塔諾加班工作，而且不吃午飯。我和一個叫弗朗西絲．芬利的員工成了朋友，她有著討喜的古怪和謹慎。她看出我的窘境，會把自己做的湯裝在保鮮盒容器裡，幫我留在員工衣帽間的桌子上。這個小小舉動支持著我、讓我強壯起來，也奠定了一份長久的友誼。

或許是突然有了安全感而放鬆的緣故，我彷彿要崩潰似地筋疲力盡、情緒緊張。儘管我從沒質疑過把孩子送人撫養的決定，卻也發現，帶來一個生命然後離開並不是件容易的事。有一度，我變得鬱鬱寡歡、喜怒無常。我經常哭，後來羅柏親膩地叫我「愛哭鬼」。

對我無法解釋的憂傷，羅柏表現了極大的耐心。我有一個相親相愛的家庭，本來可以回家，家人應該也會理解。但我不想混不出名堂，垂頭喪氣回去。他們也有他們的煩惱，而我現在有了一個可以依靠的伴侶。我把自己的過去通通告訴羅柏，其實也藏不住。我的骨盆特別窄，一懷小孩肚皮簡直就被撐開，我們第一次親密接觸就暴露出我肚子上的十字紅色刀疤。慢慢地，在他的支持下，我才能克服對這傷痛的耿耿於懷。

我們終於存夠了錢，羅柏開始找新地方好讓我們一起住。他在地鐵默特爾大道線附近綠樹成蔭的街道上，找到一間房子，那是一棟三層磚樓的公寓，走路就能到普拉特藝術學院。整個二樓都是我們的，東、西兩面都有窗戶，但非常汙穢，我從未看過如此誇張的慘狀。汙漬斑斑的牆上盡是血跡和精神病人的塗鴉，烤箱裡塞滿了廢棄的注射針筒，冰箱裡都是黴菌。羅柏和房東達成協議，我們自己打掃和粉刷屋子，房東則把原定的兩個月訂金減成一個月。房租每個月八十美元。我們花了一百六十美元搬進霍爾街160號。我們喜歡這兩個數字的巧合。

我們住的那條小街，有幾間低矮磚砌的車庫爬滿常春藤，這些房子是由馬廄改建的。這一帶無論是去吃飯，去電話亭，還是傑克美術行都很近，那家美術用品店就在聖詹姆斯大道口。

通往二樓的樓梯又黑又窄，牆上還有一個拱形的壁龕，不過我們的大門通向一間灑滿陽光的小廚房。從水槽邊的窗戶望出去，能看到一棵巨大的白桑樹。臨街的臥室天花板上裝飾著華麗的圓形花樣，以及世紀之初的石膏浮雕。

羅柏向我保證他會把這裡弄成一個像樣的家，他說到做到，辛苦地改造著房子。第一件事，就是用鋼刷刷洗結了硬塊的烤箱。然後打蠟，擦窗玻璃，還把牆也刷白了。

我們不多的財產悉數堆在未來臥室的中央，我們穿著外衣睡覺。到了撿破爛之夜，就上街搜尋需要的東西，神奇的是竟然都能找到。在路燈下，我們找到一張廢棄床墊、一個小書架、修一修就能用的燈、陶碗、裝在破裂卻華美相框裡的耶穌和聖母像；一塊破舊的小波斯地毯，正好搭配我的那一角小天地。

我拿烹飪用的蘇打粉擦洗床墊。羅柏幫燈具重新裝上電線，扣上羊皮紙燈罩，還在上面畫了他自己設計的圖樣。他的手很巧，畢竟是為媽媽做過首飾的孩子。他花了幾天時間新串了一副珠簾，把它掛在臥室入口處。一開始我對這珠簾還抱持懷疑，我從沒見過這樣的東西，不過它最終與我的吉普賽元素相得益彰。

我回南澤西一趟，把我的書和衣服都帶了回來。我不在的時候，羅柏掛起他的素描，還用印度布料遮住牆壁。他用宗教手工藝品、蠟燭和亡靈節的紀念品布置了壁爐臺，把它們擺得就像祭壇上的聖物。最後他用一張小工作臺和毛邊的神奇毯子為我布置了一個讀書區。

我們把各自的物品收在一起，我僅有的幾張唱片和他的一起放進木箱，我冬天穿的大衣掛在他的羊皮背心旁。

弟弟幫我們的唱機換了一枚新唱針，母親做了肉餅三明治包在錫鉑紙裡。我們一邊吃，一邊開心地聽著爵士歌手提姆．哈定（Tim Hardin）的歌聲，他的歌變成了我們的歌，好像唱頌著我們年輕的愛情。母親還寄來一個包裹，裡面有床單和枕頭套。好熟悉好柔軟，散發著一種使用了多年的光澤。它們使我想念起她，想念她站在院子裡，滿意地看著洗淨的衣服晾在繩子上、在陽光下飄舞的樣子。

我的寶貝收藏跟待洗衣物混在一堆。我的工作區亂堆著手稿、散發著黴味的古典文學、破玩具和護身符。我把韓波、巴布・狄倫、洛特・蘭雅（Lotte Lenya）、皮雅芙（Edith Piaf）、惹內（Jean Genet）和約翰・藍儂的圖片釘在一張臨時小桌上，上面還擺著羽毛筆、墨水瓶和筆記本——我清貧的雜亂。

來紐約的時候，我帶了些彩色鉛筆和一塊用來畫畫的木框畫板。我畫過一個坐在桌邊的女孩，面對著一副攤開的紙牌，正在體悟她的人生。這是我唯一想讓羅柏看的畫，他非常喜歡。他想讓我體會用好的紙和筆作畫，讓我分享他的畫具。我們能並肩畫上幾個小時，兩人都很全神貫注。

我們沒什麼錢，但過得很開心。羅柏兼差之外還負責整理房子。我洗衣、做飯，飯吃得很拮据。我們經常去韋弗利大道盡頭的一家義大利麵包店，買一條隔夜麵包，或者四分之一磅因不夠新鮮而半價賣的餅乾。羅柏愛吃甜的，所以獲選的常常是餅乾。有時候櫃臺的女士會多給我們一些，餅乾塞滿了邊緣有著黃綠兩色彩焰的牛皮紙袋，她還會搖著頭，喃喃地對我們表達善意的不滿；她大概猜得到這就是我們的晚飯了。我們還會外帶咖啡和一紙盒牛奶。羅柏最喜歡巧克力牛奶，但那個更貴，對於要不要多花那十分錢，我們會考慮再三。

我們擁有作品，我們擁有彼此。我們沒錢去聽音樂會、看電影或買新唱片，但會把已有的唱片聽上一遍又一遍。我們聽了我的《蝴蝶夫人》（*Madame Butterfly*），艾蓮諾・斯蒂伯（Eleanor Steber）唱的，還有《至高無上的愛》、滾石合唱團的專輯《按鈕之間》（*Between the Buttons*）、瓊・拜雅（Joan Baez）和巴布・狄倫的專輯《金髮疊金髮》（*Blònde On Bloned*）。羅柏也把他最喜歡的香草軟糖樂團（Vanilla Fudge）、提姆・巴克利（Tim Buckley）和提姆・哈定介紹給我，還有他的《摩城紀事》（*History of Motown*）也成為了我們快樂共用的夜晚背景音樂。

一個乾燥溫暖的秋日，我們穿上了自己最得意的行頭：我的是垮掉派涼鞋和破披巾，羅柏戴著他最愛的珠串，穿著羊皮背心。我們坐地鐵到第4街西，在華盛頓廣場待了一個下午。一起喝著保溫瓶裡的咖啡，看著如織的遊客、癮君子和民謠歌手。激動的革命者散發著反戰傳單，下西洋棋的人也有他們自己的觀眾。語言的衝突、手鼓的敲擊和狗吠聲交織出持續的嗡嗡聲，大家都融合在這一時地裡。

我們朝噴泉走去，那邊是熱鬧的中心，一對老夫婦停下腳步，毫不掩飾地盯著我們。羅柏很高興有人注意他，深情地握緊了我的手。

「哦！把他們拍下來。」女人對一臉不解的丈夫說：「我覺得這兩個人是藝術家。」

「哦！算了吧，」丈夫聳了聳肩：「他們只是孩子。」

佩蒂第一張肖像照，攝於布魯克林。

樹葉轉成深紅和金黃的季節。柯林頓大道上，棕色磚房的門廊前擺著刻出花樣的南瓜頭。

我們在夜裡散步。有時能看到天上的金星，它是牧羊人之星，也是愛之星。羅柏稱它為「我們的藍星」。他練習簽名時把「羅柏」的字母 t 寫成一顆星星的形狀，且特別用藍色筆，這樣我就能記住。

我越來越瞭解他。他對自己的作品、對我都信心十足，卻不停地擔憂我們的將來，擔心我們要怎麼活下去、錢從哪裡來。我覺得我們太年輕了，想不了那麼遠，能自由自在我就已經很高興了。即使我努力少添加他的煩惱，但生活中無法把握的現實面卻始終糾纏著他。

他一直在自覺、不自覺地找尋自我。他處於一種變化的鮮活狀態。他已經擺脫了對預官訓練營制服的迷思，也不去想獎學金、從商和父親對他的期望。十七歲時他就醉心於潘興步槍（Pershing Rifles）[2]的聲威，醉心於他們的銅鈕扣、發亮的靴子、彩色的穗帶和綬帶。吸引他的是那套制服，如同當初那套長袍吸引他去當輔祭。但他是要為藝術效力的，而不是為教堂或國家。他的珠串、工作褲和羊皮背心，象徵了一種對自由的表達，而不是打扮用的行頭。

下班後，我會在市中心和他會合，我們步行穿過暈黃燈光籠罩的東村，經過東菲爾莫（Fillmore East）、「電動馬戲團」，那也都是我們第一次散步時路過的地方。

光是站在鳥國（Birdland）這塊被約翰・柯川祝福過的空曠廣場前，或是比莉・哈樂黛演唱過的聖馬克廣場前五點（Five Spot）爵士酒館門口，就讓人激動不已，「五點」也是艾瑞克・杜菲（Eric Dolphy）和歐涅・柯曼（Ornette Coleman）首度將爵士樂像打開罐頭一樣整個開出新局的地方。

那些門票我們都負擔不起。其他日子，我們會去參觀美術館。我們的錢只夠買一張票，所以一個人進去看展，回來講給另一個人聽。

有一次，我們去上東區相對較新的惠特尼美術館。這次輪到我了，我不情願地留下他自己走進去。我不記得裡面展示了什麼，只記得我透過一扇館內特有的梯形窗戶，端詳著對街的羅柏，他正斜倚在停車收費器上，抽著菸。

他等我出來，我們朝地鐵走去，他說：「我們總有一天會一起進去，而且是去看我們自己的展覽。」

幾天後的晚上，羅柏給了我一個驚喜，我們去看了第一場電影。他上班的地方有人給了他兩張《我如何打勝仗》（*How I Won the War*）的試映券，是理查・萊斯特（Richard Lester）導演的。約翰・藍儂在片中飾演要角士兵格里普威德。能看到約

2　一個大學生的軍隊兄弟組織，由當時的二級中尉（後來的上將）約翰・潘興（John J. Pershing，1860～1948）在1894年創建。

翰・藍儂讓我很興奮，但整場電影羅柏都靠在我肩上睡著。

電影對羅柏沒有特殊吸引力。他最喜歡的一部是《天涯何處無芳草》（*Splendor in the Grass*）。那年我們看的另一場電影是《我倆沒有明天》（*Bonnie and Clyde*）。他喜歡海報上的那句廣告詞：「他們年輕。他們相愛。他們搶銀行。」看那場電影時他沒睡著，而是哭了。回家以後，他異常安靜，看著我，彷彿想無聲地傳遞出此刻內心所有的情感。他從電影裡看到了我們之間的某種東西，我不確定是什麼。我心想，他心中還蘊藏著一整個我尚不瞭解的宇宙。

十一月四日，羅柏二十一歲。我送他一條沉甸甸附名牌的銀手鍊，是我在42街的當鋪裡找到的。我請人刻上「羅柏佩蒂藍星」的字樣，我們的宿命之星。

我們安安靜靜地看了一晚上畫冊。我的收藏有：荷蘭籍美國畫家德・庫寧（Willem de Kooning）、杜布菲、迪亞哥・里維拉、美國畫家傑森・波拉克（Jackson Pollock）的一本專書和一小疊《世界美術》雜誌（*Art International*）。羅柏有很多從布倫塔諾書店弄來的厚本精美畫冊，內容涉及密宗藝術、米開朗基羅、超現實主義和情色藝術。我們還用不到一美元買了附有蘇聯畫家約翰・格雷漢（John Graham）、高爾基（Arshile Gorky）、約瑟夫・柯內爾（Joseph Cornell）和基塔伊（Ronald Brooks

Kitaj）畫作的舊雜誌。

我們最珍愛的書都是威廉・布雷克（William Blake）的。我有一本相當精美的《天真與經驗之歌》（*Songs of Innocence and of Experience*）詩集摹本，常在睡前讀給羅柏聽。我還有一本牛皮紙版的布雷克作品選，而他有特里亞農出版社出的布雷克詩集《米爾頓》（*Milton: A Poem*）。我們都欣賞那幅布雷克弟弟羅柏的畫像，羅柏死得早，畫中他的腳邊有一顆星。我們會在自己作畫時襲用布雷克的色調，不同色度的玫瑰色、鎘紅和苔蘚色，它們看起來就像在發光。

十一月底的某天晚上，羅柏神色慌張地回到家。布倫塔諾書店正在拍賣一些版畫，其中有一幅是從《美國：一個預言》（*America: A Prophecy*）的原版畫冊印下來的，上面還有「布雷克」的字母圖案浮水印。羅柏把這張畫從文件夾裡抽出來，藏進褲管裡。他不是偷東西的人；他天生沒有作賊的本事。為了我們對布雷克共同的熱愛，他才會一時衝動。快下班時，他忽然失去勇氣。在自己的想像中他已經失手被逮，他躲進洗手間，把畫從褲管裡拿出來，撕碎沖進廁所。

我聽著他描述整個過程，發現他的雙手仍在顫抖。外面一直下著雨，雨水從他濃密的捲髮上滴淌下來。他穿了一件白襯衫，濕答答地貼在身上。像尚・惹內一樣，羅柏是個笨賊。惹內入獄是因為偷了普魯斯特作品稀有珍本和從襯衫製造商那裡偷了幾捲絲綢。他們都是有審美品味的雅賊。我想像一小片一小片布雷克在紐約

★

這些年裡，這條項鍊在我們兩人之間傳來傳去。誰需要，誰就戴它。我們的默契在很多生活小遊戲中顯露出來。最不可取代的遊戲就是「一天兩天」。遊戲規則非常簡單：我們之中必須有一個人擔任保護者，保持警覺。如果羅柏用了藥，我就需要神志清醒地在場。如果我情緒低落，他就要保持積極。如果一個人病了，另一個就得健健康康的。我們從不同時任性，這很重要。

一開始我狀況比較差，多半是他守在我身旁，有時是一個擁抱，或是鼓勵的話語，迫使我走出自己的情緒，投入工作中。不過他也明白，如果他需要我成為那個強者，我也是靠得住的。

羅柏在FAO施瓦茨玩具店找到了一份布置櫥窗的全職工作。店家需要假日工讀人員，於是我擔任臨時收銀員。那時剛好是耶誕假期，要找到著名玩具店的工作一點也不難。工資非常低，工時長，工作氣氛又令人沮喪。員工之間不許講話，分享茶點也不行。店裡在鋪滿稻草的平臺上搭了一個耶穌降生的場景模型，我們倆好幾次在那兒秘密碰頭。也是在那旁邊的垃圾桶裡，我拿了一隻耶穌誕生場景裡的小羊。羅柏答應要用它來做點什麼。

他喜歡約瑟夫．柯內爾盒子系列作品，也常獨自把那些沖上岸的漂流物、彩色線繩、紙蕾絲、被丟棄的念珠、小碎片和珍珠等不起眼的小東西轉化為視覺之詩。他會熬到很晚，又縫又剪又粘，再塗上廣告顏料。等我醒來的時候，一個完成的盒子已經在等我了，就像是一張情人節卡片。羅柏為那隻小綿羊做了一個飼料木槽，把它塗成白色，畫了一顆淌血的心，我們又一起加上如藤蔓般纏繞的神聖數字。這種靈性之美，使它成為我們的聖誕樹，我們把給對方的禮物擺在它的周圍。

平安夜我們工作到很晚，再從港務局巴士總站搭車去南澤西。為了見我父母，羅柏緊張得要死，因為他和父母關係相當疏遠。父親到車站接我們，羅柏送我弟弟陶德一幅他的素描，畫的是一隻從花朵中飛出的鳥。我們送給我的小妹妹金柏莉幾本書，還做了手繪的紙牌。

為了壯膽，羅柏決定用點ＬＳＤ。在我父母面前用藥這種事我想都沒想過，但對羅柏來說卻很自然。我家人都喜歡他，除了他永遠掛在臉上的微笑，大家都沒注意到有什麼不尋常。整個晚上，羅柏都在端詳我母親各式各樣的小飾品收藏，主要是形形色色的乳牛，一個有紫色乳牛蓋子的大理石花紋糖果盅尤其吸引他。大概在ＬＳＤ的作用下，釉料上的「漩渦」使他無法自拔吧！

我們在聖誕夜告別了家人。母親給了羅柏一個購物袋，裝滿她送我的傳統禮物：畫冊和傳記。「裡面也有給你的東西。」她對羅柏使了個眼色。我們坐上回港務局的巴士，羅柏往袋子裡一看，發現裹在一條格子廚房布巾的紫色乳牛糖果盅。這讓他高興極了，多年之後，當他離開人世，我發現這個糖果盅還和他最寶貝的義大利花瓶陳列在一起。

我二十一歲生日時，羅柏做了一面山羊皮的小鈴鼓給我，鼓面刺上十二星座，鼓身綁著彩色緞帶。他播放提姆・巴克利唱的〈一分為二的幻覺效應〉（Phantasmagoria in Two），單膝跪地，遞給我一本他用黑絲綢手工裝訂的塔羅牌小書。他在書中題了幾行詩，把我倆描寫成吉普賽人和傻子，一個創造寂靜，一個聆聽寂靜。在波折不斷的生命漩渦中，我們不斷交換扮演著這兩個角色。

第二天就是新年夜了，我們的第一個新年夜。我們立下新的誓言。羅柏決定回到普拉特藝術學院，申請助學貸款，但不是學他父親期盼的商業美術，而是投身於純藝術。他在給我的便條上說，我們會一起創作，我們會成功，不管這個世界怎麼想。

而我，暗自許諾要滿足他的現實需求，幫助他完成目標。年節後不久我就辭掉玩具店的工作，待業了好幾天，這讓我們略感挫折，但我再也不要把自己圈在收銀臺後面了。我決心找一個賺更多、更滿意的工作，很幸運的是59街上的大船書店雇用了我。他們經營古舊稀有的圖書、印刷品和地圖。書店不缺賣書女孩，但管事

GOD LOVES YOU
THE MAGUS
MAGIC AND THE SUPERNATURAL

的老男人或許是被我的熱忱吸引，雇我當修復工學徒。我坐在暗沉、厚重的桌子前，桌上亂堆著十八世紀的《聖經》、亞麻布條、檔案用膠帶、兔皮膠、蜂蠟和裝訂用針。不幸的是，我對這種工作完全沒有天賦，他只得不情願地讓我走了。

我垂頭喪氣地回到家。這個冬天很難捱了。羅柏在FAO施瓦茨的全職也做得很抑鬱。布置櫥窗的工作激發了他的想像力，他還畫了裝置藝術的草圖，但他自發性的繪畫越來越少了。我們吃隔夜麵包和Dinty Moore燉牛肉罐頭過活。我們沒錢去任何地方，也沒有電視、電話或者收音機。不過我們有唱機，只需挪一下唱針，選好的唱片就會一遍一遍地唱到我們睡著。

★

我需要再找一份工作。我的朋友珍妮・漢米爾已經在史克萊柏納書店（Scribner's Bookstore）上班了，就像在大學時那樣，她又一次像個幸運星一樣拉了我一把。她和上司談過，經她遊說，他們給了我一個職位。在一家權威出版機構的書店門市工作，這簡直就像做夢一樣，那家出版社就是海明威、費滋傑羅和他們功不可沒的編輯、麥克斯威爾・柏金斯（Maxwell Perkins）的大本營。在那裡，羅斯柴爾德（Rothschild）家族買下了他們的書稿，辦公大樓梯間的牆上還掛著麥克斯菲爾德・派黎思（Maxfield

Parrish）的畫作。

史克萊柏納書店座落在第五大道597號一座漂亮的地標性建築裡。有厄尼斯特·弗拉格（Ernest Flagg）一九一三年設計的布雜藝術風玻璃外牆，寬闊的大玻璃和鋼鐵構造，裡面有拱頂和高窗的兩層樓半的空間。我每天起床後盡職地穿戴好，轉三次地鐵到洛克菲勒中心。我為史克萊柏納書店準備的工作服參考了女星安娜·卡莉娜（Anna Karina）在高達電影《法外之徒》（*Bande à part*）裡的風格：深色套頭衫、格子裙、黑色緊身褲和平底鞋。我被安排在服務臺接電話，並聽候好心的費思·克羅斯調度。

能和這樣一個名垂青史的書店扯上關係，我覺得很幸運。我的薪水也高了一點，還有知己珍妮。我很少覺得悶，當不耐煩的時候，我就在史克萊柏納書店的專用信紙背面寫寫畫畫，就像《玻璃動物園》（*The Glass Menagerie*）劇作裡在紙箱背面龍飛鳳舞寫詩的湯姆一樣。

羅柏越來越消沉了。跟布倫塔諾書店的兼職相比，他現在的工時又長、薪水又少。他到家時已精疲力竭、心灰意冷，創作也一度停止了。

我懇求他別做了，這份工作和微薄的薪水根本抵不上他的犧牲。討論了好幾個晚上，他才勉強同意。作為回報，他勤奮地創作著，常常熱切地向我展示他在我上班時間完成的作品。擔起養家的重任我一點也不後悔，我的性格比較頑強。我晚上仍能創作，能為他提供一個不用妥協的工作環境，我也很驕傲。

晚上，我從雪中跋涉歸來，發現他正在家等我，準備幫我搓手取暖。他似乎總是閒不下來，在爐子上燒水，為我解靴子鞋帶，掛起我的大衣。他也總是趁我不注意時看著他沒畫完的畫，如果發現到了什麼，他也會暫停手頭上其他事。大多數時候，那幅畫都像是已經在他頭腦裡畫好了。他不是那種即興創作的人，而是傾向於把在瞬間看到的東西慢慢表現出來。

沉默了一整天之後，他會渴望聽我講講書店裡的怪顧客，比如穿著大號網球鞋的繪本作家愛德華・戈里（Edward Gorey），戴著史賓塞・崔西（Spencer Tracy）式的紳士帽、圍一條綠色絲巾的凱薩琳・赫本（Katharine Hepburn），或是穿著黑色長大衣羅思柴爾德家族的人。然後，我們會坐在地板上，一邊吃著義大利麵，一邊看他的新創作。羅柏的作品很吸引我，因為他的圖像語彙和我的詩歌語彙很像，即使我們似乎朝不同的目標前進。羅柏總是這樣告訴我：「在你認定之前，這些作品都不算完成。」

我們的第一個冬天過得很艱苦。就算我在史克萊柏納書店賺的錢稍微多一點了，兩個人身上還是沒錢。我們經常在寒冷的聖詹姆斯廣場角落站立許久，看著希臘餐廳和傑克美術用品店，討論手裡這幾塊錢要怎麼花——到底要選烤起士三明治還是美術用品。有時候，實在分不清哪種飢渴更強烈，羅柏會在餐廳裡緊張地守望，而我便懷著惹內的精神，把急需的銅筆刀或彩色鉛筆偷回來。藝術家的人生和犧牲在我這裡都被浪漫化了。我曾看書上說，畫家李．克拉絲娜（Lee Krasner）為丈夫傑克森．波拉克偷過美術用品。我不知道那是不是真的，但它成了我的靈感。羅柏為難以養家而焦慮。我叫他別擔心，全心投入偉大的藝術，這本身就是回報。

晚上，我們用那臺破舊不堪的唱機放唱片，當成作畫背景。有時我們還玩一個叫「今日唱片點播」的遊戲。入選唱片的封面會被醒目地擺在壁爐上方，然後唱片一遍一遍地播放，那音樂便帶領著當晚的活動。

沒沒無聞地工作對我來說一點都不成問題。我本來也不比一個學生強多少。羅柏則不然，他縱然羞澀、不言不語，而且似乎和周遭世界脫節，但卻雄心勃勃。他把馬歇．杜象（Marcel Duchamp）和安迪．沃荷（Andy Warhol）奉為楷模。上流藝術和上流社會都令他嚮往。我們就像電影《甜姐兒》（*Funny Face*）裡的喬加浮士德的奇特組合。

我們坐在一起畫畫的時候，那種共同的幸福感是他人無法想像的。我們沉浸在自己的世界裡，一待就是好幾個小時。他能長時間集中精神的能力傳染給我，我也以他為榜樣，肩並肩地創作著。中間休息的時候，我會燒開水泡雀巢咖啡喝。

尤其當痛快地工作了一天之後，我們會沿著默特爾大道遛達，在羅柏的摯愛上揮霍——尋找一種蘸著黑巧克力的棉花糖餅乾 Mallomars。

雖然絕大部分時間都是我們兩人獨處，但我們並不與世隔絕。朋友們會來看我們。哈威・帕克斯（Harvey Parks）和路易士・德爾薩特（Louis Delsarte）是畫家，有時他們就在我們旁邊的地板上創作。路易士幫我們兩個都畫過像，畫戴著印度項鍊的羅柏，還畫了一張閉著眼睛的我。艾德・漢森（Ed Hansen）分享他的學問和拼貼，珍妮・漢米爾朗誦她的詩。我會給大家看我的素描，講畫裡的故事，就像《小飛俠》故事裡溫蒂逗著那些迷失的孩子。即使身在藝術院校這種開明地帶，我們也顯得很怪。我們常開玩笑說我們這地方就是一個「失敗者沙龍」。

在特別的夜晚，哈威、路易士和羅柏會打起手鼓，分享一根大麻菸。羅柏有一對塔布拉鼓。他們邊打手鼓，邊伴著鼓點朗誦提摩西・里瑞（Timothy Leary）的《迷幻祈禱》（*Psychedelic Prayers*），那是羅柏真正看得進去的幾本書之一。我偶爾也會解他們的牌，參考波米亞塔羅大師佩布斯（Papus）著作和我的直覺去推出牌義。這樣的夜晚是我在南澤西不曾體驗過的，有點異想天開，也充滿了愛。

一個新朋友走進了我的生活。羅柏介紹我認識了茱蒂・林（Judy Linn），一個學平面設計的女孩，我們彼此都感覺相見恨晚。茱蒂就住在附近的默特爾大道，就在我洗衣的自助洗衣店那邊。她漂亮又聰明，還有著不俗的幽默感，就像年輕時的好萊塢女星艾達・盧皮諾（Ida Lupino）。她最終潛心於攝影，耗時多年完善了她的暗房技術。相識一段時間後，我成了她的拍攝對象，我和羅柏一些早期照片也是出自她手。

情人節那天，羅柏送了我一個紫水晶，是那種淡紫色的，快有半個葡萄柚大。他把它浸在水裡，我們看著那些發光的晶體。小時候我曾夢想過當一個地質學家，我告訴羅柏自己曾在腰間掛了一個舊錘子，花費數小時尋找著岩石標本。「不會吧，佩蒂，你不會吧。」他笑著說。

我送他的禮物是一顆象牙心，中間雕著一個十字架。也不知道是這裡面的什麼，居然罕見地刺激他講起一段童年往事，講他和其他輔祭男孩如何偷翻神父的私人櫃櫥，如何偷喝祭酒。吸引他的不是酒，而是體內那種奇特的感覺，那種做禁忌之事的刺激。

三月初，羅柏找到一份臨時工作，在新開張的東菲爾莫當領班。報到那天他穿了一條橘色連衣褲，盼望能見到提姆·巴克利。而下班回到家時，他卻因為見到另一個人更加興奮。「我見到一個人，她將來絕對不得了！」他說。他見到的人是珍妮絲·喬普林（Janis Joplin）。

我們沒錢看演出，不過羅柏在離開東菲爾莫前，替我弄到過一張「門」樂團的演出通行證。他們的第一張專輯曾讓我和珍妮聽得如飢似渴，不能和珍妮一起欣賞讓我很有罪惡感。看吉姆·莫里森（Jim Morrison）演出時，我的反應怪怪的。周圍的人似乎都被驚呆了，我卻以一種冷冷的、十分清醒的意識觀察著他的一舉一動。我對於這種感覺的記憶，比對演出本身更清晰。看著吉姆．莫里森，我感覺，這個我也做得出來。我說不上來為什麼會這麼想。過往的經歷，沒有一樣能證明我有這種能耐，而我卻心懷自負。我對他同時產生了親切感和藐視。我能感受到他的害羞和他無上的自信。他散發著一種混合著美、自我厭惡和神秘痛苦的氣息，就像西海岸來的聖徒塞巴斯蒂安（Saint Sebastian）。我這樣的反應讓自己都有點臉紅，當被人問起「門」的表演如何時，我除了說他們很棒，什麼也說不出來。

在《一便士詩集》（*Poems a Penny Each*）裡，詹姆斯．喬伊斯（James Joyce）有句話一直困擾著我：「那些一路嘲弄著我的徵兆。」看過「門」之後數週，它又在我腦海裡浮現，我向艾德．漢森提起了這件事。我一直很喜歡他。他個頭小而健壯，淺棕色的頭髮，精緻的眼睛，闊大的嘴，穿著一件棕色長大衣，他老是讓我想起畫家柴姆．蘇丁（Chaim Soutine）。他在迪卡爾布大道上被一群野孩子開槍擊中過肺部，而他自己也保持著孩子般的特質。

他沒有引用喬伊斯，而是在某天晚上帶給我一張伯茲樂團（The Byrds）的唱片。「這首歌將對你很重要。」他說道，把唱針放到那首歌上，〈你是想當一個搖滾明星了〉（So You Want to Be a Rock 'N' Roll Star）。歌詞中有某種東西讓我興奮又緊張，但我當時沒想通他的用意。

一九六八年的一個寒夜，有人來敲門，說艾德出事了，羅柏和我出去找他。臨走時我抄起了羅柏送我的那隻黑綿羊玩具。那是害群之馬小夥子送給害群之馬小姑娘的禮物[3]。艾德也多少是個害群之馬，所以我把它帶上，作為安慰他的護身符。

艾德高高地待在一架起重機上，不打算下來。那是個凜冽而晴朗的夜晚，羅柏和他說話的時候，我爬上起重機把綿羊遞給了他。他在顫抖。我們像在上演電影《養子不教誰之過》（*Rebel Without a Cause*）裡的劇情，艾德就像戲裡演悲情約翰的薩爾・米內奧。布魯克林之於我們就是電影裡的葛瑞費斯公園。

艾德隨我爬了下來，羅柏帶他回了家。

「別想那綿羊了，」他回來的時候說：「我再弄一個給你。」

我們和艾德失去了聯繫，十年之後他卻以一種意想不到的方式出現了。當我背著電吉他走向麥克風，唱出那第一句歌詞「你是想當一個搖滾明星了」，我突然間想起了他的話。那小小的預言。

總是有這種天氣，連著幾天陰雨濛濛，布魯克林的街巷特別上相，每扇窗都像是一個萊卡相機鏡頭，窗外的景致靜謐而富顆粒感。我們把彩色鉛筆和畫紙放在一起，像野孩子一樣悶頭一畫到天黑，直到再也畫不動，倒頭便睡。我們相擁而臥，窒息地擁吻入夢，仍有點笨拙但很開心。

我遇到的這個男孩羞怯而不善言辭。他喜歡被引領，喜歡被牽著手全心全意地進入另一個世界。即使在他表現得陰柔、馴服的時候，也富於陽性美和保護欲。他在衣著和舉止上都一絲不苟，卻能在作品裡表現出駭人的混亂。他在自己孤單而危險的世界裡，期待著自由、狂喜與解脫。

有時候我醒來，會發現他正在還願蠟燭微弱的光線下工作。為某幅作品潤色，把畫顛過來倒過去地看，他會從各個角度去審視那幅畫。陷入沉思，心事重重，然後突然抬起頭來，看到我正望著他，便露出微笑。那微笑突破了他所感受或經歷的一切——甚至包括後來在致命的痛苦中，一步步走向死亡時。

在魔法和宗教的鬥爭中，是魔法得到最後勝利嗎？也許神父和魔法師本是一回事，只是神父在上帝面前學會了謙遜，為祈禱文而拋棄了咒語。

羅柏相信移情法則，那使他能按自己的意願，將自己轉移到一個客體或是一件藝術品上，從而影響周遭的世界。他不曾經由他的作品得到救贖，也不尋求救贖。他設法去看別人看不到的，那只屬於他自己的想像力投射。

他總覺得自己的創作過程乏味，因為他很快就能看到成品的效果。他喜歡雕

3 black sheep在英文中有「有辱家族之人」和「害群之馬」的含意。

塑，卻覺得那種形式過時了。不過他仍花時間研究米開朗基羅的「奴隸」，希望能不受錘鑿之累就獲得人體創作的感受。

他構思出一個描繪我倆在密宗伊甸園裡的畫作創意。他需要把我們的裸體形象做成人形紙板，放進在他腦中大放異彩的那個幾何花園裡。他請一個叫洛伊．齊夫的同學過來拍我們的裸照，但我不太高興。我尤其不喜歡擺姿勢，我對自己腹部的刀疤多少還有些敏感。

拍出來的形象很僵硬，不像羅柏想像的。我有一臺35釐米底片老相機，我建議他自己來拍，但他沒有顯影和沖印的耐心。他用了那麼多四處找來的照片，而我覺得他自己就能拍出他想要的。「唉，我只要把一切都展現到紙上就行了，」他說：「但是弄到一半，我的心思就跑到別的事上。」伊甸園就這麼被放棄了。

羅柏的早期作品明顯源於他的ＬＳＤ體驗。他的素描和小裝置有一種超現實主義藝術家的過時魅力和密宗藝術幾何圖形的純淨感。漸漸地，他的作品內容開始轉向天主教：羔羊、聖母和基督。

他撤下牆上的印度布，把我們的舊床單染成黑色和紫羅蘭色。他把床單釘在牆上，在上面掛上十字架和宗教版畫。在垃圾堆或救世軍商店裡，可以輕而易舉地找到鑲框的聖徒像。羅柏會把版畫取出來，手工上色，把它們變成一幅大素描、拼貼或裝置作品。

渴望擺脫天主教枷鎖的羅柏，探索著靈魂的另一面，那個由光明天使路西法（Lucifer）統治著的另一面。那些他漆在盒子上用在拼貼畫上的聖徒形象，漸漸在墮落天使路西法的形象前失色。在一個小木盒子上，他把基督像放在盒面；盒內，是母與子和一枝小小的白玫瑰；而在內蓋裡，我驚異地發現了惡魔伸著舌頭的臉。

我回到家，會看到他穿著僧侶的棕色衣服，一件在舊貨店裡找到的耶穌會長袍，仔細研讀著關於煉金術和魔法的小冊子。他要我給他帶神秘學的書回來。一開始他沒怎麼讀，他對裡面魔力五角星和惡魔形象的使用、解構和重構更有興趣。他並不邪惡，然而隨著更加黑暗的元素注入他的作品，他變得更沉默了。

他對創造圖像咒語的興趣與日俱增，咒語可以用來召喚撒旦，就像精靈所做的那樣。他想像如果他能立下契約，接近撒旦最純粹的自我，也就是光明的自我，他會認出一個同類的靈魂，撒旦也會在名利上成全他。他無需要求成為偉人，或獲得藝術家的才能，因為他相信自己已擁有那些。

「你在找捷徑。」我說。

「我幹嘛要繞遠路呢？」他回答。

我有時會利用史克萊柏納的午休時間到聖派崔克大教堂去探望年輕的聖．史丹尼斯勞斯（Saint Stanislaus）。我會為死者祈禱，我像熱愛生者一樣地愛他們：韓波、秀拉（Geoges Seurat）、卡蜜兒．克勞德爾（Camille Claudel）還有朱爾．拉佛格（Jules

Laforgue）的情婦。我也會為我們祈禱。

羅柏的祈禱文就像許願。他對神秘知識如飢似渴。我們都為羅柏的靈魂祈禱，他祈禱能出賣它，我祈禱能拯救它。

後來，他會說教堂將他領到上帝面前，而LSD領他進入了宇宙。他還會說，是藝術將他領到惡魔跟前，而性使他一直待在惡魔身邊。

某些神跡和凶兆，看到了只會徒增痛苦。有一晚在霍爾街，當羅柏睡著的時候，我站在臥室門口看到了他在肢刑架上被撕扯的幻象，他在我眼前化為塵埃，他的白襯衫分崩離析。他醒了，感覺到我的恐懼。「你看見什麼了？」他喊道。

「沒什麼。」我回答道，轉過身去，不想承認自己看到的。縱使有朝一日我真的會捧起他的骨灰。

★

羅柏和我基本上吵不起來，但我們會像小孩那樣鬥嘴——吵架通常發生在如何安排我們微薄的收入這種問題上。我每週賺六十五美元，羅柏偶爾會打零工。房租一個月要八十美元，再加上水電費，每一分錢都得算得清清楚楚。地鐵代幣要兩毛錢，站，我一個禮拜需要十枚。羅柏抽菸，一包香菸三毛五。我對餐館公用電話亭的迷戀最成問題。他不能理解我對弟弟妹妹深深的依戀。在電話上投入一把硬幣，就意味著要少吃一頓飯。我媽媽有時會在寄來的卡片或信裡夾上一美元紙鈔。這不經意的舉動，意味著她當服務生的小費罐子裡損失了很多硬幣，我們也一直很感激。

我們喜歡到包厘街去找破舊的絲質禮服、磨損的開斯米羊毛大衣和二手機車服。在奧查德街，我們會為新作品尋找有趣便宜的材料：聚酯薄膜、狼皮和各種叫不出名字的零七八碎。我們在運河街的「珍珠」美術用品商場一逛幾個小時，然後坐地鐵去科尼島，沿著木板棧道邊走邊分享一份耐森快餐店的熱狗。

我的吃相把羅柏嚇到了。我能從他投來的目光、從他轉過去的臉看出來。當我大把抓著東西吃時，他覺得大家都在看我們，哪怕他自己正赤膊坐在餐廳座椅上，穿著一件繡花羊皮背心，脖子上還掛了好幾條珠串。我們的吹毛求疵最後往往化為一陣大笑，尤其是當我一一指出兩人的種種差異之後。在我們地久天長的友誼裡，始終保持著這種餐桌辯論。我的吃相一直不見改善，他的衣著倒是經歷了一番絢麗的變化。

那時候，布魯克林還只是一個周邊行政區，離紐約市的燈紅酒綠很遙遠。羅柏最愛去曼哈頓，一跨過東河就讓他精神百倍，後來也正是在那裡，他經歷了個人和藝術上的快速轉型。

我活在我自己的世界裡，想像著那些逝者和已逝的世紀。還是個小女生時，我就花好幾小時臨摹過《獨立宣言》的精美字體。書法一直令我著迷。現在我能把這種隱密的技藝融入我的素描了。我開始迷戀伊斯蘭書法藝術，有時還會從棉紙裡把那條波斯項鍊拿出來，作畫時就擺在眼前。

在史克萊柏納，我從電話客服晉升成銷售人員。那一年的暢銷書是亞當・史密斯的《金錢遊戲》和湯姆・沃爾夫的《令人振奮的興奮劑實驗》（*Electric Kool-Aid Acid Test*），兩本書概括了氾濫於這個國家一切事物的兩極。兩本書都無法引起我的共鳴。羅柏與我創造的小世界以外的一切，都讓我覺得不相干。

低潮期時，我想不通藝術創作是為了什麼。為了誰？我們是在創造上帝嗎？我們是在跟自己對話嗎？終極目標又是什麼？為把某人的作品關進藝術品的大動物園——現代美術館、大都會美術館或羅浮宮裡嗎？

我渴望誠實，誠然自己也有不誠實之處。為何要投身藝術？為自我實現，或是為藝術本身？除非什麼人能給點啟示，否則要找到這個理由會沒完沒了。

我常會坐下來，想寫點畫點什麼，但街上狂熱的活動，伴隨著越南戰爭，似乎讓我的努力失去了意義。我無法對政治運動產生共鳴。我也嘗試參與，但這另一種形式的官僚主義讓我不知所措。我不知道我做的事情有什麼意義。

羅柏對我這左一次右一次的反省很不耐煩。他似乎從不困惑於創作的動機，在他的身體力行之下，我明白了作品本身就是意義所在：上帝激勵下的詞句成為了詩歌，顏色與石墨的交融讚美了上帝，在作品中達成一種信仰和創作的完美平衡。在如此的心境裡，感受光明和生命的能量。

當畢卡索深愛的巴斯克地區毀於戰火時，他沒有縮進殼裡。他以傑作《格爾尼卡》（*Guernica*）來回應，提醒我們他的同胞遭受的不公不義。一有閒錢，我就會跑到現代美術館，坐在《格爾尼卡》面前，久久端詳那匹跌落的馬和那隻照耀著悲傷的戰利品的燈之眼。然後回去繼續工作。

那年春天，就在聖枝主日（Palm Sunday）[4]之前幾天，馬丁．路德．金恩在孟斐斯的洛倫飯店門前被槍殺。報紙上有一幅他的妻子科雷塔．斯科特．金恩安慰小女兒的照片，黑面紗下的臉龐浸透了淚水。我心裡一陣難受，那感覺正如我十來歲時看到賈桂琳．甘迺迪戴著飄動的黑紗，和她的孩子們站在一起，看向載著她丈夫遺體的馬車從面前經過。我試圖用詩歌或繪畫來抒發自己的感受，但力不從心。似乎無論何時我想表達不公，都找不到方向。

羅柏給我買了一條本來是讓我復活節穿的白裙，為了安慰我，他在聖枝主日那天就把裙子給我。那是一條破舊薄亞麻布做的維多利亞茶花圖案連衣裙。我喜歡極了，在家裡都穿，對一九六八年的不祥之兆來說，它就像一副精巧而脆弱的鎧甲。

這件復活節禮裙並不適合穿去梅普索普家的家庭晚宴，但我們屈指可數的衣服裡也沒有別的更適合了。

4 復活節前的星期日。

我從小相當獨立。我愛父母，卻並不操心他們對我跟羅柏在一起會作何感受。而羅柏沒那麼自由。他仍是父母的天主教徒兒子，他無法告訴父母我們正在未婚同居。他已在我父母家受到熱情禮遇，但擔心我到他家將得不到同樣的對待。

一開始，羅柏覺得，最好是他先在電話裡慢慢讓他父母知道我。然後他決定告訴他們，我倆已經私奔到阿魯巴島並且結了婚。當時他有一個朋友正在加勒比地區旅行，羅柏給他母親寫了封信，他那個朋友幫他蓋了阿魯巴的郵戳。

我覺得真沒必要精心策劃這麼一個騙局。我認為他應該實話實說，真心相信他們最終能接受我們。「不會的，」他一口否決：「他們可是恪守教規的天主徒。」

直到去拜訪了他父母，我才理解了他的擔憂。他父親用冰冷的沉默迎接我們。我沒法理解一個不擁抱自己兒子的男人。

全家人圍聚在餐桌前，他的姐姐、姐夫和哥哥、嫂嫂以及他的四個弟弟妹妹。餐桌擺好了，一頓完美的晚餐也準備妥當。他父親看都不怎麼看我，跟羅柏也沒話談，只是說：「你頭髮該剪了，看起來像個女人一樣。」

羅柏的母親瓊，盡其所能地提供著些許家庭溫暖。晚餐過後，她從圍裙口袋裡掏出錢塞給羅柏，還把我叫去了她的房間。她打開首飾盒，看了看我的手，拿出一枚金戒指。「我們錢不夠，還沒買戒指。」我說。

「你左手無名指上應該戴個戒指的。」說著把那枚戒指塞到我手裡。

哈利不在的時候，羅柏對瓊特別溫柔。瓊是個有血有肉的人。她很愛笑，菸不離手，強迫症似地打掃屋子。我這才明白，羅柏的條理性不完全是在天主教堂裡培養出來的。瓊偏愛羅柏，而且似乎對羅柏選擇的道路有種秘密的自豪感。羅柏在設計方面成績優異，他父親希望他能當一個商業藝術家，而他拒絕了。一種情感驅使著他，要去證明父親是錯的。

臨走時，一家人擁抱、恭喜了我們。哈利遠遠地站在後面。「我壓根兒就不相信他倆結婚了。」我聽到他這樣說。

羅柏正從一本收錄電影導演陶德・白朗寧（Tod Browning）大劇照的平裝書上剪下雜耍畸形人的圖片。兩性人、小頭人和連體雙胞胎散了遍地。這讓我如墜雲霧，實在看不出這些形象跟他近來對魔法和宗教的思考有什麼關聯。

我一如既往地以自己的素描和詩歌跟隨著他的腳步。我畫馬戲團裡的角色，講它們的故事：夜行走鋼絲者哈根・韋克爾、「驢面男孩」巴爾薩澤，還有月形腦袋的阿拉沙・凱利。我對自己的創作都有解釋，但畸形人為什麼吸引他，羅柏沒有多說。

在這種心境下，我們去科尼島看了雜耍表演。之前我們也在42街上找過休伯特劇院，他們有「蛇公主瓦格」和跳蚤馬戲團演出，但一九六五年就關了。我們還找過一家小博物館，那些標本瓶裡陳列著屍塊和人類胚胎，羅柏很想用這類東西做一件作品。他到處打聽上哪能找到這種東西，一個朋友叫他到韋爾費爾島[5]上的老市立醫院遺址去看看。

找了個星期天，我們和普拉特藝術學院的朋友們一起去了島上。我們在島上轉了兩個地方。首先是一幢規模龐大有瘋人院氣質的十九世紀建築；它曾經是「天花醫院」，美國第一家收治接觸性傳染病的地方。我們被帶刺鐵絲網和碎玻璃片攔於咫尺之外，想像著裡面麻瘋病和高死亡率傳染病患垂死的樣子。

另一處遺址便是老市立醫院，這座令人生畏的慈善機構建築最終在一九九四年被拆除。我們一走進去，立即就被樓裡的寂靜和怪怪的藥味擊中。我們一間間房地看，架子上滿載著醫用標本的玻璃瓶。很多瓶子已經被齧齒類訪客蓄意破壞了。羅柏地毯式搜索了每一個房間，直到發現了他想要的：一個浮在玻璃子宮和福馬林裡的人類胚胎。

我們都相信，到了羅柏手裡，它很可能被派上大用場。回家路上，他緊緊地抓著這份珍貴的發現。即使在他的沉默裡，我也能感覺到興奮和期盼，想像著他會如何把它變成藝術品。我們在默特爾大道告別了朋友們。就在要轉上霍爾街的時候，那個玻璃瓶卻鬼使神差地從他手中滑落，掉在人行道上摔了個粉碎。還差幾步路就到家了。

我看著他。他完全洩了氣，兩個人都說不出一句話。這個偷來的瓶子已在架上安然擱置了幾十年，幾乎就像是他害它送命的。「上樓去吧！」他說：「我來收拾。」我們之間再沒有提起過這事。這件事也沒那麼簡單。那些厚玻璃碎片似乎預示了我們生活的惡化；我們嘴上不說，心裡卻似乎都承受著一種朦朧的不安。

六月初，薇拉芮．索拉尼斯槍擊了安迪．沃荷。雖然羅柏對藝術家的事不怎麼多愁善感，這件事還是令他非常沮喪。他愛安迪．沃荷，視他為最重要的在世藝術家。這已接近他的英雄級崇拜了。他敬重像尚．考克多（Jean Cocteau）和帕索里尼那樣將生活和藝術合而為一的藝術家，但對羅柏來說，這些人裡最有意思的，還是在他的「工廠」裡記錄人類圖像主題的安迪．沃荷。

我對沃荷的感覺和羅柏不同。他的作品反映了一種我避之不及的文化。我討厭湯，對罐頭也沒什麼感覺。我更喜歡改變時代的藝術家，而不只是反映時代的那種。

不久後，我和一位顧客談起選民的政治責任這件事。那年是選舉年，他幫羅柏．甘迺迪競選。加州的初選結果還沒出來，我們說好再碰面討論。讓我興奮的是

5 Welfare：就是後來的羅斯福島。

有望能為與我抱同樣理想的人工作，而且他還承諾結束越南戰爭。我把甘迺迪的參選看成是將理想付諸政治行動的方式，是一件能真正幫上那些窮苦中人的大事。

羅柏仍沒從沃荷的遇襲中緩過神來，他待在家裡創作一幅向沃荷致敬的素描。我則回家看望我的父親。他是個明智、公正的人，我想聽聽他對羅柏．甘迺迪的意見。我們一起坐在長沙發上看初選結果，情況非常樂觀。父親對我擠擠眼，為年輕候選人的許諾和我的熱忱而歡欣。我們斷斷續續看著加州當地轉播來的夜間新聞，上床睡覺前我心中充滿驕傲，但第二天早晨一切都改變了。他贏得了民主黨黨內初選，他臉上綻放著如陽光俯照人間的笑容。但他從洛杉磯國賓飯店離開經過廚房時，有人開了槍。我跟爸爸再度坐回沙發前，交握著手，等了好幾個小時，等著知道他的情況。

甘迺迪參議員死了。

「爸爸，爸爸！」我抽泣著，把臉埋進他的臂膀。

父親抱著我，什麼也沒說。我猜他已經都看到了。對我來說，這個外在世界正在瓦解，而我自己的世界，也步步緊隨。

回到家，迎接我的是剪紙的雕像、古希臘人的軀幹和臀部、米開朗基羅的奴隸、水手、紋身和星辰。為了追上羅柏的步伐，我讀惹內的小說《玫瑰奇蹟》（*Miracle of the Rose*）給他聽，但他總是先行一步。在我朗讀惹內的時候，他卻彷彿正在成為惹內。

他拋棄了羊皮背心和珠串，找來一身水手服。他對大海並無感情。穿起水手服、戴起水手帽，他就和考克多的畫或是惹內筆下的水手羅柏・奎雷爾（Robert Querelle）的世界產生了共鳴。他對戰爭不感興趣，戰爭的遺俗和儀式卻吸引著他。他欽佩日本神風特攻隊飛行員的堅忍克己之美，他們會把戰服——疊得一絲不苟的襯衫和一條白絲巾鋪開，在戰前仔細地穿戴。

我喜歡打扮他。我幫他弄到了一件藍色厚呢短大衣和一條飛行員絲巾，雖然我對二戰的認識都是從原子彈和《安妮日記》（*The Diary of Anne Frank*）裡來的。我認可他的世界，他也樂於走進我的。然而有時，我又感到迷惑，甚至在突然的改變中感到沮喪。當他用聚酯薄膜覆蓋臥室牆壁和圓形浮雕天花板時，我覺得我被擋在外面，因為這似乎更多是為了他而不是我。他希望這樣能更添情趣，但在我看來卻有一種哈哈鏡的扭曲。我哀訴著，要拆掉我們睡的這間浪漫小教堂。

我不喜歡，這讓他很失望。「你當時是怎麼想的？」我問他。

「我從來不想，」他堅持說：「我只感覺。」

羅柏對我很好，儘管我敢說他其實心不在焉。我習慣於他安安靜靜，但不是沉默的幽怨。他正在為什麼煩惱，不是錢的事。他對我的呵護不曾停止，但就是看起來有心事。

他白天睡覺，晚上工作。我醒來，會發現他正凝視著牆上釘成一排的米開朗基羅雕的人體。我寧願爆發也不願沉默，但那不是他的方式。我再也破解不了他的心境了。

我發現晚上聽不到音樂了。他從我身邊走開，漫不經心地來回踱步，沒有全心在創作上。完成了一半的怪胎、聖人和水手的拼貼在地板上亂扔著。讓作品停滯在這種狀態完全不像他會做的事；他一直在這方面勸誡我。我無力穿透他周圍那片漠然的黑暗。

他對自己的作品越來越不滿，煩亂也隨之增長。「舊的意象對我已經不夠了。」他說。一個星期天的下午，他拿著一把烙鐵向聖母的大腿根烙去，事後還滿不在乎。「當時我瘋了。」他說。

終於，羅柏的審美觀變得太過強烈，讓我感到那已不再是我們的世界，而是他的。我信賴他，但他把我們的家變成了一間他獨家設計的劇院。金屬遮光板和黑緞子，取代了我們神話故事的絲絨幕布。白桑樹上垂掛著密網。他睡了，我在屋裡踱步，像一隻鴿子跳著，企圖逃離約瑟夫・柯內爾那孤獨的盒子[6]。

⁂

那些無言的夜晚令我坐立不安。天氣變幻中，也有些什麼預兆了我自身的改變。晚上，當我下班從地鐵站走向霍爾街，渴望、好奇和活力裹挾而來，令我感到隱隱的窒息。我開始更常去柯林頓街的珍妮家小坐，不過若是我坐得太久，羅柏也會一反常態生起氣來，會越發地渴求關愛。「我等了你一整天。」他會這樣說。

我開始越來越常和普拉特藝術學院區的老朋友們待在一起，尤其是畫家霍華德（Howard Michaels）。當初我就是在找他的那天遇到羅柏的。他已經和畫家肯尼・蒂沙（Kenny Tisa）搬去了柯林頓街，但那時候他還是孤軍奮戰。他的巨幅畫作能讓人聯想起漢斯・霍夫曼藝術學校特有的風格，而他的素描雖具特色，也能讓人緬懷起波拉克和德庫寧。

出於對交流的渴望，我轉向了他。我開始在下班路上頻頻登門。霍華德，正如別人所知的那樣，是一個表達清晰、激情四溢、博覽群書且對政治積極的人。能跟一個人從尼采到高達無所不談，真是件舒暢愉快的事。我欣賞他的工作，期待從拜訪中分享那份親切。但隨著時間流逝，在羅柏面前，我對我們之間與日俱增的親密越來越直言不諱了。

回首往昔，一九六八年的夏天標誌著我和羅柏共同的身體覺醒期。我還尚未悟到羅柏的矛盾舉動和他的性向有關。我知道他深深地在乎我，而我所能想到的，也只是他已在身體上厭倦了我。在某些方面我感到被背叛，事實上卻是我背叛了他。

6 美國藝術家約瑟夫・柯內爾，最有名的木盒藝術創作：Joseph Cornell box，用抽屜大小的木箱，安置他畢生蒐集石頭、舊書信、舊報紙、樹枝、玻璃罐、圖片等物件，以奇特的邏輯擺設在玻璃櫃內，組成奇幻故事。

我逃離了我們霍爾街的小房子。羅柏陷入極度不安，卻仍未能解釋那吞噬了兩人的沉默究竟源自何處。我沒法將那個屬於我倆的世界輕易拋棄，也不確定要往何處去，所以當珍妮提出合租下東城一個沒電梯的公寓六樓時，我答應了。對羅柏來說縱然痛苦，但這樣的安排比我獨居或與霍華德搬到一起更合適。

在我告別時，心煩意亂的羅柏仍然幫我把東西搬到新住處。我第一次擁有了自己的房間，想怎麼布置都行，我也開始畫一組新的系列素描。告別了我的馬戲團動物，我成為自己的主題，畫著強調自己更為陰性和樸實一面的自畫像。我開始穿裙子、燙頭髮。我等待著我的畫家，但他通常都不會來。

羅柏和我都無法割捨彼此，仍然繼續見面。在我和霍華德的關係跌宕起伏之際，他懇求我回頭。他希望我們能重新一起，如同什麼也沒發生過。他已經準備原諒我，我卻還沒後悔。我不想回頭，尤其羅柏似乎依然藏匿著那份他拒絕吐露的內心焦慮。

九月初的一天，羅柏突然出現在史克萊柏納書店。他穿著一件深紅色的皮風衣，繫著腰帶，看上去既俊朗又失落。他已經回到普拉特學院，申請了學生貸款，拿出一部分錢買了這件風衣和去舊金山的票。

他說他想跟我談談。我們出去，站在48街和第五大道的轉角。「回來好嗎？」他說：「不然我就要去舊金山了。」

我想不出他幹嘛要去那裡。他的解釋模糊又支離破碎：在自由街，有個人知道一切，在卡斯楚街（同性戀區）某處。

他突然抓過我的手。「跟我走吧！自由就在那。我得去弄明白我是誰。」

我對舊金山唯一的瞭解就是大地震和海特－阿什伯里區。「我已經自由了。」我說。

他絕望而緊張地盯著我。「你要是不來，我就要跟一個男人走了。我就要變成同性戀了。」他威脅道。

我看著他，完全不明白他在說什麼。在我們的相處中，不曾有過任何跡象能讓我對這樣的事有心理準備。他拐彎抹角透露給我的所有信號，都被我理解為他在藝術上的演變，而非他個人。

我表現得一點同情心也沒有，這讓我後悔。他的眼睛看上去就吸了安非他命又熬了一整夜。他一言不發地遞給我一個信封。

我看著他轉身消失在人群裡。

信是寫在史克萊柏納書店的信箋上的，這個最先震動了我。他的字跡，一貫那麼小心翼翼的字跡，充滿了焦慮和矛盾；從工整一絲不苟，變成了孩子似的鬼畫符。而我在開始讀信之前，已被那行簡單的標題深深觸動：「佩蒂——我所想的——羅柏」。我走之前曾那麼多次地問過他，甚至是懇求他，告訴我他的想法，告訴我他在想些什麼。他都沉默以對。

看著這幾頁紙，我意識到，他已經為了我深入自己的內心，並試圖表達那難以言表的情感。光是想像他寫這封信時的痛苦，已令我潸然淚下。

「我打開了門，也關上了門……」他寫道。他誰也不愛，他愛所有人。他愛性，他恨性。生活是謊言，真理是謊言。最終他以一道癒合的傷口為思緒作結。「我一絲不掛地站在那裡，畫著。上帝握著我的手，我們一起歌唱。」這是他作為一個藝術家的宣言。

我任懺悔消散，像接受聖餐一樣地接受了這些話。他已抛出了那條會誘惑我並最終把我倆綁在一起的線。我把信疊好裝回信封，全然不知下一步將會怎樣。

★

牆上掛滿了畫。我追隨著芙烈達．卡蘿，畫了一組自畫像，每幅都含有一小段詩，追蹤了我支離破碎的情感狀態。我想像著她所遭受的煎熬，自己的便顯得微不足道。一天晚上，我爬樓梯回公寓，半路遇到珍妮。「我們被搶了。」她哭喊著。我隨她上樓。想著我們沒有什麼小偷會感興趣的東西。我走進我的房間。那些鬱悶的賊，看我們實在沒什麼東西能賣錢，就扯下了我絕大部分的畫，少數幾張完好無損的也沾滿了泥靴印。

深受刺激的珍妮決定離開這棟公寓，搬去和男朋友一起住。東村的A大道東那時仍是個危險地帶，我答應過羅柏不會獨自住在那兒，於是搬回了布魯克林。我在柯林頓找了一個兩房公寓，離我以前夏天睡過的門廊僅一街區之遙。我把倖存的畫釘在牆上。然後，衝動之下，走去傑克美術用品店買了油畫顏料、畫筆和畫布。我決心要畫畫了。

跟霍華德在一起時我看過他畫畫。在某種程度上，他在創作中有一種羅柏所沒有的肢體性和抽象性，我也喚起了自己年輕的雄心，抓住了親自拿起畫筆的渴望。我帶著相機，到現代藝術館去尋找靈感。我幫德庫寧的《女人：第1號》拍了一系列黑白肖像，再在此基礎上進一步發揮。我把照片貼在牆上，開始畫它的肖像。給肖像畫肖像，我覺得有點意思。

羅柏還待在舊金山。他在信裡說想念我，還說他已經達成了他的目標，探索了自身的新大陸。即使對我講述他與別的男人的事，他也讓我相信他是愛我的。

對於他的坦白，我的反應比預期的更激動。我對這種事沒有任何經驗。我覺得自己辜負他。我認為一個男人變成同性戀，是因為沒有遇到生命中該有的女人，這個錯誤認識是我從韓波和詩人保羅．魏崙（Paul Verlaine）的悲劇結合自己想像出來的。韓波至死都在遺憾，他未能尋到一個能共用身心的女人。

佩蒂布魯克林時期創作的自畫像，1968年。

在我的文學想像中，同性戀是一個詩意的詛咒，這是我從三島由紀夫、紀德（André Gide）和惹內那裡賣力搜集來的概念。對現實中的同性戀我一無所知，我認為它必定與做作和浮誇緊緊相扣。我也曾得意於自己能夠不帶偏見，然而我的理解力是狹隘和迂腐的。即使在讀惹內的時候，我也把他筆下的男人當作一群神秘的小偷和水手。我不完全理解他們的世界，我把惹內當成詩人在信奉。

我們逐漸形成了不同的需求。我需要超越自身去探索，而他需要探索自身。他在作品的表現方式中摸索，隨著作品構成要素的變換和演變，他事實上譜寫了一本心靈演化日記，說出一個被壓制的性別認同。但他在舉止中不曾給過我任何能聯想到同性戀的信號。

我意識到他曾試圖摒棄他的天性，否認他的欲望，好讓我們的生活成立。對我來說，我不知道自己是否應該有能力驅散這些衝動。他一向太靦腆、太恭敬，害怕說起這些事，但毫無疑問的是他仍然愛著我，我也愛著他。

羅柏從舊金山回來時，看上去既春風得意又憂慮不安。我一直希望他回來時能有所轉變，他也確實轉變了，但不是我想像的方式。他看起來容光煥發，更像他的舊我，對我也更加疼愛。他已經歷了一次性的覺醒，但仍希望我們能找到某種延續關係的方式。我不確定自己是否能接受他新的自我意識，同時也不確定他能否接受我的。在我舉棋不定時，他遇到了另一個人，一個叫泰瑞的男孩，開始了第一段和男人的風流韻事。

無論他在舊金山經歷了怎樣的肉體邂逅，都是隨意和實驗性的。而泰瑞是一個真正的男朋友，人好，又帥，棕色的頭髮有著波浪般的捲度。在他們相襯的皮帶大衣和心照不宣的眼神中，環繞著一種自戀的氛圍。他們就像彼此的鏡像，儘管在外形上不如在身體語言上來得更像、更同步。我的心情複雜了起來，既理解他們，又對他們的親密和想像中他們所分享的秘密感到嫉妒。

羅柏是透過茱蒂．林認識泰瑞的。泰瑞說話輕聲細語，愛屋及烏，能接受羅柏對我的呵護，待我熱情又同情。藉由對泰瑞和羅柏的觀察，我發現同性戀也是一種自然的方式。但隨著泰瑞和羅柏感情的加深，以及我與畫家之間斷斷續續的關係慢慢變淡，我感到自己徹底地孤獨、不知所措了。

羅柏和泰瑞經常來看我，我們三人之間儘管沒有任何負面的東西，我還是覺得身體裡有什麼突然斷掉了。也許是因為天氣寒冷，因為我大動作地搬回布魯克林，或是那令我不適的孤獨感，反正我大哭了一場。當泰瑞站在一旁束手無策時，羅柏盡其所能地安慰著我。有時候羅柏隻身來找我，我就求他留下。他使我確信，他心裡一直有我。

節日的腳步近了，我們約定各畫一本素描簿作為禮物送給對方。從某方面說，羅柏幫我安排了一個幫助我振作起來的任務，一個能專注於創造的任務。我在一本皮面手稿本裡為他填滿了詩和畫，他也送我一本畫滿素描的製圖紙筆記本，那些畫像極了我倆相遇的那天晚上我見過的那些。他用紫色絲綢包了封皮，用黑色的線手工裝訂。

留在我一九六八年末記憶中的，是羅柏憂心的表情、大雪、夭折的油畫和滾石樂團帶來的那一點點喘息。我生日那天，羅柏一個人來看我，帶來了一張新唱片。他把唱針放到唱片正面，對我眨眼。滾石樂團〈對惡魔的憐憫〉（Sympathy for the Devil）響起，我們開始跳舞。「這是我的歌。」他說。

★

這一切將通往何處？我們將會成為什麼人？這是我們年輕的問題，年輕的答案也已揭曉。

一切通向彼此。我們成為自己。

羅柏一度保護過我，依賴過我，而後又對我表現出佔有欲。這些轉變就像惹內的玫瑰，他被自己的綻放深深刺穿。我也同樣渴望更深刻地感受這個世界。儘管

有時，那渴望不過是希望能退回原處，在那裡，我們微弱的光芒從懸掛的鏡面提燈中透出。我們像梅特林克（Maurice Maeterlinck）劇本裡尋找青鳥的孩子們一樣去冒險，但全新的經歷卻像荊棘纏繞住我們。

羅柏就像一個我心愛的孿生兄弟。在我顫抖落淚時，他深色的捲髮和我糾結的頭髮融為一體。他承諾我們可以回到過去的狀態，回到我們曾經的樣子，只要能讓我不再哭，他什麼都答應。

其實我也希望能就這樣下去，然而也恐怕我們再不能回到原點，我們會像擺渡者的孩子一樣往復穿梭於我們的淚河之上。我渴望去旅行，去巴黎、去埃及、去撒馬爾罕，遠遠地離開他，離開我們倆。

他也有一條要去追尋的道路，並且要無可選擇地丟下我。

我們明白，我們索求的太多。我們也只能夠從「我們是誰」和「我們有什麼」的角度去給予。分開來，我們才更清晰地看到，無論是誰都不想失去對方。

我需要找個人傾訴。我回到紐澤西的家，幫妹妹琳達過二十一歲生日。我們都在經歷成長之痛，能夠彼此安慰。我給她帶了一本雅克・亨利・拉蒂格（Jacques Henri Lartigue）的攝影集，匆匆翻閱那些書頁時，我們還萌生了去法國的渴望。我們整夜地密謀著，在道晚安之前，說好要一起去巴黎，對兩個連飛機也沒坐過的女孩來說這可是個不小的壯舉。

這個念頭支撐著我度過漫長的冬天。我在史克萊柏納書店盡可能地加班工作，存錢並密謀著我們的路線，在地圖上標畫那些工作室和墓地，為我和妹妹設計行程，就像當年為我的弟妹軍團做戰略計畫一樣。

我不覺得這對我和羅柏來說是一個藝術多產期。羅柏要面對他曾在我面前壓抑、又透過泰瑞找回的天性，那份強烈讓他在情感上不堪重負。他可能得到了某種滿足，不過他看上去毫無靈感，如果不是無聊，那或許就是在忍不住地比較他們的生活與我們的不同。

「佩蒂，沒人像我們這樣看世界。」他對我說。

春天空氣中的某種東西，加上復活節的康復力量，讓羅柏和我又走到了一起。我們坐在普拉特藝術學院附近的餐廳裡，點了我們最喜歡的番茄烤乳酪黑麥麵包，還有麥芽巧克力奶。我們現在有錢點兩份三明治了。

我們都曾將自己交給別人，猶豫不決中失去了每個人，但我們又重新找回了彼此。看起來，我們所追尋的正是已擁有的，一個可以並肩創作的愛人和朋友。忠誠，而自由。

我決定是時候離開了。我在書店不休假加的那些班得到了回報，他們讓我停薪留職。我和妹妹收拾起行囊。我不情願地留下了畫具，好輕裝上路。我帶了一本筆記本，把相機給了妹妹。

羅柏和我都保證在分別的這段時間裡要努力創作，我為他寫詩，他為我作畫。他答應我會寫信並告知他的動向。

我們擁抱告別時，他突然抽身熱切地望著我。我們什麼也沒有說。

★

我和琳達靠著小小的積蓄，坐上一架螺旋槳飛機經過冰島去巴黎。這是一段艱苦的旅程，儘管很興奮，我卻仍為丟下羅柏而糾結不已。我們所有的東西都堆在布魯克林區柯林頓街的兩個小房間裡，由一個老管理員負責看管。

羅柏已經搬出霍爾街，在默特爾大道附近和朋友們住在一起。和我不同的是，旅行不能成為羅柏的動力。他的首要目標是藉由工作獲得經濟獨立，不過此時此刻的他還依賴著零工和學生貸款。

琳達和我欣喜若狂地來到巴黎，我們的夢想之都。我們住在蒙馬特的一家廉價旅店裡，在這座城市裡瘋狂地尋找著：皮雅芙歌唱過的地方、傑拉德·奈瓦爾

（Gérard de Nerval）睡過的地方和埋葬波特萊爾的地方。我在純真街發現了激發繪畫靈感的塗鴉。我和琳達找到一家美術用品店，在裡面逛了好幾個小時，仔細地看著那些帶有精美天使浮水印的漂亮法國畫紙。我買了些鉛筆，幾張Arches牌畫紙，還選了一個有帆布揹帶的紅色大畫夾，在床上畫畫時作臨時畫桌用。我一條腿盤起，一條腿垂在床邊，自信地畫著。

我拖著畫夾從一個畫廊到另一個畫廊。我們加入了一個街頭音樂家團體，賣藝賺點零錢。我努力地畫畫和寫作，琳達拍照。我們吃麵包、乳酪，喝阿爾及利亞葡萄酒，被跳蚤咬，穿船領衫，在巴黎街巷間快樂地穿梭。

我們看了高達的《一加一》（*One Plus One*）。這部影片在政治上對我產生了巨大的影響，重燃了我對滾石樂團的愛。幾天過後，法國報紙到處可見布萊恩．瓊斯（Brian Jones）的照片寫著：*Est Mort, 27 Ans.*。布萊恩．瓊斯卒年二十七歲。我痛惜沒能去參加滾石其他團員在海德公園舉辦的紀念音樂會，到場觀眾超過了二十五萬人，演唱會上米克．傑格（Mick Jagger）向倫敦天空放飛了三千五百隻白蝴蝶。我把畫筆擱到一邊，開始創作給布萊恩．瓊斯的系列詩，這是我第一次在作品裡抒發對搖滾樂的愛。

長途跋涉到美國運通服務處去收發郵件，是那些日子裡最美好的事之一。我總是能收到羅柏的來信，那些有意思的短信講述了他的工作、健康及努力，以及始終

不變的，他的愛。

他暫時從布魯克林搬到曼哈頓去，住在德蘭西大街的一處頂樓，同住的有泰瑞，還有泰瑞的一對開搬家公司的朋友。羅柏和泰瑞之間仍有一種相敬如賓的友誼。當搬運工讓羅柏有了零用錢，頂樓也有足夠的空間供他繼續創作。

一開始他的來信似乎有點沮喪，不過從第一次看了《午夜牛郎》（*Midight Cowboy*）之後就活潑了起來。羅柏不怎麼看電影，但這部電影很得他的心。「講的是42街上的一個牛仔浪子，」他在信中這樣寫道，並稱其為一部「傑作」。他對這位英雄產生了強烈的認同感，牛郎的概念從此進入他的作品，接著進入他的生活。「牛郎—牛郎—牛郎。我猜我就是。」

他有時看起來很迷惘。讀著他的信，我真希望能回家陪在他身邊。「佩蒂——我那麼想哭，」他寫道：「可是眼淚卻流在心裡。它們被蒙住了。如今我找不到方向。佩蒂——我什麼也不懂。」

他會乘F線地鐵去時代廣場，在那個他稱為「顛倒花園」的地方，混跡於騙子、皮條客和妓女之間。在一間自助快照亭裡，他為我拍了一張照片，他穿著我送他的海軍外套，從一頂法國海軍帽底下凝視著鏡頭；在他的照片裡，這張一直是我最喜歡的。

作為回應，我為他創作了一幅拼貼，取名「我的牛郎」，用他的一封信當作畫面元素。雖然他安慰我沒什麼好擔心的，但他正一步步踏入他在作品中描繪的那個性的地下社會。他似乎被SM[7]的意象吸引，「我也說不清意義何在——只是覺得好」——這樣對我描述作品《緊身褲》（*Tight Fucking Pants*），以及那些被他用鈍刀割破了SM角色的素描。「我把他的生殖器換成一個鉤子，還打算把有骰子和骷髏頭的鍊子掛上。」他還說起過用血淋淋的繃帶和紗布做成的星形紋章。

他不僅僅是在無所顧忌地表達，他以自己的審美觀過濾著這個世界，他批評一部叫《男性雜誌》（*Male Magazine*）的影片「不過是一部全男演員陣容的『剝削電影』[8]」。去「工具箱」這間SM酒吧時，他覺得那裡「不過是牆上掛了一堆粗鍊子和破銅爛鐵，沒什麼讓人興奮的」，並希望能自己設計一個那樣的地方。

時間一週一週過去，我擔心他出狀況。他抱怨身體不適，這不像他。「我口腔疼痛，」他寫道：「牙齦發白，隱痛不止。」有時還沒錢吃飯。

信的附言裡仍然充滿羅柏式的虛張聲勢。「我一直被人指責，說我打扮得像個牛郎，說我有牛郎的內心和軀體。」

「自始至終地愛你。」他這樣結尾，署名「羅柏」，用最後一筆畫了一顆藍色的星星，那是我們的標誌。

★

7 施虐與受虐。為不影響文章可讀性，下文中均以縮寫字母出現。

8 一種電影類型，出現於上世紀20年代，在60、70年代中，因寬鬆的電影審查尺度而開始普及。剝削電影以性挑逗、露骨性愛、暴力、毒品等為特色。

七月二十一日，我和妹妹回到紐約。大家都在說登月的事。有個人已經踏上了月亮，而我沒注意到。

我拖著行李袋和作品集，找到了德蘭西大街上羅柏住的閣樓，就在威廉斯堡大橋的下面。看到我他喜出望外，我卻發現他簡直變了一個人。他的信不足以讓我接受他這麼差的現狀。他忍受著牙齦潰瘍和高燒，體重掉了不少。他試圖掩飾自己的虛弱，卻在每次站起來時感到暈眩。儘管如此，他在創作上一直很多產。

就剩我們兩個人，與他合住的那幾個都到火島度週末去了。我為他朗誦了我寫的一些新詩，他進入了夢鄉。我在閣樓裡逛了逛。光可鑒人的地板上，散落著他在信裡生動描述過的作品。他應該自豪，作品很棒。男人的性。還有一張畫的是我，在一大片橘色的長方形裡戴著草帽的我。

我收拾了他的東西。他的彩色鉛筆、銅筆刀、殘餘的男性雜誌、亮閃閃的星星和紗布，然後在他旁邊躺下來，思考著我的下一步。

天還沒亮，一連串的槍聲和尖叫聲就把我們吵醒。員警叫我們把門鎖好，幾小時之內不要離開。就在我們門外，一個青年被殺。在我的歸來之夜，我們距危險僅一步之遙，這把羅柏嚇壞了。

到了早上，我打開門一看，畫在受害者屍體周圍的粉筆線讓我不寒而慄。「我們不能待在這了。」他說。他擔心我們的安全。我們幾乎把大部分東西——我的行李袋和巴黎紀念品，他的畫具和衣服——都扔下，只帶了我們最寶貴的財富，我們的作品集，穿越城區到第八大道上的阿勒頓飯店，一個以廉價房間著稱的地方。

那幾天，是我們倆共同經歷過的最低潮。我都不記得是怎麼找到阿勒頓的。那是個可怕的地方，黑暗，失修，灰撲撲的窗戶俯瞰著嘈雜的街道。羅柏給了我二十美元，那是他搬鋼琴賺來的；絕大部分都用作房間押金。我買了麵包、花生醬和一盒牛奶，可是他吃不了。我坐在那裡，看著他在鐵床上出汗發抖。古老床墊裡的彈簧從汙漬遍布的床單底下鑽出來。屋裡彌漫著尿和殺蟲劑的味道，剝落的牆紙就像夏天的死皮。已被腐蝕的水槽裡沒有一滴自來水，只在夜裡，才偶有生鏽的水滴出其不意地落下。

儘管病著，他仍想做愛，或許身體的結合也算是某種慰藉，能讓他出出汗。早晨他去走廊上廁所，回來時臉上明顯掛著沮喪；他已經出現淋病的病徵。他馬上開始愧疚和擔心，怕傳染給我，這也更加放大了他對我倆處境的焦慮。

謝天謝地他睡了一下午，我則在走廊徘徊。這地方充斥著流浪漢和癮君子。我很熟悉廉價旅店。我和妹妹住過巴黎皮加勒區一棟無電梯的六樓，不過我們的房間很乾淨，甚至還有賞心悅目的浪漫巴黎天臺景觀。而在這個地方，看著半裸男人在感染了潰瘍的四肢上努力地尋找靜脈，這可沒有任何浪漫可言。因為酷熱難耐，每個房間都敞著門，為了幫羅柏洗蓋額頭的布，我往返於盥洗室，有時不得不背過臉去。那感覺就像小孩子在電影院裡不敢看《驚魂記》（*Psycho*）的淋浴那一幕，這也是讓羅柏總是笑出聲的畫面。

蝨子在他那凹凸不平的枕頭上爬著，往來於他潮濕糾結的捲髮間。我在巴黎見識過不少蝨子，至少我可以把它們和韓波的世界連起來。但他那個枕頭仍讓我無法接受。

我去幫羅柏拿水，從走廊那頭傳來一個聲音喊我。那聲音真是雌雄莫辨。尋聲望去，一個憔悴的美男子裹著破舊的雪紡紗坐在床沿。聽他講述自己的故事，我感覺很安全。他曾是個芭蕾舞者，現在成了嗎啡癮君子，他是舞者紐瑞耶夫（Pudolf Nureyev）和法國劇作家亞陶（Antonin Artaud）的合體。他的腿上依然滿是肌肉，牙卻掉得差不多了。金黃的頭髮，方方的肩膀，高高的顴骨，他在過去是多風光呀！我坐在他房間門外，成了他夢幻般表演的唯一觀眾，他邊唱著無調性版的同名電影主題曲〈狂野如風〉（Wild Is the Wind）邊在走廊裡飄移，就像舞著雪紡紗的現代舞者鄧肯（Isadora Duncan）。

他也講了一些鄰居們的故事，一間房接著一間房說，講他們為酒精和毒品付出了怎樣的代價。我從沒見過這麼多共同的痛苦和失落的希望，這麼多染汙了自己生命的孤苦淒涼的靈魂。他好像是他們的頭頭，可愛地哀悼著自己失敗的事業，在走廊裡舞著那一段黯淡的雪紡紗。

坐在羅柏身邊，審視著我們的命運，我幾乎要懊悔追求藝術了。厚重的作品集靠在骯髒的牆邊，我的是紅色的繫著灰緞帶，他的是黑色的繫著黑緞帶，真是好一份有形的負擔。有好幾次，甚至是在巴黎的時候，我都想把裡面很多作品扔在巷子裡一走了之。但當我拆開緞帶，看到我們的畫的瞬間，又覺得我們沒有選錯路；只是缺少一點運氣罷了。

晚上，一向對痛苦泰然處之的羅柏哭了出來。他的牙床長了膿瘡，臉通紅通紅的，床單都被他的汗浸透了。我去找嗎啡天使，「有能給他用的嗎？」我乞求他：「能讓他少痛苦一點的？」我試圖把他從飛高的狀態裡喚醒。他暫時清醒了過來，去了我們的房間。羅柏躺在床上，燒得語無倫次。我覺得他可能要死了。

「你得帶他去找醫生。」嗎啡天使說：「這地方你不能再待了，這兒不適合你。」我看著他的臉。他所經歷過的一切，全寫在那雙冷漠的藍眼睛裡。有那麼一瞬，那雙眼睛重新亮了起來。不是為他自己，而是為我們。

我們的錢不夠結帳的。破曉時分，我叫醒羅柏，幫他穿好衣服，陪他走下樓外的消防樓梯。我把他留在人行道上，再爬樓梯回去取我們的作品集。那是這個世界裡我們僅有的東西了。

抬頭望去，一些悲傷的房客正揮舞著手帕。他們從窗戶探出身來，對兩個逃出人間煉獄的孩子喊著「再見，再見」。

我叫了輛計程車。先把羅柏塞進去，然後是作品集。在我鑽進車子之前，最後看了一眼這悲壯的場景：那些揮動的手、阿勒頓飯店不祥的霓虹燈，還有在消防樓梯上唱歌的嗎啡天使。

羅柏枕在我的肩上，我能感覺到他放鬆了下來。「會好的，」我說：「我會再找到工作，你也會好起來的。」

「我們能做到，佩蒂。」他說。

我們說好了再也不分開，直到兩人都做好自立的準備。這個誓言，在經歷了我們尚未經歷的種種之後，仍然遵守著。

「雀兒喜飯店。」我對司機說，然後笨拙地在口袋裡摸著錢，也不知究竟夠不夠。

雀兒喜飯店

第三章

我像私家偵探麥克・哈默（Mike Hammer）一樣，坐在大廳裡抽著酷斯菸（Kools），讀著廉價偵探小說，等待威廉・布洛斯（William Burroughs）[1]。他穿得極講究，深色的斜紋長大衣，灰色套裝，繫著領帶。我坐了幾個小時，身邊是塗寫過的詩。直到微醺的他衣冠不整地從吉訶德餐廳裡踉蹌走來。我幫他整整領帶，替他叫了輛計程車。這是我們不必說出口的默契。

等待之間我注意著四周動靜，審視著熙攘人群穿梭於掛著劣質藝術品的大廳。這家飯店經理史丹利・巴德老收到龐大並硬塞上門的作品充房租。對大量來自社會各階級的勞碌才子而言，這家飯店是個充滿活力、可以孤注一擲的天堂。彈吉他的流浪漢和穿維多利亞禮服、醉酒的美女。毒癮詩人、劇作家、潦倒的電影導演和法國演員……來過這裡後都是大人物，哪怕在外面的世界裡一文不名。

電梯緩緩爬升。我在七樓走出電梯，想看看哈利・史密斯（Harry Smith）在不在。我把手放在球形門把上，裡面靜悄悄的。

黃色牆壁給人一種慈善機構的感覺，好像一所中學監獄。我爬樓梯回到我們的房間，在與不知名房客共用的走廊廁所裡小便。我打開房門。不見羅柏，只有鏡子上的一張便條：**去42街了。愛你。藍。**我看到他的東西已收拾過，男性雜誌整齊地疊著，細鐵絲網捲起也捆好了，噴漆罐在水槽下擺一排。

我開啟輕便電爐。打開水龍頭，先讓水流一會兒，最開始流出來的水是褐色的。

1 1914～1997，美國作家，與艾倫・金斯堡（Allen Ginsberg）和傑克・凱魯亞克（Jack Kerouac）同為「垮掉一代」文學運動創始者。

羅柏坐在椅子上，後牆上掛著一副賴瑞．黎佛斯（Larry Rivers）的黑白攝影作品。他臉色好蒼白。我跪下來握住他的手。嗎啡天使說過，在雀兒喜飯店有時能用作品換到房間。我打算主動提供作品。我相信我在巴黎畫的那些素描很有實力，羅柏的作品無疑也會讓大廳裡掛的東西黯然失色。我面前的第一道障礙，就是飯店經理史丹利．巴德。

我堅定地走進他的辦公室，準備自我推銷。他正在打一個沒完沒了的電話，揮手要我出去。我出來靠著羅柏坐在地上，默默地評估著形勢。

突然間哈利．史密斯出現了，像是從牆上走下來的。他一頭狂野的銀髮，糾結的絡腮鬍子，用一雙被巴弟．哈利（Buddy Holly）式鏡片放大的好奇亮眼盯著我。我還來不及開口，他就對我拋來連珠炮式的問題：「你是誰你有錢嗎你們是雙胞胎嗎手腕上幹嘛繫絲帶？」

他在等個玩攝影的朋友佩姬．比德曼（Peggy Biderman），希望她能請他吃上一頓。他自己的困境就夠讓他費神了，但他同情我們，尤其看到羅柏連坐起來都困難，立刻焦躁起來。

他站在我們面前，微駝著背，穿著破舊的粗花呢夾克、斜紋棉布褲和沙漠靴，昂著頭，就像一頭聰明的獵犬。儘管剛滿四十五歲，看起來卻像個有赤子般熱情的老頭。哈利製作過《美國民間音樂選輯》（*Anthology of American Folk Music*），因而備受尊敬，從最不知名的吉他手到巴布．狄倫都受過這唱片的影響。羅柏虛弱到無法開口，於是我一邊和哈利聊阿帕拉契音樂，一邊等著拜見巴德先生。哈利說起他正在拍一部受到貝爾托．布雷希特（Bertolt Brecht）啟發的電影，我為他朗誦了《三便士歌劇》（*The Three Penny*）裡的詩〈海盜珍妮〉（Pirate Jenny）。這註定了我們之間惺惺相惜，雖然他有點失望我們沒錢。他在大廳裡追著我問：「你確定不是有錢人？」

「我們史密斯家從來沒富裕過。」我說，這似乎令他大吃一驚。

「你真的姓史密斯？」

「是的。」我說：「我是啊，五百年前我們是一家。」

我獲准再度走進巴德先生的辦公室，我主動出擊告訴他，我將從我老闆那裡拿到一筆預付款，然而我也會給他機會得到遠超過房租價值的作品。我盛讚了羅柏，拿出作品集作為抵押。巴德神情充滿懷疑，不過他假定我說的都是實話。也不知道收藏我們的作品對他有沒有意義，反正我有工作的保證似乎打動了他。我們握手成交，我拿到了鑰匙。1017號房。雀兒喜飯店的房租是一週五十五美元。

佩姬來了，他們幫我把羅柏送上樓。我打開房門。1017號房是全飯店有名地小，淡藍色房間，有一張白色的金屬床，蓋著奶油色的棉絨床罩。一個水槽和一面鏡子，一個小五斗櫃，一臺可攜式的黑白電視擺在一大塊褪色的織墊中間。我和羅柏從來沒有電視機，而它現在就放在那，一個充滿未來感卻已過時的護身符，我們整個住宿期間電視插頭都垂在一旁。

飯店裡住著一個醫生，佩姬把他的電話給我，我們有了乾淨的房間和幫手。這裡是羅柏養病的地方，我們總算安下心了。

醫生來了，我等在門外。房間太小，無法容納三個人，我也不敢看羅柏打針。他給羅柏打了一針大劑量的四環黴素，開了些處方，並力勸我也做個檢查。羅柏營養不良並且發高燒、牙齦潰瘍、阻生智齒，還有淋病。我們應該雙雙打針並去做傳染病登記，醫生說我可以晚一點再付他錢。

我感到有點不舒服，覺得我有可能經由某個陌生人感染了性病。我不是妒忌，更多是覺得不潔。我讀過的所有尚．惹內作品裡都有一種「得了淋病就不是聖徒」的觀念。醫生婉轉地談起一種注射療法，這又喚起了我的針頭恐懼症。但我必須把個人的擔憂放到一邊。我最關心的是羅柏的健康，而他已經病得做不了任何激昂的演說了。

我一聲不吭地坐在他身邊。看著我們僅有的行李，覺得雀兒喜飯店的光線是那麼特別。那不是自然光，而是從檯燈和吊燈上散射開來的；強烈得令人無處躲藏，又似乎充滿特有的能量。羅柏舒服地躺著，我告訴他別擔心，答應他我很快就回來。我必須對他不離不棄，我們發過誓的。

那意味著我們並不孤單。

我走出飯店，站在紀念詩人狄倫．湯瑪斯（Dylan Thomas）的匾牌前。只有在那個早晨，我們逃離了阿勒頓的沮喪；現在，我們在紐約史上最有名的飯店之一，擁有一個乾淨的小房間。我觀察著周圍的街景。一九六九年，第七大道和第八大道之間的23街仍有一種戰後的感覺。我經過一家漁具店，一家從髒兮兮的窗戶裡隱約傳出巴黎爵士樂的二手唱片店，一臺相當大的自動售貨機，以及有著棕櫚樹霓虹燈的綠洲酒吧。街對面是公共圖書館分館，一旁是頗有規模的YMCA大樓。

我向東轉入第五大道，一路走到48街上的史克萊柏納書店。雖然我已經離開了很久，但我有信心他們還會留下我。我不情不願地回去上班，考慮到我們的處境，史克萊柏納是一條實實在在的出路。同事們熱情地歡迎了我，我去地下室分享了他們的咖啡和肉桂卷，也用我的巴黎街頭生活故事逗他們開心，我強調著我們不幸遭遇中的幽默，最後找回了我的工作。他們還破例資助我一筆預付款，以應付眼前的開銷和一個星期的房租，為的是給巴德先生留下深刻的好印象。我們的作品他沒看，但他留下了以便日後考慮，所以我們還有以物易物的希望。

我為羅柏帶了點吃的回去，那還是我回到他身邊後，他第一次吃東西。我把跟史克萊柏納和巴德的交易講了一遍。我們驚訝於發生了這麼多事情，回顧了我們從災難走向平靜的小小冒險之旅。接著他突然陷入沉默，我知道他在想什麼。他沒有說「對不起」，但我知道他是這個意思。他把頭靠在我肩上，他想知道，如果我沒有回來，我自己的日子是否會好過一些。但我回來了，我們兩人的日子到最後都好了起來。

我知道怎麼照顧他，我擅長護理病人，知道怎麼讓病人退燒，這是我從母親那邊學來的。我坐在他身旁，看著他迷迷糊糊地睡去。我很累。回家之路遇到意外的曲折，但情況在好轉，我一點也不後悔。我很興奮。我坐在一旁，聽著他的呼吸，夜燈的燈光灑在他的枕頭上。在這座睡夢中的飯店裡，我感受到了共同體的力量。兩年前他救了我，出人意料地出現在湯普金斯廣場花園。現在我又救了他。從這一點看來，我們扯平了。

幾天過後，我到柯林頓大道去找我們以前的大樓管理員吉米・華盛頓結帳。我最後一次登上那幾級厚重的石階，我知道我不會再回布魯克林了。我在他門外站了片刻準備敲門，我能聽到屋裡播放著《藍衣魔鬼》（*Devil in a Blue Dress*）這首歌，吉米・華盛頓正在跟他的女人說話。他緩緩地打開門，看到我大為驚訝。他已經打包好羅柏的東西，但顯然他對我大部分的東西都感興趣。我只得笑著走進他的客廳。我的藍色撲克牌籌碼正躺在敞開的專用匣裡，裝著手工帆的帆船模型與裝飾華麗的石膏公主，小心翼翼地站立他家壁爐臺上。我的墨西哥披肩，蓋在我煞費苦心打磨並用白瓷漆刷過的原木大辦公椅上。我稱它為「我的傑克森・波拉克椅」，因為我記得在一張斯普林斯的波拉克克拉絲娜農場照片上，有一把草坪躺椅就是這樣。

「東西我都替你好好保管著。」他有點尷尬地說：「也不知道你還回不回來。」我只是笑笑。他煮了咖啡，我們商量後達成協議。我欠他的三個月租金一百零八美元，他可以留下我的東西和那六十美元押金，之後就兩不相欠。他已經把書和唱片打包。我看到唱片堆最上方的一張是《納什維爾的地平線》（*Nashville Skyline*）。這是在我去巴黎之前羅柏送給我的，那首〈躺下吧，女士〉（Lay Lady Lay）我聽了一遍又一遍。我去收拾我的筆記本，從中發現了我和羅柏初次相遇時，他買給我的希薇亞・普拉斯（Sylvia Plath）的《愛麗爾》（*Ariel*）。我心中一陣劇痛，因為我知道我們生命中那段純真無邪的時光已經一去不返了。我把裝著《女人：第1號》黑白照片的信封悄悄裝進了口袋裡，照片是我在現代美術館拍的；我留下了那些為她的肖像作畫的失敗嘗試，那些成卷的畫布上潑濺著赭石、粉色和綠色顏料，全是我已逝雄心的紀念。我對未來太好奇了，已然無心戀舊。

正要離開時，我注意到他家牆上正掛著我的一幅畫。如果巴德不懂，至少吉米・華盛頓是懂它的。我向我的東西告別，它們更適合他，更適合布魯克林。舊的不去新的不來，這是毫無疑問的。

★

儘管對這份工作充滿感激，回到史克萊柏納我還是感覺勉強。隻身在巴黎打拚小試了我的漂泊能力，重新調整回來就像又蛻了一層皮。珍妮已經搬去舊金山，我失去了我的親密詩友。

結交了新朋友安・鮑爾（Ann Powell）以後，情況總算好轉。她有一頭棕色的長髮、憂傷的棕眼和一種憂鬱的笑容。安妮，我這麼叫她，她也是個詩人，不過是美國觀點。她熱愛法蘭克・歐哈拉和黑幫電影，還會拉我去布魯克林看保羅・穆尼（Paul Muni）和約翰・加菲爾德（John Garfield）演的片子。我們自己寫大膽的B級片劇本，我還在午餐時間一個人表演所有角色逗她開心。我們把空閒時間全花在舊貨攤上，只為買到真正的黑色高領衫和白羊皮手套。

安妮上的是布魯克林的教會學校，而她愛著馬雅科夫斯基（Vladimir Mayakovsky）和喬治・拉夫特（George Raft）。能有人一起聊聊詩歌、犯罪，爭論羅柏・布列松（Robert Bresson）和保羅・施拉德（Paul Schrader）誰比較厲害，讓我很開心。

在史克萊柏納我每週大約賺七十美元。繳完房租，剩下的錢用來吃飯。我必須要多賺一點才行，於是我開始找尋打卡上班以外的謀生方式。我去二手書店翻找能賣的書，我很有眼光，幾塊錢就找到少見的童子軍兒童讀物和一些首版簽名書，一轉手就賺了不少。一本嶄新的威爾斯（H. G. Wells）題贈的《愛情和魯雅軒》（*Love and Mr. Lewisham*）就能抵一個星期的房租和地鐵票錢。

在一次書店探險中，我為羅柏找到了一本稍舊的安迪．沃荷《目錄書》（*Index Book*）。他很喜歡，不過這也激發了他，因為他也同樣在設計一個有插頁和立體內頁的筆記本。《目錄書》裡有比利．內姆（Billy Name）的攝影作品，沃荷工廠（Warhol Factory）的經典照片便是出自他手。書裡有一個立體城堡，一隻吱嘎作響的紅色手風琴，一架立體雙翼飛機和一個滿身是毛的十二面體。羅柏覺得自己和安迪並駕齊驅。「這個很好，」他說：「不過還是我的更好一點。」他等不急地要起床創作。「我不能再躺下去了。」他說：「世界正在拋棄我。」

羅柏坐立不安但不得不躺在床上，他得等到感染和發燒都減輕了，才能去拔那顆阻生的智齒。他恨死生病了，可是太早離床的話，他就會舊病復發。他對康復的想法可不像我那麼十九世紀情調，對我而言，那意味著有機會長期臥床看書或是創作胡言亂語的長詩。

剛入住的時候，我對雀兒喜飯店的生活是什麼樣子毫無概念，但很快就意識到，最後能在這裡落腳真是太走運了。同樣的房租，我們其實可以在東村住更寬敞的廂房式公寓，但住在這間古怪、討厭的飯店裡，卻給了我頂級的學習環境以及安全感。周遭的善意，證明了命運三女神正在協力幫助她們滿腔熱忱的孩子。

經過一些時日，羅柏總算差不多康復而且更加健壯，如同我在巴黎磨礪得愈發堅韌，他在曼哈頓也變得更堅強了。他很快就上街找工作。我們兩個都清楚，固定的工作他是做不下去的，但只要是能找到的零工，從粉刷公寓到搬鋼琴，他都不挑三揀四。他最恨的工作是為畫廊搬運藝術品，為那些他看不上眼的藝術家做苦工，很讓他惱火，但是能得到現金。我們把能省下的每一分錢都放在抽屜最深處，向我們的近期目標——一個大一點的房間——前進。這也是我們如此勤奮地付房租主要的原因。

一旦你在雀兒喜取得了房間，房租晚繳一些是不會馬上被轟走的，但你會加入那支躲巴德先生的大軍。我們還想以好房客形象躋身二樓更大房間的候補名單呢！我以前曾多次看見我媽媽在大晴天放下所有百葉窗簾，以躲避高利貸和催帳的，這種景象貫穿我整個童年，但我不願在史丹利・巴德面前畏畏縮縮。說起來，很多人都賒欠巴德一點什麼，而我們什麼也不欠他。

住在我們的小房間，我們就像是舒適牢房裡的囚犯。單人床倒是夠兩人擠著睡，但是羅柏沒有空間工作了，我也是。

羅柏在雀兒喜交的第一個朋友，是一個叫布魯斯・魯道（Bruce Rudow）的獨立時裝設計師。他在沃荷的電影《十三個最美的男孩》（*The Thirteen Most Beautiful Boys*）露過臉，還在《午夜牛郎》裡演過配角。布魯斯個頭不高，步履輕盈，跟布萊恩・瓊斯像極了。他黯淡的雙眼下有著眼袋，隱匿在一頂黑色科爾多瓦寬邊帽的陰影裡，就是吉米・韓雀克斯戴的那種。他一頭略帶紅色的絲般金髮下，高高的顴骨和燦爛的笑容若隱若現。光是長得像布萊恩・瓊斯這一點對我來說就足夠了，何況他還有可愛、寬厚的性情。布魯斯有點愛賣弄風情，但他跟羅柏之間並沒什麼，那只是出於他友善的天性罷了。

他來找我們玩，可是我們家沒地方坐，於是他邀請我們去樓下他房裡。他有一片寬敞的工作區，遍布著獸皮、蛇皮、小羊皮和紅色的碎皮邊角料。長長的工作檯上鋪著剪裁用的紙樣，牆上掛滿了成衣，布魯斯有自己的小工廠。他設計帶銀色流蘇的黑皮夾克，製作精良，《時尚》雜誌上的那種。

布魯斯很關照羅柏，熱情地鼓舞著他。兩個人都足智多謀，還能互相啟發。羅柏對融合美術與時尚很感興趣，布魯斯告訴他如何在時裝界闖出自己的一片天。他在自己的工作區裡為他空出了一塊地方。雖然心懷感激，羅柏還是不願在別人的地方工作。

在雀兒喜認識的人裡對我們影響最大的，可能還是珊蒂・戴利（Sandy Daley）。她是一個溫和但對俗世不熱衷的藝術家，就住在我們隔壁的1019房。那是一個全白的房間，連地板都是白色的，進門之前必須得脫鞋。從沃荷工廠裡弄來的銀色氦氣枕頭飄浮懸停在頭頂。我從沒見過這麼美的地方。我們光著腳坐在白地板上，喝著咖啡，看著她的攝影書。有時，珊蒂看上去就像她白色房間裡的黑暗囚徒。她經常穿一條黑色長裙，我喜歡走在她後面，看著她的裙褶拖過門廳和樓梯。

珊蒂在英國工作過很長一段時間，那個以瑪莉．官（Mary Quant）、塑膠雨衣和西德．巴雷特（Syd Barrett）為特色的倫敦。她留著長長的指甲，我對她能撥弄留聲機唱臂而不弄壞美甲的技藝大為讚嘆。她手裡常抓著一臺拍立得，她拍的照片質樸而優雅。羅柏的第一臺拍立得就是跟珊蒂借的，作為紅顏知己，珊蒂還對他最早的攝影作品提出了寶貴的批評。珊蒂對我們兩個人都很支持，並且能不加評判地看著羅柏經歷他作為男人和藝術家的雙重轉型期。

她的環境更適合羅柏而不是我，但那是一個從我們亂堆亂放的小房間裡出來透氣的理想去處。如果我需要洗個澡，或者只想在一個有氣氛的地方做做白日夢，她的門一直是敞開的。我常常坐在地板上，依傍著我最喜歡的那個純銀製成的大碗，它就像一個閃閃發光的車輪蓋，一朵梔子花浸在中間。我會一遍接一遍地聽《乞丐宴會》（*Beggars Banquet*），聞到它的芳香浸滿整間空屋。

我也跟一個叫馬修．賴克（Matthew Reich）的音樂家成了朋友。他的起居空間完全是實用主義風格，除了一把木吉他和一本黑白作文簿——上面有他的歌詞和以非人速度寫下、前言不搭後語的心得——其他什麼也沒有。他瘦削而結實，明顯是個巴布．狄倫迷。他的髮型、衣著和舉止，各方面都反映出《全數歸還》（*Bringing*

It All Back Home）的風格。經過一陣旋風般的求愛，他娶了女演員吉納維芙・韋特（Genevieve Waïte）。她很快發現馬修雖有才情，但也有點精神錯亂，不是什麼巴布・狄倫的親戚。她跟「爸爸媽媽」樂團（Mamas and the Papas）的「約翰爸爸」跑了，扔下穿著飾領襯衫和窄管褲的馬修在飯店大廳裡如困獸般踱步。

雖然馬修想當巴布・狄倫第二，卻沒人喜歡他。羅柏和我是喜歡他的，但羅柏只能小部分接受他。他是我在紐約認識的第一個音樂人，我能理解他的狄倫情結，在他寫歌的時候，我也看到了把我的詩整理成歌的可能。

我不知道他說話又快又急是不是安非他命導致，或是用藥造成思考的加速。他常會把我帶進死胡同，或者進入晦澀邏輯的無盡岔路。我覺得我們就像愛麗絲和瘋帽客，講著沒有笑點的笑話，不得不在棋盤格般的地板上找路回到我自己那詭異世界的邏輯之中。

我必須加班工作，好償還從史克萊柏納拿的預付款。一段時間過後，我被升職，上班時間比原來更早了，早上六點鐘睜眼，然後走到第六大道趕搭F線地鐵去洛克菲勒中心。地鐵票要二十美分。七點鐘我會打開保險櫃，填寫登記簿，把當天要用的東西都準備好，和總出納輪值。收入稍微多一點了，不過我更喜歡的是有了自己的部門，以及訂書。晚上七點下班後，我常常走路回家。

羅柏會迎接我，迫不及待地讓我看他這一天的作品。一天晚上，他讀了我的筆記本後為布萊恩·瓊斯設計了一個圖騰。狀似箭頭，因為「白兔」的關係長著兔毛，還有一句小熊維尼的臺詞和一個墜子大小的布萊恩肖像。我們倆一起把它畫完，掛在床頭。

「誰也沒有我們這樣的眼光，佩蒂。」他說。無論何時他說起這樣的話，都有那麼神秘的一瞬間，整個世界好像只有我們兩個人。

羅柏受阻的智齒終於拔掉。他痛了好幾天，不過總算鬆了口氣。羅柏雖然強健卻易受感染，我於是追在他身後，讓他用溫鹽水保持口腔乾淨。他乖乖漱口，但擺一副臭臉。「佩蒂，」他說：「你根本就是影集裡的本·凱西醫生，老在督促人用鹽水殺菌。」

常跟在我們屁股後面的哈利也站在我這一邊，他指出鹽在煉金術實驗中的重要性，隨即懷疑我其實在做什麼超自然的事情。

「沒錯。」我說：「我要把他肚子裡的東西變成金子。」

笑，一種生存中不可或缺的元素，我們擁有的一點也不少。

★

然而你能感覺到空氣中的那種振動，那種加速感。從月亮開始。她曾是不可企及的詩歌，現在人類已經登上她，橡膠鞋底踏上了那顆神的珍珠。也許這是一種對時光流逝的感悟，這個十年的最後一個夏天。有時候我只想舉起雙手，然後停止。停止什麼？或許只是停止長大。

月球登上了《生活》（*Life*）雜誌的封面，而所有報紙的頭條都是莎朗．塔特（Sharon Tate）及其同伴的慘死。我無法把曼森連續謀殺案和我看過的任何電影中的犯罪畫面聯想在一起，但這種新聞點燃了飯店房客們的想像力，幾乎人人都對查理斯．曼森（Charles Manson）著迷。從一開始，羅柏就和哈利、佩姬反覆研究著每一個細節，可是這真的不是我愛聊的話題。莎朗．塔特人生的最後時刻始終縈繞在我腦際，我想像著她知道自己尚未出世的孩子即將被屠殺時的恐懼。我退縮到我橘色作文簿上字跡潦草的詩歌裡。想像布萊恩．瓊斯面朝下漂浮在泳池裡，到這一幕已經是我能應付的極限了。

羅柏對人類行為著了迷，他想瞭解是什麼驅使那些看似普通的人製造出騷亂。他追蹤著曼森的新聞，但他的好奇心也隨著曼森行為的日趨怪誕而減退。馬修拿了一張報紙上的照片給羅柏看，曼森在自己的前額刻了一個「X」，羅柏直接將這個「X」用在一幅畫裡。

「我是對『X』感興趣，不是曼森。」他對馬修說。

「他是瘋子。我對精神病不感興趣。」

一兩個星期後，我大搖大擺地走進吉訶德餐廳，去找哈利和佩姬。那是一家緊靠飯店的酒吧餐廳，一推門就是飯店大廳，感覺它就像我們的酒吧，它已經開了幾十年。狄倫・湯瑪斯、泰瑞・薩瑟恩（Terry Southern）、尤金・奧尼爾（Eugene O'Neill）和湯瑪斯・沃爾夫都在這裡喝醉過。

我穿著白色圓點花樣的人造絲海軍長裙，戴著草帽，這是我的《天倫夢覺》（*East of Eden*）造型。我左手的桌邊，珍妮絲・喬普林正和她的樂團談笑風生。我的右前方，是葛蕾絲・史力克（Grace Slick）和傑弗遜飛機樂團及鄉村喬與魚樂團的成員。面對門的最後一張桌上坐著吉米・韓崔克斯，他戴著帽子，埋頭吃東西，對面坐著一位金髮女郎。這裡四處都是音樂家，他們面前的桌子上堆滿了蝦和青醬、西班牙海鮮飯、桑格里調酒和龍舌蘭酒瓶。

我驚奇地站在那兒，卻不覺自己是不速之客。雀兒喜是我的家，吉訶德是我的酒吧。那裡沒有保鑣隨從，沒有無處不在的特權感。他們是來參加伍斯塔克音樂節的，因為我很氣惱飯店的人卻渾然不覺，以致於我對這個音樂節和它是怎麼回事當時都一無所知。

葛蕾絲・史力克站起身來，與我擦身而過。她穿著及地的手染布長裙，一雙深紫色的眼睛就像伊莉莎白・泰勒（Liz Taylor）。

「你好。」我說，我注意到我比她高。

「你才好呢！」她說。

我回到樓上，感覺這些人身上有一種無法說出的親切；我當時無法解釋這種所謂的預感，也沒想到有朝一日我會走上他們的道路。那時候的我，還只是一個二十二歲的瘦高書店店員，掙扎在幾首未完成的詩歌之間。

那天晚上，我興奮得夜不成眠，無盡的可能性彷彿正在我頭頂盤旋。我抬起頭，像小時候那樣盯著石膏天花板。在我看來，頭頂上那團振動的圖案正逐漸變得明朗。

我生命的曼陀羅。

★

巴德先生退還了押金。我打開房門，看見我們的作品集正靠在牆邊，黑色的繫著黑絲帶，紅色的配灰絲帶。我解開那兩條絲帶，仔細地看著每一幅畫，我不確定巴德是否打開看過。當然，即使他看了，也不會像我眼中所看到的。每一張素描，每一幅拼貼，都再度堅定了我對我們能力的信念。都是好作品。我們住在這兒問心無愧。

巴德沒有把作品留下作為抵償，這讓羅柏很洩氣。那個下午他搬東西的臨時工作取消了，開始焦慮我們接下來該怎麼過活。他躺在床上，穿著白T恤、工作褲和皮繩平底涼鞋，看起來像極了我們相遇那天的樣子。但當他睜開眼睛看著我的時候，卻不再微笑。我們就像是撒網的漁夫，漁網很結實，但冒然常常無功而返。我認為我們得主動出擊，找到一個肯投資羅柏的人。就像米開朗基羅，羅柏只是需要一個他自己的教皇。那麼多有影響力的人在雀兒喜進進出出，相信我們可以找到一個贊助人。雀兒喜的生活就像是個自由開放市場，每個人身上都有賣點。

與此同時，我們決定要在這一晚忘掉煩惱。我們從積蓄中拿了一點出來，步行到42街；在一個快照亭裡，用二十五分錢拍了「四連拍」；又到班內迪克要了一份熱狗和木瓜飲料，然後融入花花世界。街上穿梭著正在度上岸假的年輕海員、妓女、逃家遊民、憔悴的遊客和外星人綁架事件五花八門的受害者。這是一條木板鋪成的棧道，沿途是電影院休息廳、紀念品攤位、古巴餐廳、脫衣舞俱樂部和午夜當鋪。花五十分錢，你就可以潛入一家掛著髒絨布帷幕的劇院，觀賞穿插播放色情片的外國電影。

我們走到賣二手平裝書的攤位，那裡都是沾著油漬的通俗小說和美女雜誌。羅柏永遠在尋覓拼貼素材，我則留意著令人費解的幽浮冊子或是封面驚悚的偵探小說。我看到一本騎馬釘裝訂，由王牌出版的《吸毒者》（*Junkie*），是威廉・布洛斯用筆名威廉・李（William Lee）寫的，我沒再把它放回去。羅柏找到一些素描作品集的散頁，是芬蘭人湯姆畫的戴安全帽的亞利安男孩。

只花了兩美元，我們就都走了好運，我們手拉手往家返去。有一段路我落後他，看著他走在前頭。他的水手步態總是那麼觸動我。我知道有一天我會停下腳步，而他會繼續前行，但在那一天到來之前，沒有什麼能把我們分開。

夏天的最後一個週末，我回家去看望父母。我步行到港務局，歡喜地登上開往南澤西的大巴士，期待著見到家人和去馬利卡希爾的二手書店。我們都是愛書之人，我也總能找到點什麼在城裡轉手賣出去。我就曾找到威廉・福克納（William Faulkner）簽名的首刷《馬丁諾醫生》（*Doctor Martino*）。

父母家的氣氛一反常態地陰鬱，因為弟弟陶德就要當海軍了，媽媽雖然極度愛國，但陶德可能會被送去越南，這令她憂心如焚。爸爸為美萊村大屠殺[2]而深深不安。「人類對人類的暴行。」他引用羅柏特・彭斯（Robert Burns）的話。我看著他把一株垂柳種在後院，那似乎代表著他對我們這個國家所選所做之事感到悲哀。

後來人們會說，十二月裡亞特蒙（Altamont）滾石演唱會上的謀殺事件，宣告了六〇年代理想主義的終結。而對我來說，它打斷了一九六九年夏天的二元性：伍斯塔克與曼森崇拜，一切就像是場匯集各種困惑的化裝舞會。

2 1968年3月16日，美國陸軍在越南南方的美萊村屠殺了至少347名當地村民，史稱「美萊村大屠殺」。

★

那天，我和羅柏很早就起床了。我們已經為兩周年紀念日存好了錢。前一天晚上我準備好兩人要穿的衣服，在水槽洗乾淨。他手有勁，負責擰乾，搭在晾衣服的鐵床頭板上。為了在這一天盛裝打扮，羅柏拆了一件用豎長畫框撐著兩件黑T恤的作品。我也賣掉了那本福克納，加上一週的房租，在第五大道的JJ帽店替他買了一頂博爾薩利諾帽。那是一頂軟呢帽，我看著他梳好頭髮，站在鏡子前把帽子戴來戴去。他戴著紀念日帽子開玩笑地歡蹦亂跳，喜形於色。

羅柏把我正在讀的書、我的毛衣、他的香菸和一瓶奶油蘇打水都裝進一個白色的大袋子。他不介意背著這些，因為這讓他增添了一些水手的感覺。我們登上F線地鐵，要一直坐到終點。

我一直都很喜歡去科尼島。光是能坐地鐵到海邊，想想就夠神奇的了。我全神貫注地讀著一本「瘋馬」（Crazy Horse）的傳記，讀著讀著忽然又回過神來，看著羅柏。他戴著四〇年代風格的帽子，穿著黑色網眼T恤和平底涼鞋，就像《布萊登棒棒糖》（*Brighton Rock*）故事中的人物。

到站了。我一躍而起，充滿了孩子般的期盼，把書迅速放回袋子，他拉起我的手。

對我來說，再也沒什麼比堅毅純真的科尼島更美好的了。那地方正合我們的胃口：褪色的拱廊、剝落的舊日指示牌，棉花糖和插在小棍上戴羽毛亮片禮帽的丘比娃娃。我們漫遊在雜耍表演者最後的喘息裡。他們照常以驢臉男孩、鱷魚人和三腿女孩這樣的怪胎秀招徠顧客，但已光華不再了。怪胎世界對羅柏仍有吸引力，即使最近他已經在他的「皮衣男孩」作品中淡忘了它們。

我們在木板棧道上遛達，找到一個用箱式照相機的老人，拍了照。照片得等一個小時才能顯影，於是我們走到長長的釣魚碼頭盡頭，那有一個賣咖啡和熱巧克力的亭子。收銀機後面的牆上，貼著耶穌、甘迺迪總統和太空人的圖片。這是我最喜歡的地方之一，我常常幻想在這兒工作，想住在耐森餐廳對面的老舊廉價公寓樓裡。

碼頭沿途，小男孩和爺爺們正在捉螃蟹。他們把生雞肉放進一個拴了繩子的小籠子裡當誘餌，然後猛拋出去。這個碼頭後來在八〇年代的一場大暴風雨中被沖毀了，不過羅柏最喜歡的耐森餐廳依然在。通常我們的錢只夠買一份熱狗和一杯可樂。他會吃掉大部分熱狗，我吃掉大部分酸菜。但這一天，我們有足夠的錢買了雙份。我們穿過沙灘去向大海問好，我為他唱起了傑出樂團（Excellents）的〈科尼島寶貝〉（Coney Island Baby）。他在沙灘上寫下我們的名字。

那天我們毫無顧忌地做回了自己。這一刻能凍結在一臺箱式照相機裡，真是我們的幸運。這是我們第一張真正的紐約肖像。我們的本來面目。幾個星期前我們的生活還在谷底，但我們的藍星，羅柏這麼叫它，正在升起。我們坐上F線地鐵，踏上漫漫歸途，回到我們的小房間，把床鋪好，開心地待在一起。

哈利、羅柏和我坐在吉訶德餐廳的卡座裡，分享著鮮蝦和青醬開胃菜，聊著**魔力**這個詞。羅柏常用這個詞來形容我們兩人，或是形容一首成功的詩、一幅畫，最後他會用在挑選照片上。「就是這張有魔力。」他會這樣說。

哈利把亞歷斯特・克勞利（Aleister Crowley）帶入羅柏迷戀的視野，宣稱這位黑魔法師就是他的父親。我問要是在桌上畫一個五角星，他能不能讓他爸爸現身？後來加入的佩姬說了一句話，把我們全帶回了現實：「你們這些三流術士，哪個能變出點錢來把帳付了嗎？」

我不清楚佩姬的工作內容是什麼，只知道她在現代美術館工作。我們曾經開玩笑說，我和她是飯店裡唯一正式受聘用的人。佩姬這個人親切，愛鬧；一條緊紮的馬尾，一雙深色眼睛和一件穿舊了的皮衣；她似乎什麼人都認識，眉間有一顆痣，艾倫・金斯堡戲稱那是她的第三隻眼，她很可能還在垮掉派的電影中跑過龍套。我們這幫人是人以類聚，總是同時說話、反駁、辯論，嘈雜而真性情地爭吵著。

羅柏不怎麼和我吵架，他甚至很少提高聲調，要是他真的生氣了，一定能從他的眼睛、眉間或是僵硬的嘴唇上看出來。當遇到需要商量的棘手問題，我們就到第八大道和23街轉角的「糟糕甜甜圈店」去。那就是一個畫家愛德華．霍普（Edward Hoppe）版的Dunkin' Donuts。咖啡焦苦，甜甜圈也不新鮮，但你可以確實地待上一整晚。我們覺得在那裡至少不像小房間那麼憋，也沒人來打攪我們。隨便在哪個時段，你都能看到形形色色的人：嗑了藥迷迷糊糊的男人、上夜班的妓女、流浪漢和變裝癖。你可以無聲無息地走進這個環境，在最簡單的一瞥中就得到靈感。

羅柏總會點一個撒糖粉的果醬甜甜圈，我會買法式泡芙（French Cruller）。不知為什麼，這個比普通的甜甜圈貴五分錢。每次我一想點這個，他就會說：「佩蒂！你不是真那麼喜歡吃這個，你只是心情不好。你想點只是因為它是法式的。」羅柏為它取名叫「詩人泡芙」。

最後是哈利確定了法式泡芙的詞源。根本不是來自法文，而是荷蘭文：它是懺悔日吃的外層有凹槽紋的環狀點心，以泡芙酥皮製成，質地輕軟。用料都是大齋戒期裡不能吃的雞蛋、牛油和糖。於是我改叫它「神聖甜甜圈」。「現在我們知道為什麼甜甜圈中間有個洞了[3]。」哈利想了一會兒，然後假裝生氣地斥責我。「不，

3 英文中「聖潔的」（holy）發音與「洞」（hole）相近。

不對，那是荷蘭文，」他說：「不能這樣翻。」不管神不神聖，反正它和法式甜點的這點關聯被永久地粉碎了。

一天晚上，哈利和佩姬邀請我們同去拜訪作曲家喬治．克萊辛格（George Kleinsinge），他在雀兒喜租了套房。我一向不願去拜訪別人，尤其是成年人。但哈利誘惑我，說喬治寫了《阿奇和梅希塔貝爾》（*Archy and Mehitabel*）的音樂，那可是一個講蟑螂與野貓友誼的卡通故事。克萊辛格那裡，與其說是飯店房間還不如說是熱帶叢林，就像是安娜．卡萬（Anna Kavan）幫他布置的。最引人注目的，是他收集的那些國外品種的蛇，其中還有一條十二英尺長的蟒蛇。羅柏被這些蛇嚇得目瞪口呆，我則驚惶不已。

在別人輪流摸著那條蟒蛇的時候，我在蕨類植物、棕櫚樹和籠中的夜鶯之間，恣意地翻著喬治亂堆的樂譜。在檔案櫃上的一疊譜裡，我興高采烈地發現了《脛骨巷》（*Shinbone Alley*）的原譜。而真正讓我意外的，是我找到的證據：這個謙遜友好的養蛇紳士不是別人，正是〈矮胖的大號〉（Tubby the Tuba）的作曲家，他證實了這個事實。那可是我童年時代摯愛的音樂啊，當他拿原譜給我看時，我幾乎落下淚來。

雀兒喜就像電影《陰陽魔界》（*Twilight Zone*）裡的娃娃屋，有一百個房間，每個房間都是一個小宇宙。我徘徊在走廊裡，尋找著它的精靈，那些已故的或者健在的。

我的冒險有點頑皮：輕輕敲開虛掩的門，瞥一眼維吉爾・湯森（Virgil Thomson）的三角鋼琴，或是在科幻作家亞瑟・C・克拉克（Arthur C. Clarke）的門牌前傻站著，期待他能突然出現。我偶爾會撞見格特・希夫（Gert Schiff），這個德國學者有時抱著畢卡索的畫冊，有時挽著噴了淡香水的女演員維娃（Viva）。每個人都有賣點，每個人看起來又都好像沒什麼錢。甚至就連成功人士，充其量也就像個奢侈的流浪漢而已。

我愛這個地方，愛它那破舊的優雅，以及它所獨有的歷史。還有傳言說，雀兒喜常淹水的地下室裡還藏著奧斯卡・王爾德的大皮箱。浸沒在詩歌和酒精裡的狄倫・湯瑪斯，曾在這裡度過了生命的最後時光。湯瑪斯・沃爾夫勤奮地寫完了《不能再回家》（*You Can't Go Home Again*）的數百頁手稿。巴布・狄倫在我們這層樓完成了〈眼神哀淒的低地女人〉（Sad-Eyed Lady of the Lowlands），據說那個嗑了藥的伊迪・塞奇薇克（Edie Sedgwick）在用燭火黏她濃密的假睫毛時，還讓她的房間失火了。

在這些維多利亞式娃娃屋的房間裡，曾有那麼多人寫作、交談和歡笑著。曾有那麼多裙擺掠過老舊的大理石樓梯。那麼多的過客曾在此結婚、成名和死去。當我無聲地疾步穿過一層又一層樓，我嗅出他們的靈魂，渴望跟一長列不復存在的「抽水菸毛蟲」們能有機會好好聊聊。

哈利用嘲弄、險惡的眼神盯著我，我開始笑起來。

「你笑什麼啊？」

「因為很癢啊！」

「你能感覺到？」

「是啊，當然了。」

「太有意思了！」

羅柏偶爾也來玩這個遊戲。哈利會試圖把他盯到趴下，他會說出「你的眼睛可真綠呀！」這樣的話。鬥眼神比賽會持續幾分鐘，而羅柏總以他的堅忍克己勝出。哈利死也不肯承認羅柏贏了，他會突然跑掉，結束之前的那場對話，就像從未沒有過什麼鬥眼神比賽。羅柏的臉上會閃現一抹會意的笑容，顯得很開心。

哈利一開始對羅柏感興趣，但後來跟我走得更近。我經常自己去找哈利，他所有精製拼縫的塞米諾族印第安人裙子散放在屋裡，他對那些裙子格外小心，但似乎很高興看我穿上，不像他收藏的烏克蘭手繪彩蛋，碰都不讓我碰。他捧著它們，彷彿那是一個個小嬰兒。蛋上畫著裙子上那種錯綜複雜的圖案。他倒是讓我玩過他收藏的魔杖，那些巫師魔杖雕刻複雜，裹在報紙裡，大部分都有十八英吋長。不過我最喜歡的是最短的那根，像指揮棒那麼長，有如被祈禱者摸亮了的老念珠泛著光澤。

我和哈利同時滔滔不絕地大談煉金術和查理・佩頓（Charlie Patton）。他以布雷希特的《馬哈哥尼城的興衰》（*The Rise and Fall of the City of Mahagonny*）為依據創作了一部懸疑片，正在慢慢拼接它數小時長的素材。誰也不知道他到底拍了些什麼，但遲早我們都會被召喚來，為它冗長的片頭效力。他放了他拍的凱歐瓦族印第安人仙人掌儀式，還有西維吉尼亞州當地人民唱的歌。他們的聲音給了我一種親切感，大大啟發了我，我編了一首歌，在它消散於他凌亂房間發黴的空氣之前唱給他聽。

從生命之樹到腦下垂體，我們無所不聊，我大部分的知識都來自直覺。我有一種靈活應變的想像力，也時刻做好遊戲的準備。哈利會出題考我，答案必須由拼湊的知識擴展為一個由事實交織而成的謊言。

「你在吃什麼？」

「蠶豆。」

「為什麼要吃蠶豆？」

「為了惹畢達哥拉斯生氣。」（按：畢達哥拉斯是素食者，而且不吃豆類。）

「在星空下？」（按：畢達哥拉斯相信地動說：太陽是宇宙中心，星星和地球都繞著太陽轉。）

「在圓的外面。」（按：這是幾何題目的口氣。）

開始時很簡單，我們會一直往下進行，直到最後得出一句介於打油詩和詩歌之間的妙語，除非我失手用錯典故。哈利從來不犯錯，因為他似乎什麼都懂一點，是無庸置疑的知識王。

哈利還是一個翻花繩專家。心情好的時候，他會從口袋裡掏出一條幾英尺長的繩圈，用它翻出一個星星、一個女人，或是一個人就翻出雙人花繩的花樣。在飯店大廳，我們都圍坐在他腳邊，像大開眼界的孩子一樣，看著他用靈巧的手指把繩圈扭轉、打結，製造出喚醒回憶的圖案。他用數百頁的筆記記錄這些翻繩圖案及其象徵意義。哈利會講解這些珍貴的資訊來款待我們，遺憾的是我們誰也沒聽懂，他敏捷的手法迷惑了我們。

有一次，我正坐在大廳讀《金枝》（*The Golden Bough*），哈利注意到我拿的是破舊的拆成兩卷的首刷版。他堅持我們一定要出發遠征山繆韋澤書店，感受一下更棒的、內容更豐富的第三版。針對各種深奧問題，韋澤書店擁有全紐約最好的藏書。我答應只要他和羅柏不是迷幻狀態我們就去，因為我們這樣的三人組到了外面的世界，到一個神秘的書店裡，破壞性太大了。

哈利跟韋澤兄弟很熟，他們給我鑰匙打開玻璃櫃，讓我能仔細看看那套著名一九五五年版的《金枝》，它由十三卷厚重的綠皮精裝書組成，有著《玉米精靈和代罪羔羊》（*The Corn Spirit and The Scapegoat*）這樣引人浮想的標題。哈利隨韋澤先生一起消失在某間候客室，多半是去辨讀什麼神秘手稿。羅柏在讀《吸毒惡魔的日記》（*Diary of a Drug Fiend*）。

我們在那裡逛了好幾個小時，哈利也消失了很久，再見到他時，他正呆若木雞地站在一樓中央。我們觀察了他好一陣子，他一動都沒動。最後，羅柏困惑地走上前去問他：「你在幹什麼呢？」

哈利用著了魔的山羊般的眼神盯著他。「閱讀。」他說。

我們在雀兒喜遇到過許許多多奇怪而有趣的人，但不知為什麼，每當我閉上眼睛回想起他們，哈利總是第一個出現。也許因為他是我們認識的第一個吧！不過更有可能是因為那是一個充滿魔力的時期，而且哈利是信魔法的。

羅柏最大的心願就是闖入安迪．沃荷的世界，雖然他並不渴望成為他的幕僚或是他電影裡的明星。羅柏常常說他懂得安迪在玩什麼，認為如果能跟他聊聊，安迪就會發現他也有同樣的天分。儘管我相信他值得安迪一見，卻有可能和安迪無法進行什麼重要談話，因為安迪就像條鰻魚，能從任何意味深長的對峙中完美脫身。

這個任務把我們帶到了這座城市的百慕達三角——布朗尼餐廳、馬克斯的堪薩斯城俱樂部（Max's Kansas City）和沃荷的「工廠」（Factory），三地彼此之間走路就到得了。「工廠」已經從最早的47街搬到聯合廣場33號。「布朗尼」是街角的一家健康食品餐廳，沃荷的人在那裡吃午飯，晚上則泡在「馬克斯」。

珊蒂．戴利首先陪我們去了馬克斯，我們太容易怯場而不敢自己去。我們什麼規矩也不懂，珊蒂就充當優雅、冷靜的嚮導。馬克斯裡的政治氛圍和高中的非常像，所不同的只是搶眼的人不是啦啦隊員或球隊英雄，而且舞會皇后也肯定是個「他」，但打扮得像個「她」，他們也比大多數女人更懂如何做女人。

馬克斯位於18街與公園大道南的轉角。那裡本應是個餐廳，但我們之中沒有人有錢在那裡吃飯。老闆米奇．拉斯金（Mickey Ruskin）對藝術家是出了名地好，甚至提供了免費雞尾酒自助餐時間，只收一杯酒的錢。據說，這頓包含水牛城雞翅的自助餐養活了諸多艱難掙扎的藝術家和易裝皇后。我不常去，因為我要上班，不喝酒的羅柏因為太驕傲也不會去。

那店門口有一個黑白的大遮陽棚，兩側有更大的標誌宣告你即將進入馬克斯的堪薩斯城。裡面很隨便，門可羅雀，裝飾著巨幅的抽象作品，都是畫家送給米奇的，用來抵償他們已經達到超自然規模的酒帳。所有的一切，除了白牆之外，都是紅的：卡座、桌布、餐巾，甚至連他們的招牌鷹嘴豆都是用小紅碗盛的。他們的海鮮牛排餐——龍蝦加牛排——頗具吸引力。沐浴在紅色燈光中的密室是羅柏的目的地，而最終的目標是那張傳奇的圓桌，桌邊仍存留著那位缺席銀色國王的玫瑰色氣息。

初次拜訪，我們只待在前區，坐在卡座上，分食一份沙拉，還吃了難以下嚥的鷹嘴豆。羅柏和珊蒂要了可樂。我喝了一杯咖啡。感覺相當死氣沉沉。珊蒂經歷過馬克斯還是地下社交中心的那段時光，那個時候，安迪．沃荷被動地和他魅力非凡的白色鼬皮女王伊迪．塞奇薇克一起統治著圓桌。女侍臣們漂亮嫵媚，往來應酬的騎士們有奧丹（Ondine）、唐諾．萊昂斯（Donald Lyons）、羅森柏格（Robert Rauschenberg）、達利、比利．內姆、李奇敦斯坦（Roy Lichtenstein）、傑勒德．馬倫加（Gerard Malanga）和約翰．張伯倫（John Chamberlain）這樣的人。在最近的記憶裡，圓桌邊還坐過像巴布．狄倫、巴比．紐沃斯、妮可（Nico）、提姆．巴克利、珍妮絲．喬普林、維娃和地下絲絨樂團這樣的王室成員。這是你所能期待的最極致的黑暗魅力了。那奔流在主動脈裡，先是加速了他們的世界最後又將之搗毀的，是安非他命。安非他命放大了他們的偏執狂，盜取了他們與生俱來的能量，耗盡了他們的信心，也蹂躪了他們的美麗。

安迪．沃荷和他的高等法院已經不在那兒了。自從瓦萊麗．索拉尼斯向他開了槍，安迪就不怎麼出門了，不過他也可能是厭倦了。撇開他的缺席，這地方在一九六九年秋天時仍然值得一去。對於想得到通向安迪第二個銀色王國鑰匙的人來說，密室就是天堂，那裡經常被描述成一個商業而非藝術之所。

我們首次的馬克斯之旅平淡無奇地結束了，因為珊蒂的緣故我們難得揮霍，坐計程車回家。天正下雨，我們可不想看著她的黑裙擺拖在泥裡。

有一陣子，一直是我們三個一塊去馬克斯。那幾趟珊蒂不怎麼投入，反而為我的悶悶不樂和坐立不安充當緩衝。最後我想通了，把去馬克斯看作是為了羅柏做的例行公事。我從史克萊柏納下班後七點多到家，然後我們會去餐廳吃烤起司三明治。我和羅柏會講自己這天的故事給對方聽，分享各自剛完成的新作。接下來還會花很長時間想該穿什麼去馬克斯。

珊蒂沒有琳琅滿目的衣櫥，但對自己的形象非常在意。她有好幾條「英皇道之王」奧西．克拉克（Ossie Clark）設計的同款式黑色晚禮服。那些裙子就像長度及地的優雅T恤，不加墊襯而微微修飾身型，搭配長袖和低胸圓領。它們對她的社交形象是如此不可或缺，我常常幻想著能買整整一衣櫥的衣服給她。

我打扮成像要在法國新浪潮電影中出場的臨時演員。我有好幾種形象，比如條紋船領衫加紅色小圍巾，就像伊夫．蒙坦德（Yves Montand）在電影《恐懼的代價》（*Wages of Fear*）裡戴的那種；綠色連褲襪加紅色芭蕾鞋，一種左岸垮掉派造型；或者像奧黛麗．赫本（Audrey Hepburn）在《甜姐兒》裡的那樣，黑色長毛衣、黑色連褲襪、白襪子加Capezio黑舞鞋。無論是哪種搭配，我一般需要十分鐘左右準備。

羅柏打扮得就像一件活的藝術品。他會捲上一根細麻菸，抽上一口，一邊看著他僅有的幾件衣服，一邊沉思著他的佩飾。他為社交需要儲存了些大麻，大麻能讓他少一點緊張，但抽離了他的時間感。每次等羅柏決定在皮帶扣上該掛幾把鑰匙，都可笑得令人抓狂。

珊蒂和羅柏都對細節極其注意。為了找到合適的佩飾，他們能展開一場美學寶藏大搜尋，在馬歇・杜象、塞西爾・比頓（Cecil Beaton）、納達（Nadar）或赫爾穆特・牛頓（Helmut Newton）的照片裡翻找。有時候為做比較性研究，珊蒂會拍些拍立得照片，招致一場「拍立得快照算不算藝術」的討論。最後總是面臨莎士比亞式的問題：他該不該戴三條項鍊？而最後的答案是：一條太不醒目，兩條沒有衝擊性。於是第二場辯論隨即開始：是該戴三條，還是一條都不戴？珊蒂明白羅柏是在解一道藝術方程式。我也明白，但對我來說卻是去與不去的問題；在這些做決定的複雜過程裡，我彷彿也變成了一個嗑藥的少年。

★

萬聖節，當滿懷期待的孩子們穿著鮮豔的紙糊裝扮跑過23街，我穿著我的「天倫夢覺」禮服走出我們的小房間，踏著黑白格地板的白格，三步併作兩步地躍下臺階，站在我們的新房間門前。巴德先生很守信用，把204號房的鑰匙放到我手心

雀兒喜飯店204號房。

裡，溫柔地點點頭。這個房間的隔壁就是狄倫．湯瑪斯寫下他臨終之言的地方。

萬聖節當晚，我和羅柏把我們僅有的財產放在一起，把它們推進電梯，送到二樓。我們的新房間在飯店的背面。浴室就在門廳裡，牆面有點粗糙。但房間真的很漂亮，有兩扇窗戶，能眺望到舊磚樓和正在蛻去僅有葉子的大樹。屋裡有一張雙人床，一個有鏡子的水槽和一個無門的壁櫥。這些改變讓我們渾身帶勁。

羅柏把他的噴漆罐在水槽下擺成一排，我從我的衣服堆裡翻找出一條摩洛哥長絲巾，掛在壁櫥區。屋裡有一張大木桌，羅柏可以用來當工作檯。因為是在二樓，我總算可以走樓梯上下樓了——我討厭坐電梯。這裡還給我一種感覺，大廳就像房間的延伸，因為它真的就像我的基地。羅柏不在的時候我就寫東西，享受著鄰居們迎來送往的喧囂，他們也常常給我們鼓勵。

羅柏幾乎整晚都熬在那張大桌子前，埋頭設計一本新立體插頁書的前幾頁。他用三張我在快拍亭拍的、戴著馬雅科夫斯基帽的照片，周圍環繞以薄麻布做的蝴蝶和天使。他在作品裡提到我的時候，我總會喜不自禁，就好像我會被世人記住是因為他的關係。

我們的新房間更適合我。我需要的東西都有了，但屋子不夠兩個人一起工作。

桌子讓他用，我就在我那片牆上貼了一張Arches牌緞紋紙，開始畫我們兩個在科尼島上的畫。

羅柏畫著他無法實現的裝置草圖，我能感覺到他的沮喪。布魯斯．魯道看出了羅柏做項鍊的商業潛力，在他的鼓勵下，羅柏轉移注意力去做項鍊。他一直都喜歡做項鍊，先是為他母親，然後為他自己。我們在布魯克林時為彼此做過特別的護身符，那些護身符也慢慢越做越精巧。在1017號房住的時候，我們書桌最上層的抽屜裡裝滿了絲帶、線、小象牙骷髏、銀珠和玻璃彩珠，都是從跳蚤市場和西班牙宗教商店乏人問津的角落收集來的。

我們坐在床上，串非洲貿易珠和塗過亮光漆的破念珠串上的散珠。我串的項鍊很粗糙，羅柏的則複雜細緻。我幫他編皮繩，他在皮繩上加入珠子、羽毛、蝴蝶結和兔腳幸運符。然而床上並不是最佳工作地點，因為珠子會掉進床罩皺褶或木頭地板裂縫裡找不到。

羅柏在牆上掛了幾條成品項鍊，把剩下的掛在門背後的衣鉤上。布魯斯對這些項鍊的痴狂促使羅柏又開發了一些新產品。他希望串次等寶石的珠子，在白金上嵌兔腳，或是澆鑄銀質和金質的骷髏頭，不過眼下我們也只能找到什麼用什麼。我們沒什麼本錢，不得不盡己所能地創新。羅柏是個高手，能把微不足道的玩意變成神來之筆。他的本地供應商是街對面的蘭姆斯頓廉價品店和與雀兒喜飯店幾門之隔的

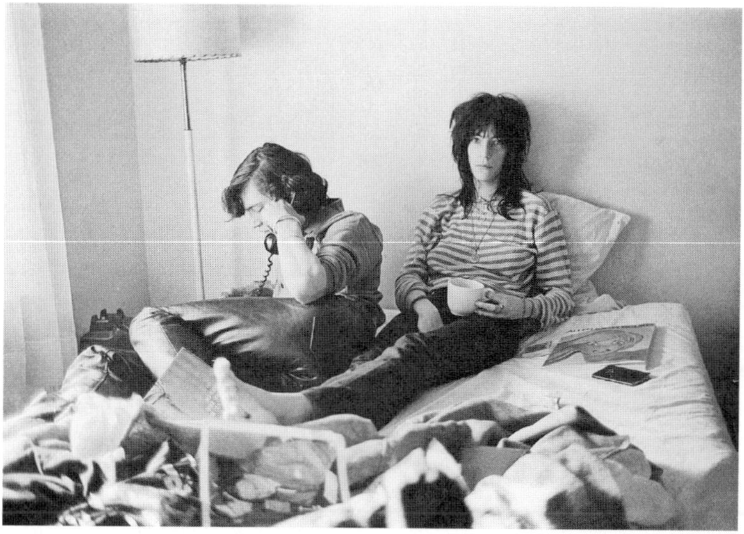

國會大廈漁具店。

「國會大廈」是買雨具、竹製飛繩釣竿或大使牌捲線器的好地方，但我們要找的都是小玩意。我們買了髮夾、羽飾誘餌和小鉛塊。「馬斯基」鹿尾毛誘餌做項鍊最棒了，因為有很多顏色可選，還有斑尾的和純白的。店主會嘆著氣把我們買的東西裝進一隻牛皮紙袋，就像裝便宜小糖果用的那種。我們明顯不是合格的漁夫，但他漸漸認識了我們，以低價賣給我們破損但羽毛完好的釣餌，還有展開式附托盤的二手釣魚箱，裝我們的東西很合用。

我們也留意著吉訶德裡吃有殼海鮮的人。他們一付完帳，我就用餐巾把龍蝦爪收走。羅柏將它們刷洗、打磨、噴漆，然後串在一條項鍊上，在小繩之間加上銅珠，我會說一小段感謝龍蝦的祈禱文。我做手鐲，用鞋帶皮編的，再加上一些小珠子。我們做的所有東西羅柏都會很有自信地戴著。別人紛紛表示感興趣，羅柏也希望賣掉它們。

自助餐廳裡沒有龍蝦，卻是我們最喜歡去的地方之一。那裡迅速、便宜，又有家常菜的風味。羅柏、哈利和我經常一起去，跟這兩個人一道出門，比吃一頓飯還久。

例行事務是這樣的：我得先去接哈利。他找不到他的鑰匙了。我在地上到處找，在某本專業難懂的書底下發現了鑰匙，接著他開始看這本書，然後這本書又讓他想起了另一本他想找的書。在我幫忙找第二本書的時候，哈利會捲上一根大麻菸。羅柏一到，就和哈利一起抽起來。我知道這下完蛋了。他們只要一抽，本來用十分鐘能完成的事就得花上一小時。然後羅柏臨時決定要穿他那件用牛仔上衣剪掉袖子製成的背心，便回房間去拿。哈利認為我的黑絲絨連衣裙白天穿太陰鬱了。我們走樓梯下去時，羅柏坐電梯上來了，我們手忙腳亂地上樓下樓，就像在英文兒歌〈塔菲是個威爾斯人〉（Taffy Was a Welshman）裡的塔菲與男主角來回奔波的有趣畫面。

一走過漁具店就是「霍恩與哈達特」，自助餐廳中的皇后。用餐順序是：先找好位子，再拿個托盤，然後到後面去，那邊有一排小櫥窗；我們先往投幣口裡投硬幣，再打開玻璃門，取出三明治或是新鮮的蘋果派。一間真正的像德克斯・艾弗里（Tex Avery）動畫風格的餐廳。我最喜歡的是雞肉餡餅或罌粟籽麵包捲乳酪芥末醬生菜。羅柏喜歡這裡兩道招牌菜：起司烤通心粉和巧克力牛奶。羅柏和哈利都對我不喜歡「霍恩與哈達特」著名的巧克力牛奶表示困惑，但對一個喝Bosco調味乳和奶粉長大的女孩來說，那東西太濃了，我只喝咖啡。

我總是吃不飽，因為我的新陳代謝很快。若空腹出門的話，羅柏能比我撐得久。我們要是沒錢了，就不吃飯。即使些微顫抖，羅柏也能忍上一陣子，我卻感覺自己就要昏過去了。一個細雨濛濛的下午，我突然很想吃起司生菜三明治。我仔細清點我倆的財產，不多不少找出了五十五美分，於是我穿上灰色風衣，戴著馬雅科夫斯基帽，溜出房間向自助餐廳走去。

我拿了托盤，投了硬幣，小窗卻沒有打開。我又試了一次，還是一樣，然後我才發現單價已經漲成六十五美分了。我可以說是失望透了，就在這時耳邊響起了一個聲音：「要幫忙嗎？」

我轉身一看，竟是艾倫・金斯堡。我從沒遇過他，但我們這位偉大詩人與活動家的臉，我不會認錯。看著他蜷曲的深色大鬍子襯托出那雙銳利的深眸，我點點頭。艾倫補足了十美分，還請我喝一杯咖啡。我默默地隨著他坐到桌邊，大口吃起三明治來。

艾倫做了自我介紹。他聊起詩人華特・惠特曼，我說我是在卡姆登那邊長大的，惠特曼就葬在那裡，他突然俯過身來緊盯著我。「你是女的？」他問。

「是啊。」我說：「有問題嗎？」

他只是笑著：「抱歉，抱歉。我把你當成一個美男了。」

我立刻明白了是怎麼一回事。

「呃，那意思是三明治得還你嗎？」

「不用還，吃吧。是我搞錯的。」

他告訴我，他正在為剛去世的傑克・凱魯亞克寫一首長篇輓詩。「就死在韓波生日的三天之後。」我說。我們握了手，然後各回各家。

後來，艾倫成了我的良師益友。我們經常回憶起兩人的初次邂逅，有一次他還問我會怎樣形容我們的相遇。「我會說，你在我飢餓的時候餵飽了我。」我這麼告訴他，事實也是如此。

我們的房間越來越亂。現在屋裡不光是我的作品集、書和衣服，還有羅柏之前存放在布魯斯．魯道屋裡的物資：細鐵絲網、金屬絲網紗、成捲的繩子、噴漆、膠水、纖維板、成綑的壁紙、浴室瓷磚、油地氈和一疊疊的舊男性雜誌……他哪一樣都不肯扔。他表現男性題材的方式是我不曾見過的，他把從42街弄到手的雜誌上剪下來的東西，和用作視線引導的交叉線條一起融合在拼貼裡。

我問他為什麼不自己拍照片。「哦，那太麻煩了，」他會說：「我花不了那個時間和精力，再說洗照片也太浪費錢。」他在普拉特藝術學院的時候玩過攝影，但對暗房裡那套耗時間的過程實在缺乏耐心。

另一方面，尋找男性雜誌也是一番嚴峻考驗。我在前面找科林．威爾遜（Colin Wilson）的平裝書，羅柏跟在後面。感覺有點提心吊膽，就好像在做什麼壞事。那些地方的經營者都沒什麼好脾氣，你要是拆開了一本封膠膜的雜誌就必須把它買下來。

這種交易讓羅柏緊張。雜誌很貴，五塊錢一本，他往往要冒險去賭雜誌的內容。

最終選定了一本，我們就會趕緊回到飯店。羅柏就像《巧克力冒險工廠》（*Charlie and the Chocolate*）裡的查理一樣，懷著剝掉巧克力錫紙出現金箔票般的期待之情拆掉雜誌的膠膜。羅柏說，這和他當年瞞著父母郵購漫畫書封底上的驚喜袋很像。他會密切注意郵件，加以攔截，把他的寶貝拿進浴室，鎖上門，打開盒子，掏出魔術玩具、X光眼鏡和微型海馬。

他有時候很幸運，雜誌裡有好幾頁都能派上用場，或者有一頁特別棒，能觸發一個全新的創意。但大多數時候雜誌都讓人掃興，他會把它們扔到地上，懊惱、悔恨浪費了我們的錢。

有時他對意象的選擇也令我困惑，就像在布魯克林那時候，幸而，他的創作過程不一樣。我會從時尚雜誌上剪下剪報，為紙娃娃做成精巧的衣服。

「你應該拍你自己的照片。」我說。

這話我說過一遍又一遍。

我有時候會自拍幾張，不過只是拿到Fotomat沖印，我對暗房一竅不通。我曾瞄過茱蒂．林的沖印照片，茱蒂是普拉特藝術學院畢業的，致力於攝影事業。去布魯克林看她的時候，我們有時會花一天時間拍照，我當她的模特兒。作為藝術家和模特兒，我們倒是挺有默契，因為我們喜歡的視覺作品不約而同。

從《青樓豔妓》（*Butterfield 8*）到法國新浪潮的所有東西我們都喜歡。她為我們天馬行空的電影拍劇照。雖然我不抽菸，還是會去偷幾根羅柏酷斯菸，好表現某個特定形象。為了拍我們的布萊斯・桑德拉爾（Blaise Cendrars）組照，我們要搞得煙霧繚繞，而拍我們的珍・夢露（Jeanne Moreau），則需要一支菸和一條黑襯裙。

我把茱蒂拍的照片拿給羅柏看，他驚訝於我表現出的各種氣質。「佩蒂，你不是不抽菸嗎？」他會一邊這樣說一邊搔我癢：「你是不是偷了我的菸啊？」我怕他會生氣，因為香菸很貴，不過當我再去找茱蒂時，他卻令我驚喜地把他那皺巴巴菸盒裡最後的兩支都給了我。

「我知道我是冒牌菸槍，」我說：「不過我沒傷害到任何人，再說我必須加強我的形象。」這都是為了珍・夢露。

羅柏和我繼續獨自夜訪馬克斯。我們最後進到了密室，坐在牆角前衛藝術家丹・弗雷文（Dan Flavin）的發光雕塑下，沐浴著紅色的燈光。守門人桃樂西・迪安喜歡羅柏，所以特別放行。

桃樂西是個小個子黑人，冰雪聰明。她戴著小丑眼鏡，穿著經典款無領開襟毛衣，念過最好的學校。她站在密室門前，就像守衛方舟的阿比西尼亞祭司。沒有她的允許誰也休想進去。羅柏用尖酸的幽默感回報她的刻薄，我和她則井水不犯河水。

我知道馬克斯對羅柏很重要。他對我的創作給予了那麼多支援，我無法拒絕他這個夜晚儀式。米奇．拉斯金准許我們坐上幾個小時，一點點地啜飲著咖啡和可樂，別的幾乎什麼也不點。有時真是沒意思極了。我們筋疲力盡地回到家，羅柏會說再也不要去了。有的夜晚則別開生面，有如一場充滿了三〇年代柏林瘋狂能量的黑暗夜總會。在失意的女演員和憤怒的易裝皇后之間，爆發了尖叫連連的女人之戰。他們像在為一個幽靈試鏡，那個幽靈就是安迪．沃荷，我懷疑他根本就不在乎這些人。

就在那樣的其中一晚，樂評家丹尼．菲爾茨（Danny Fields）走過來邀請我們到圓桌去坐。這個簡單的邀請，開始了一段考驗，這對羅柏來說是重要的一步。他優雅地做出回應，只點了點頭，然後領著我坐到桌邊。他絲毫沒有表現出這對他有多重要。丹尼對我們的親切和體貼，我一直都感激在心。

羅柏很放鬆，因為他終於來到了想去的地方。而我真是渾身上下都不自在。小姐們漂亮而冷酷，大概因為讓她們感興趣的男性這裡幾乎沒有。我敢說圓桌上的人正在容忍我，但為羅柏所吸引。他成了他們的目標，他們的核心集團也成了他的。他們似乎全部都想追求他，無論男女，但那個時候，驅動著羅柏的是野心而不是性。

能越過這個意義不凡的小跨欄，令羅柏歡欣鼓舞。但我個人認為，這個圓桌，甚至是這段黃金歲月，本身就註定要失敗。它被安迪解散，又由我們組成，無疑還要為了給下一個圈子讓出位子而再次解散。

我環視著密室裡沐浴在血紅燈光下的每個人。丹．弗雷文已用他設計的裝置回應了越南戰爭不斷上升的傷亡人數。密室裡沒有一個人會需要從軍死在越南，縱然也沒幾個人能倖免於一個時代的殘酷瘟疫。

★

我抱著洗好的衣服回家時，希望能聽到提姆．哈定唱那首〈害群之馬〉。羅柏在一次當搬家工人時弄到一臺舊唱機作為報酬，用它來放我們最喜歡的專輯。那是他給我的驚喜，自從離開霍爾街之後，我們就沒有唱機了。

這是感恩節前的星期天，一個陽光充足的乾燥溫暖的秋日。我收拾好要洗的衣物，穿著舊棉裙、羊毛襪和厚毛衣，向第八大道悄悄疾行。我問過哈利有沒有衣服要我幫他代洗，但他裝出一副很恐懼的樣子，拒絕讓我碰到他的四角內褲，急著打發我走。我把衣服塞進洗衣機，放了不少小蘇打，然後走到兩個街區之外的古巴亞洲餐廳去喝牛奶咖啡。

我把洗淨的衣服疊好，屬於我們的那首〈怎能執著夢一場？〉（How Can You

Hang On to a Dream?）唱響了。我們都是追夢人，羅柏是能有成就的那一位。我能賺錢，而他有幹勁和專注。為自己和為我，他都有所計畫。他希望我們都能繼續創作，但地方不夠，牆上所有的空間都用了。他也沒辦法實現他畫的裝置藍圖，他用的噴漆對我的慢性咳嗽很不利。有時他會到雀兒喜的樓頂去，但天氣越來越冷，風也越來越大。最後他決定，要為我們找一塊空地，然後就開始翻閱《村聲》（*The Village Voice*）並四處打聽。

他走運了。我們有個鄰居，一個穿著皺巴巴長大衣的憂愁大胖子，在23街上來回遛他那條法國鬥牛犬。他和他的狗，長著一模一樣鬆弛皺褶的臉，我們偷偷叫他「豬人」。羅柏注意到他就住在綠洲酒吧再過去幾戶。一天晚上，他停下來撫摸他的狗時，羅柏和他聊了起來，問他住的那棟樓裡是否有空房，「豬人」告訴他整個二樓都是他的，而起居室現在只用來放東西。羅柏問能不能轉租。一開始他很不情願，但他的狗喜歡羅柏，接著他就同意了，從一月一日開始他把客廳以每月一百美元的價格租給我們。給他一個月的租金當預付，他可以把房間保留到年底，並把地方清理出來。這筆錢要從哪兒來，羅柏心裡也沒底，但還是握手成交了。

羅柏帶我去看了那地方。那裡有能眺望23街的落地窗，我們還能看到基督教青年會和綠洲酒吧霓虹燈的頂部。他要的都有了：至少是我們房間的三倍大，光線充足，還有面釘了百十來個釘子的牆。「我們可以把項鍊掛在那裡了。」他說。

「我們？」

「是啊。」他說：「你也能在這裡工作了。這裡將是我們的地盤。你又能開始畫畫了。」

「第一幅就要畫『豬人』。」我說：「我們欠他大人情。錢的事別擔心了。我們一定會弄到的。」

不久後，我以微乎其微的價格拿下了一套二十六冊裝的亨利．詹姆斯全集。書況棒極了。印象中，我在史克萊柏納認識的一個顧客想買。護封完好無損，凹版印刷看起來很新，而且書頁也沒黃。這下我淨賺了一百多美元。我悄悄把五張二十美元的鈔票放進一隻襪子，在襪口綁了絲帶，交給羅柏。他打開襪子。「真不知道你是怎麼弄到的。」他說。

羅柏把錢給了「豬人」，拉起袖子清理了閣樓的前半。這真是個大工程。我下班後過去時，看到他站在「豬人」那及膝高、讓人搞不清是什麼的垃圾堆裡：落滿塵土的日光燈管，數捲絕緣材料，好幾個架子的過期罐頭，瓶子空了一半的各種不明清潔劑，吸塵器的吸塵袋，大量彎曲的百葉窗簾，幾個發黴的箱子裡溢出了幾十年來的稅務申報表，還有一捆捆用紅白兩色細繩捆紮沾著汙漬的《國家地理雜誌》，我搶先把那些細繩解下來編手鐲用。

他把那地方清理、擦洗還油漆了一遍。我們從飯店借來桶子，裝滿了水提過去。清完了，我們就靜靜地站在那，想像著各種可能。我們從沒享受過這麼多陽光。即使那巨大的玻璃窗被他塗黑了一半，陽光依然傾瀉進來。我們撿了一個床墊，幾張工作臺和椅子。我用輕便電爐燒開加了尤加利葉片的水，用它拖地。

羅柏從雀兒喜帶過來的第一件東西就是我們的作品集。

馬克斯裡的情況好起來。我不再嫌它，也習慣了那裡的氣氛。不知為什麼我被接納了，哪怕從沒真正地融入過。聖誕將至，那裡充斥著一種悲哀的氣氛，就好像每個人都突然想起自己無家可歸一樣。

即使在這裡，在這片所謂的變裝皇后的熱土上，韋恩·康蒂（Wayne County）、霍利·伍德勞恩（Holly Woodlawn）、坎迪·達林（Candy Darling）和賈姬·柯帝士（Jackie Curtis）也難以被輕易歸類。他們是表演藝術家、女演員和喜劇演員。韋恩機智詼諧，坎迪漂亮可人，而霍利有激情，不過我最看好的是賈姬·柯帝士。在我心中，她是最具潛力的。她能成功地暗中操縱整個談話，只為說上一句貝蒂·戴維斯（Bette Davis）那有名的殺手角色對白。她也懂得怎麼穿家常服。化上妝後，她就是一個七〇年代版的三〇年代女星。閃閃發光的眼影，閃閃發光的頭髮，閃閃發光的蜜粉。我討厭那些閃閃發光的東西，跟賈姬坐在一起，就意味著要沾上一身的小斑點回家。

節日來臨之際，賈姬顯得心煩意亂。我為她叫了一客「雪球」，一份令人垂涎的高消費款待。那是一種小丘狀的加料巧克力蛋糕，裡面填著香草霜淇淋，表面鋪灑著椰粉。她坐在那裡吃著，大顆大顆閃閃發光的淚珠撲簌簌地掉進融化中的霜淇淋。坎迪．達林悄無聲息地走到她旁邊，伸出塗著光潔指甲油的手指在冰淇淋裡蘸著，用她寬心的聲音提供著些許安慰。

賈姬和坎迪擁抱了他們想像中的女演員生活，嘗到了特別酸楚的滋味。他們身上都有《人性枷鎖》（*Of Human Bondage*）裡不識字的粗俗女侍米爾翠德．羅傑斯（Mildred Rogers）的一面。坎迪有金．露華（Kim Novak）的外表，賈姬有她的表演風格。他們都領先時代，但也都不夠長命，沒能看到那個被他們領先的時代。

「無界的先鋒們。」安迪．沃荷如是說。

聖誕夜下雪了。我們走到時代廣場，看到白色的告示牌宣告：**戰爭結束啦！如果你希望這樣。約翰和洋子祝你聖誕快樂。**告示牌高懸在羅柏常買男性雜誌的書報攤上方，就在柴爾德和班內迪克這兩家夜間餐廳間。

抬起頭，我們看到了這幅紐約場景圖中純真的人性。羅柏拉著我的手，雪花在我們周圍盤旋，我瞥見他的臉。他瞇著眼，讚許地點著頭，羨慕地看到藝術家在42街上受到如此歡迎。對我來說這是一條訊息，對羅柏而言，卻是媒介。

受到了新的鼓舞，我們走回23街去看自己的天地。項鍊已經掛在鉤子上了，他還在牆上釘了幾幅我們的畫。我們站在窗前，看著雪花繽紛地落在綠洲酒吧彎彎曲曲的棕櫚樹霓虹燈上。「你看，」他說：「沙漠也下雪了。」我想起了霍華德・霍克斯（Howard Hawks）的電影《疤面煞星》（*Scarface*）裡的一個場景：保羅・穆尼和他的女人望著窗外的霓虹燈，燈上寫著「這世界屬於你」。羅柏抓緊了我的手。

六〇年代行將結束，我和羅柏慶祝了我們的生日，羅柏二十三歲了。緊隨其後我也二十三歲了，完美的質數。羅柏給我做了一個「聖母瑪麗亞領帶架」。我送了他一條皮繩，上面拴著七個銀色骷髏頭。他戴上那串骷髏頭，我繫上領帶。我們已準備好迎接七〇年代。

「這十年將是我們的。」他說。

維娃帶著一種葛麗泰．嘉寶（Greta Garbo）式的高傲氣息，神氣地走進大廳，試圖唬住巴德先生，免得他來要未付的房租。電影導演薛里．克拉克（Shirley Clarke）和攝影師戴安娜．阿巴斯（Diane Arbus）分頭走進來，都帶著一種不安的使命感。喬納斯．梅卡斯（Jonas Mekas）帶著他不離手的相機和神秘的微笑，拍著雀兒喜上上下下生活中鮮為人知的角落。我站在那裡，拿著一隻黑烏鴉標本，那是像不要錢一樣從美國印第安博物館買來的。我想他們是不想要它了。我決定叫它雷蒙，借用《獨行軌跡》（*Locus Solus*）作者雷蒙．胡塞爾（Raymond Roussel）之名。我才在想著這間大廳就像一個有魔力的入口，那扇厚重的玻璃門便如同被風推動一般打開了，一個穿著黑色、猩紅色披風的熟悉身影走了進來。是薩爾瓦多．達利。他緊張地環視了一下大廳，然後，看到了我的烏鴉，他笑了。他把優雅、瘦骨嶙峋的手撫在我頭上說：「你就像一隻烏鴉，歌德烏鴉。」

「嗯，」我對雷蒙說：「雀兒喜的又一天。」

一月中旬，我們去見了史蒂夫．保羅（Steve Paul），他是強尼．溫特（Johnny Winter）的經紀人。史蒂夫是個魅力非凡的企業家，他給了六〇年代的紐約一個偉大的搖滾俱樂部「現場」（Scene）。它座落在時代廣場附近的小街上，成為造訪紐約的音樂人和深夜即興演出的去處。他穿著藍色絲絨，帶著永遠的茫然，有點像奧斯卡．王爾德，也有點像《愛麗絲夢遊仙境》裡的柴郡貓。他在為強尼談一份唱片

約，並已把他安置進了雀兒喜的房間。

一晚，我們在吉訶德相遇。和強尼只聊了一小會兒，我便為他的智慧和天生的藝術鑒賞力著迷。言談間，他是那麼坦誠又仁慈而古怪。我們應邀去看他在「東菲爾莫」的演出，我從沒看過哪個表演者能懷著如此的自信與觀眾互動。他毫無畏懼，愉快地和觀眾對峙，像蘇菲派僧侶一樣地旋轉舞蹈，在舞臺上趾高氣揚地走路，擺動著像面紗般拂在面前的一頭白髮。他用一把行雲流水的吉他、一雙斜視的眼睛和邪惡頑皮的笑容，把觀眾全震住了。

二月的土撥鼠日那天，我們參加了飯店為強尼開的小派對，慶祝他與哥倫比亞唱片公司簽約。大半個晚上，我們都在跟強尼和史蒂夫．保羅閒聊。強尼垂涎羅柏的項鍊，主動要求買一條，他們還說要讓羅柏為他設計一件黑色網眼披風。

我坐在那裡，發覺自己身體飄起來，還能拉長，就好像我是泥巴做的一樣。沒人告訴我，我身上發生了什麼變化。強尼的頭髮像兩條長長的白耳朵一樣垂著。史蒂夫．保羅穿著他的藍絲絨，歪在一堆枕頭裡，慢動作一根接一根地抽著大麻，和房間裡跳進跳出的馬修形成鮮明對比。這種天翻地覆讓我受不了，我逃到十樓的舊公共浴室裡，把自己鎖了起來。

我也不確定自己身上到底發生了什麼。我的體驗就像《愛麗絲夢遊仙境》裡「吃掉我，喝掉我」的那個場景。我試圖像她那樣，以平靜和好奇來回應這迷幻的考驗。我猜是有人給我吃了某種迷幻藥。我以前沒吃過任何迷幻藥，而我有限的知識也只是來自對羅柏的觀察，或是高提耶（Théophile Gautier）、米修和德昆西（Thomas de Quincey）在書中描述過的藥物引起的幻象。我在角落裡縮成一團，不知如何是好。我當然不想被人看到我縮小了，雖然那只是我自己的幻覺。

羅柏自己八成也飄起來了，找遍了飯店才發現我，他站在門外和我說話，幫助我清醒過來。

最後我打開門，我們走一走，然後回到舒適的窩。第二天一整天我們都躺在床上。我起床後誇張地穿起雨衣，戴起墨鏡。羅柏非常體諒，一點也沒取笑我，甚至沒調侃那件雨衣。

我們度過了美好的一天和不尋常的激情夜。我高興地在日記裡記下這個夜晚，添加了一抹未成年少女式的情懷。

之後的幾個月裡，我們的生活變化之迅速，難以言說。我們似乎從未如此親密過，然而很快地，幸福又因羅柏對錢的焦慮而籠罩在烏雲裡。

他找不到工作。他擔心我們將無力負擔兩個地方的房租。他繼續遊走於各家畫廊，常常垂頭喪氣、情緒低落地回來。「他們都不正眼看一看作品，」他抱怨道：「只想勾引我，我寧可去挖水溝也不會跟這些人睡覺。」

他去了就業服務處，想找一份兼職，但無功而返。雖然偶爾也能賣出去一條項鍊，但離打入服飾界還早得很。錢的問題讓羅柏越來越沮喪，賺錢的任務落到了我的肩上。對經濟狀況的擔憂，隱隱再度驅使他想當牛郎的念頭。

他告訴過我，在巴黎的時候他考察過牛郎市場。他最早的嘗試是基於好奇和看過《午夜牛郎》心生浪漫，但他發現在42街這行很不好做。他決定轉戰曼哈頓東區的布魯明戴爾百貨公司附近，那是喬・達拉桑德羅（Joe Dallesandro）的地盤，那裡更安全。

我求他不要去，但他決意一試。我的眼淚也不能阻止他，於是我站在那裡，眼看著他為外面的夜晚穿戴打扮。我想像他站在街角，因興奮而面色潮紅，為了賺錢而向一個陌生人獻身。

「一定要小心。」我能說的只剩了這個。

「別擔心，我愛你，祝我好運。」

除了青春自己，誰又能懂青春的心？

★

我醒來時他已經走了，桌上留著便條。「睡不著，」上面寫著：「等我。」我坐了起來，正在寫信給我妹妹時，他神色慌張地進了門。他說必須給我看樣東西。我迅速穿好衣服，跟著他來到我們的工作室，三步併作兩步地上了樓。

一進屋，我就快速掃視一遍。他的能量似乎讓空氣振動。鏡子、燈泡，還有擺在一塊黑色油布上的幾節鍊子。他開始創作一件新裝置了，但他把我的注意力引向靠在項鍊牆上的另一件作品。對繪畫失去興趣之後，他就不再繃畫布了，不過他保留了一個畫框，在上面貼滿了他從男性雜誌上剪下來的東西，那畫框被年輕男子的臉和軀體包裹著，他幾近顫抖。

「不錯吧？」

「嗯。」我說：「真是天才。」

那是一件相對簡單的作品，卻似乎蘊含著與生俱來的能量。毫無過火之處：一件完美之作。

地板上亂扔著剪下的紙片。房間裡彌漫著膠水和亮光漆的味道。羅柏把畫框掛到牆上，點上一根菸，我們一起在沉默中看著它。

據說孩子會混淆有生命和無生命的東西，但我相信他們分得清。孩子為一個娃娃或錫兵玩具賦予有魔力的生命，和他們一樣，藝術家也賦予作品活力。無論是為藝術還是為生活，對手頭的東西，羅柏都會注入他創造性的衝動和神聖的性能量。他把一個鑰匙環、一把廚房用刀，或一個簡單的木頭畫框都變成了藝術。他愛他的作品，也愛他的物件。他曾用一幅畫換了一雙馬靴——那雙靴子毫不實用，卻

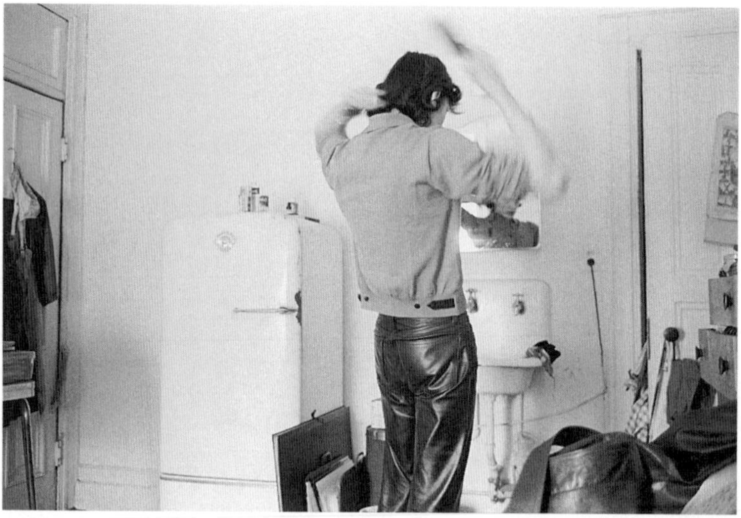

好像有靈性。他像一名飼育員打扮一條名貴的灰毛獵犬那樣熱忱地為它擦拭、拋光。

有一晚，在我們從馬克斯俱樂部回家的路上，對漂亮鞋子的情感在那一晚達到新高點。從第七大道一轉進來，我們就在人行道旁看到一雙熠熠生輝的鱷魚皮鞋。羅柏將鞋一把撿起來攬進懷裡，視為珍寶。那是一雙深棕色的鞋，絲質的鞋帶，沒有穿過的痕跡。羅柏把它們悄悄放進了一個裝置作品裡，以至於需要穿的時候還經常得把裝置拆開。在鞋的尖頭裡塞上一卷紙巾，它就變得合腳多了，雖然跟工作褲和高領衫不怎麼配。他用黑色網眼T恤換了一件高領衫，在皮帶上加了一大串鑰匙，襪子也不穿了。他準備就這樣夜訪馬克斯，口袋裡沒有坐計程車的錢，腳上卻燦爛光鮮。

「鞋子之夜」，我們這樣稱呼它，對羅柏來說是一個信號：我們走對了路，即使前方有那麼多選擇、那麼多交錯的路。

葛瑞格里·柯索（Gregory Corso）這個人走到哪都能闖禍，但因他有創造傑出美感的同等潛力，也很容易得到原諒。

大概是佩姬把我介紹給葛瑞格里的，因為他們倆很要好。我對他產生了莫大的好感，而且他還是我們最棒的詩人之一。我的床頭櫃上就放著一本他的《死亡生日快樂》（*The Happy Birthday of Death*），都快翻爛了。葛瑞格里是垮掉派詩人中最年輕的。他有一種滄桑的英俊，像約翰・加菲爾德那樣神氣十足。他不太拿自己當回事，但對他的詩歌絕對認真。

葛瑞格里喜歡濟慈和雪萊，他會搖搖晃晃地走進大廳（褲子穿在胯上），頗具表現力地朗誦他們的詩句。在我為連一首詩都寫不完而悲哀時，他就對我引用馬拉美（Stéphane Mallarmé）的詩句。「詩人不是來完成詩歌的，他們丟棄詩歌。」然後又補充：「別擔心，你會寫好的，孩子。」

「你怎麼知道？」我問他。

「我就是知道。」他回答。

葛瑞格里帶我參加聖馬克教堂詩歌計畫，那是東10街名垂青史的教堂辦的詩人聚會。在詩人們朗誦詩歌的時候，葛瑞格里會半途殺出，用「不行！不行！冷血！加點感情！」這樣的叫喊不時地打斷乏味。

我把他的反應都看在眼裡，記在心上，為了有朝一日我讀自己的詩時絕不會讀得乏味。

葛瑞格里開了書單給我，告訴我要必備哪本字典，鼓勵我，挑戰我。葛瑞格里・柯索、艾倫・金斯堡和威廉・布洛斯都是我的老師，這些穿梭過雀兒喜大廳的人們，把此地打造成了我新的大學。

★

「我不想再像個牧羊少年一樣了。」羅柏審視著鏡中自己的頭髮說：「你能幫我剪成五〇年代搖滾明星那種頭髮嗎？」我非常喜歡他那頭不羈的捲髮，但還是拿出了我的大剪刀，一邊剪，一邊在心裡唱著鄉村搖滾。在羅柏對著鏡中的新形象流連時，我難過地撿起他的一縷頭髮，夾進一本書裡。

二月，他帶我去沃荷工廠看《垃圾》（*Trash*）的毛片。這是我們第一次受到邀請，羅柏滿懷期待。電影一點都沒打動我；也許它對我而言不夠法國。新工廠的冷淡氛圍讓羅柏吃了一驚，安迪本人並沒有露面也令他失望，不過他還是在沃荷的圈子裡往來應酬、遊刃有餘。見到布魯斯・魯道後鬆了一口氣，他把我介紹給他的朋友戴安娜・波德魯斯基（Diane Podlewski），她在片中飾演霍利・伍德勞恩的妹妹。這個性情甜美的南方姑娘，穿著寬大的非洲和摩洛哥衣裳。我認出了她，戴安娜・阿巴斯在雀兒喜拍過她一張照片，她在照片裡更像個男孩。

就在我們要坐電梯走的時候，工廠的經紀人弗雷德・休斯（Fred Hughes）用一種居高臨下的口吻對我說：「哦，你的髮型很瓊・拜雅。你是民謠歌手？」不知道為什麼，雖然我很喜歡她，但這話讓我厭煩。

羅柏拉著我的手。「別理他。」他說。

我發現自己情緒很糟。在那些夜晚，當腦子裡開始沒完沒了回想那些討厭的事，我就會想起弗雷德．休斯說的話。見他的鬼，我心想，就這麼被隨便定義讓我很不爽。

隔著水槽，我看著鏡中的自己，意識到從十幾歲起我就沒剪過別的髮型。我坐在地板上，攤開我僅有的搖滾樂雜誌。我買這些雜誌一般是為了巴布．狄倫的新照，但此時此刻我不是在找他。我把翻找到的凱斯．理查（Keith Richards）都剪了下來，研究了一會兒，然後拿起剪刀，大刀闊斧地脫離了民謠時代。我在走廊的浴室裡洗了頭，甩乾。這種感覺真解脫。

羅柏回到家後又驚又喜。「你中邪了嗎？」他問。我只是聳聳肩。當我們去馬克斯時，我的髮型引起不小的轟動。這一頓大驚小怪讓我受寵若驚，雖然我還是我，但我的社會地位突然間提升。我的凱斯．理查髮型成了話題磁鐵引起討論。我想起高中時代認識的那些女同學。她們夢想成為歌手，最後卻成了美髮師。這兩種職業我都不渴望，但在接下來的幾個星期裡，我卻幫很多人剪了頭髮，並在「辣媽媽劇場」裡放聲歌唱。

馬克斯裡有人問我是不是雙性人。我問他什麼意思。「你知道，就是米克．傑格那種。」我覺得那肯定挺酷的。我認為這個詞是集美醜於一身的意思。不管到底是什麼意思，僅僅剪了個頭，我就奇蹟般地在一夜之間變成了雙性人。

機會突然降臨了。賈姬．柯帝士請我出演她的戲《禍水紅顏》（*Femme Fatale*），要我代替一個男孩飾演個叫「遊樂場」的男性，吼叫著這樣的臺詞：**他可以上她或者甩了她／他上了她然後甩了她**。

「辣媽媽」是最早的實驗劇場之一，比外百老匯劇院還要邊緣。我大學時代倒是演過一些戲，在尤里庇底斯（Euripides）的劇作《希帕里特斯》（*Hippolytus*）裡演過斐多（Phaedra），在《男朋友》（*The Boyfriend*）裡扮演杜博內夫人（Madame Dubonnet）。我喜歡表演，但我怕背臺詞，還有他們糊在我臉上的厚厚舞臺妝。雖然我覺得跟賈姬她們一起工作應該很有趣，但我真的對前衛派一竅不通。賈姬沒讓我試鏡就決定用我，所以我也不知道接下來會怎麼樣。

★

我坐在大廳裡，努力裝作我不是在等羅柏。他消失在牛郎世界的迷宮裡，我的心懸掛著。精神實在沒辦法集中，我坐在我的老位置，趴在我橘色的筆記本上，上面有我為布萊恩．瓊斯寫的各種詩。我一身《南方之歌》（*Song of the South*）的打扮——

草帽、流浪兔（Br'er Rabbit）外套、工作靴和窄管褲——正苦心研究著那一組句子，這時一個熟悉的聲音打斷了我。

「在忙什麼呢，親愛的？」

我抬頭卻看到一張陌生的臉，炫耀地戴著一副完美的墨鏡。

「寫東西。」

「你是詩人？」

「算吧。」

我挪回我的座位裡，表現出不感興趣的樣子，假裝沒認出他來，但他說話拉長聲的語氣我很清楚，還有他那可疑的笑容。眼前這個人是誰我一清二楚；他就是《別回頭》（*Don't Look Back*）裡的那個人。除狄倫以外的那個，巴比．紐沃斯（Bobby Neuwirth），一個調解人和煽動者。巴布．狄倫的至交。

他是畫家、歌手、歌曲創作者和冒險家。他是很多同時代的偉大智者和音樂家的心腹，比我早一個時代。

為了鎮定下來，我站起身，點點頭，沒說再見，徑直朝門口走去。他對我大聲喊道：

「嘿，你跟誰學的就這麼走了？」

我轉過身來：「跟《別回頭》學的。」

他笑了，邀我去吉訶德喝一小杯龍舌蘭。我不愛喝酒，但為了擺酷，我一飲而盡，沒加檸檬也沒加鹽。他很健談，我們從漢克．威廉斯（Hank Williams）聊到抽象表現主義。他似乎對我很有好感，拿過我手裡的筆記本翻了起來。我猜他看到了我的潛力，因為他問：「你有沒有想過寫歌？」我不知道該怎麼回答。

「下次見面我希望你寫首歌出來。」我們走出酒吧時他說。

他只需要說這些就夠了。他走後，我發誓要寫首歌給他。我幫馬修隨意寫過一些歌詞，幫哈利編過幾首阿帕拉契式小曲，但沒有太當真。現在我有了一個真正的任務和一個值得為之寫歌的對象。

羅柏很晚才回家，悶悶不樂的，對我跟陌生男人去喝酒有點不高興。不過第二天一覺醒來，他也覺得像巴比．紐沃斯這樣的人對我的作品有興趣是一件鼓舞人心的事。「說不定他會是讓你唱歌的人！」他說：「不過你始終要記住是誰最先要你唱的。」

羅柏一直都喜歡我的嗓音。在布魯克林時他就要我唱歌伴他入睡，我會對他唱皮雅芙的歌曲和柴爾德歌集（Child Ballads）[4]裡的民謠。

「我不想唱歌。我只想寫歌給他。我想當詩人，不是歌手。」

「你兩個都能行。」他說。

羅柏幾乎一整天裡都在鬧情緒，反覆在愛意和喜怒無常間。我感覺到有什麼事

4 1882到1898年間，英國民間音樂學者法蘭西斯．詹姆斯．柴爾德（Francis James Child, 1825-1896）蒐集305首民謠，結集出版十卷本《英格蘭與蘇格蘭流行歌謠集》（*The English and Scottish Popular Ballads*），是民謠史的鉅著。

情正在醞釀，但羅柏不願說。

接下來的幾天安靜得很不尋常。他總在睡覺，當他醒著的時候，會要求我讀詩，尤其是我為他寫的詩。一開始我擔心他可能受了傷害。在他長久的沉默中，我又想到他可能是在外面認識了什麼人。

我認出這種沉默，這是個信號。我們以前經歷過。雖然我們沒提出來說，我卻慢慢為必將到來的變化做了準備。羅柏和我很親密，但把事情都擺到檯面上來說，對兩人而言又不太容易。反常之處是他似乎想把我拉得更近一些。也許這是結束前的親密，就像男人在與情婦分手之前會送她首飾一樣。

星期天是滿月。羅柏煩躁不安，突然說要出去。他看我看了很久，我問他沒什麼事吧，他說他也說不上。我送他到街角，我站在那裡看著月亮，後來，我感到焦慮，去喝了咖啡。

月亮已經變得血紅。

他終於回來了，把頭枕在我肩上睡了過去。我沒有正面面對。不久之後，事實將顯示他已經跨過了那條界線。他已經跟一個男人在一起了，而且不是為了錢，我能夠在某種尺度上認可他。我的盔甲仍有脆弱的地方，而羅柏，我的騎士，儘管他並不想那樣，卻已經刺穿了它好幾處。

我們開始送彼此更多的禮物。自己做的，或是在當鋪灰濛濛的櫥窗角落裡發現的小玩意。都是些別人不想要的東西，用頭髮編成的十字架，失去光澤的護身符，以及用絲帶和皮革做成的俳句情人節卡。我們留下便條、小蛋糕，各種東西給彼此。彷彿這樣做能堵住那個窟窿，重建那堵搖搖欲墜的牆，填補我們為迎接新的體驗而掀開的傷口。

我們有好幾天沒見到「豬人」了，但聽見他家狗的哀號，羅柏報了警，員警撬開了門。「豬人」已經死了。羅柏進屋去辨認屍體，員警把「豬人」和他的狗都帶走了。閣樓的後半部現在有兩倍大，雖然覺得可怕，羅柏還是忍不住覬覦它。

我們肯定會被轟出去，因為我們沒有租約。羅柏去找房東，把我們的事情和盤托出。房東想到屋裡有揮之不去的死人氣息和狗尿味，可能很難再租出去，於是便把整個樓層以三十美元的價格租給我們，比我們在雀兒喜的房租還少，還多給了兩個月時間清潔和粉刷。為安撫「豬人」的神靈，我畫了一幅畫叫《**我見到一個人，他在遛他的狗**》，完成後，羅柏對「豬人」的哀逝似乎也能坦然接受了。

顯然，我們無法住在雀兒喜又同時負擔綠洲酒吧上的這整層樓。我真不想離開雀兒喜，不想離開那些詩人、作家、哈利和我們門廳裡的浴室。關於此事我們討論許久。這層樓前半部小一點的空間歸我，後半部歸他，我們賺的錢還要用來繳水電費。我知道這是一件更划得來的事，前景甚至激動人心。我們兩個都將有地方創作，彼此間還能很親近。但這也是一件很難過的事，尤其對我。我喜歡住在雀兒喜，而且我知道我們一旦離開，一切都會改變。

「我們會怎麼樣呢？」我問。

「我們會永遠在一起。」他回答。

羅柏和我都不曾忘記從阿勒頓到雀兒喜的計程車上的誓言，顯然我們還沒準備好獨自生活。「我就在隔壁。」他說。

我們必須一起努力，一分一分地賺錢。我們要攢出四百五十美元，一個月的房租和一個月的押金。我比以前更常見不到羅柏，他跑這跑那地賺那二十美元。我已經寫了一些唱片評論，現在收到一疊疊的免費唱片。評論完我喜歡的，我就把這些唱片都拿去東村一個叫「自由人」的地方。他們每張給我一塊錢，所以我要是有十張就能有個好收入。實際上我賣掉的唱片要比寫的評論多。我一點都不多產，而且寫的都是像佩蒂・沃特斯（Patty Waters）、克利夫頓・切尼爾（Clifton Chenier）或阿爾伯特・艾勒（Albert Ayler）這樣晦澀的音樂人。我無意評價太多，也不提醒人們去注意可能被忽略的藝術家，我和他們之間的關係也只到錢這一層。

我討厭收拾和打掃，羅柏心甘情願挑起這個重擔，他清理垃圾，擦擦洗洗，上下粉刷，就像在布魯克林時那樣。與此同時，我的時間都給了史克萊柏納和辣媽媽劇場。晚上排練過後，我會和他在馬克斯碰頭。我們現在有了自信，可以像老鳥們一樣在圓桌邊重重地一屁股坐下了。

《禍水紅顏》五月四日試映，那是肯特大學生遇害的日子。馬克斯裡沒人愛談政治，沃荷工廠的內部政治除外。政府營私舞弊和越南戰爭的錯誤已成為大家的普遍共識，但試映還是被肯特州立大學的陰霾所籠罩，一個並不怎麼愉快的夜晚。

隨著這部戲的正式首演，事情有了好轉，每場演出羅柏都來，也經常帶來他的新朋友。其中有個叫汀克貝爾（Tinkerbelle）的女孩。她住在23街的「倫敦露臺」公寓，還是一位工廠女郎。羅柏被她的活力和風趣所吸引；不過她外表頑皮，卻伶牙俐齒。我好脾氣地容忍了她的話中刺，只當她是他的馬修。

汀克貝爾介紹我們認識了大衛．克羅蘭德（David Croland）。在外形上，大衛和羅柏可真是一對，他又高又瘦，有著深色的捲髮、蒼白的膚色和深邃的棕眼睛。他家境很好，在普拉特藝術學院學過設計。一九六五年，安迪．沃荷和蘇珊．博頓利（Susan Bottomly）在街上發現了他，邀他來演電影。蘇珊的藝名就是著名的「國際絲絨」（International Velvet），正受訓朝超級明星目標邁進，成為伊迪．塞奇薇克的接班人。大衛和蘇珊有過一段激情過往，一九六九年蘇珊離開了他，他逃到倫敦，來到了電影、時裝和搖滾樂的溫床。

蘇格蘭電影導演唐諾．卡梅爾（Donald Cammell）關照著大衛。卡梅爾身處倫敦社交圈的中心；他剛和尼可拉斯．羅格（Nicolas Roeg）一起，跟米克．傑格在電影《演出》（*Performance*）裡合作。作為Boys Inc.的頂級模特兒，大衛充滿自信，不輕易怯場。有人責備他利用姿色，他反擊說：「我沒有利用我的姿色，是別人在利用我的姿色。」

他從倫敦轉戰巴黎，五月初的時候回到了紐約。他和汀克貝爾住在倫敦露臺，汀克貝爾迫不及待地要把我們全都介紹給他認識。大衛很可愛，尊重我倆是一對。他喜歡去我們那裡玩，說那是我們的藝術工廠，看我們的作品時還流露出真誠讚賞的神情。

有了大衛，我們的日子似乎輕鬆些。羅柏享受他的陪伴，也喜歡有大衛欣賞他的作品。也正是大衛，幫他弄到了一筆重要的早期收入，那是《君子雜誌》（*Esquire*）上的一幅跨頁肖像，人物是塞爾妲（Zelda Fitzgerald）和史考特．費滋傑羅，眼睛都被噴漆覆蓋著。羅柏拿到了三百美元，比他過去任何一次賺的都多。

大衛開一輛紅色內裝的白色Corvair轎車，載著我們在中央公園周邊兜風。這是我們第一次坐轎車，不是坐計程車，也不是讓我爸爸到紐澤西的公車站接我們。大衛慷慨而謹慎，他不是有錢人，但比羅柏還是富裕多了。他會帶羅柏出去吃飯，他付帳。作為回報，羅柏會送他項鍊和小幅的素描。他們之間有一種完美的自然引力，大衛把羅柏帶入了他的世界，帶入一個他迅速就接受了的社會。

他們開始越來越常待在一起。我看著準備出門的羅柏，他就像一個為狩獵做準備的紳士，對一切都精挑細選。他會整齊地疊好彩色的手帕塞進後褲袋，他的手鐲，他的背心。花很長時間慢條斯理地梳理頭髮，他知道我喜歡他頭髮亂一點，我也知道他整理捲髮並非為了我。

羅柏在社交場合如魚得水。他結交了沃荷工廠裡各路人脈，並和詩人傑勒德・馬倫加成了朋友。傑勒德曾揮舞著鞭子與地下絲絨樂團共舞，他帶羅柏去體驗「快樂胸膛」情趣用品店這樣的地方，還邀他去紐約最頂尖的文學沙龍。羅柏堅持拉我去參加達科他的一個沙龍，沙龍在查理斯・亨利・福特（Charles Henri Ford）的公寓裡進行，他編輯了極具影響力的《視野雜誌》（*View*），把超現實主義介紹到美國。

我感覺就像是週日在哪個親戚家吃晚餐。當各樣的詩人讀著冗長的詩歌時，我好奇，福特是否暗中希望回到他青年時代的沙龍——由葛楚・史坦（Gertrude Stein）發號施令，列席者有布勒東（Andre Breton）、曼・雷（Man Ray）和朱娜・巴恩斯（Djuna Barne）這樣的人物。

那晚，他一度探過身來對羅柏說：「你的眼睛藍得不可思議。」我覺得這太好笑了，羅柏可是出了名的綠眼睛。

羅柏在社交場上的適應力繼續令我驚奇。我剛認識他的時候他曾是那麼的害羞，而當他跨越了馬克斯、雀兒喜和沃荷工廠的挑戰後，我眼看著他淋漓盡致地做回了自己。

★

我們的雀兒喜時光就要結束了，新家離飯店只有幾個門之遙，但我知道一切都將不同。我相信我們會完成更多作品，但也會失去某種親密，我們將不再鄰近狄倫．湯瑪斯的房間了。我在雀兒喜大廳的位置也會被別人佔據。

完成哈利的生日禮物，是我在雀兒喜最後要做的幾件事之一。這首配圖詩集《煉金術名冊》（*Alchemical Roll Call*）詮釋了哈利和我曾經探討過的關於煉金術的種種。電梯在維修，於是我走樓梯去705號房。沒等我敲門，五月天裡還穿著滑雪毛衣的哈利就把門打開了。他拿著一盒牛奶，好像正準備倒進他那如杯碟般大的眼睛裡一樣。

他興致勃勃地把我的禮物裡裡外外看了一遍，隨即歸了檔。這是一種榮譽，也是一種詛咒，毫無疑問它將會在他巨大的文物迷宮裡消失。

他決定放點特別的東西來聽，放一段他多年前錄的罕見的仙人掌儀式。那是一臺沃倫薩克盤帶機，他試圖把帶子放進去，但出了問題。「這帶子比你的頭髮還糾結。」他不耐煩地說。說罷他突然盯住我，然後在抽屜和箱子裡仔細翻找，直到發掘出一把灰白長鬃的象牙鑲銀梳子。我立即躍躍欲試。「別動！」他喝斥道。他坐到椅子上，我坐在他腳邊，兩人都一言不發。在全然的寂靜中，哈利把我頭髮上的結全梳開了，我懷疑這把梳子是他媽媽的。

之後他問我有沒有帶錢。「沒帶。」我說，他假裝抓狂。不過我瞭解哈利，他只是想化開此刻的親密。無論何時你與哈利共度美好一刻，他都非要把它破壞不可。

五月的最後一天，羅柏邀請他的新朋友們到他那邊的閣樓。他用我們的唱機播放著「摩城」的音樂，看起來是那麼開心。這層樓比我們的房間要大好幾倍。我們連跳舞的地方都有了。

我待了一會兒就走了，回到我們在雀兒喜的老房間。我坐在那裡哭，然後在我們的小水槽前洗了臉。那是第一次也是唯一的一次，我感到我為羅柏犧牲了某種自我。

我們迅速進入新的生活模式。我還像在雀兒喜一樣，在走廊的黑白格地板上踩著格子走路。一開始我們都睡在小一點的那邊，大一點的那邊羅柏還沒弄好。第一個晚上我終究還是自己睡，一開始都還不錯。羅柏要我拿走唱機，我就一邊聽皮雅芙一邊寫東西，但我發現我開始睡不著了。無論發生過什麼，我們都已經習慣了相擁而眠。大約凌晨三點，我裹著薄棉布床單，輕輕地敲了敲羅柏的門，他馬上就開了門。

「佩蒂，」他說：「你怎麼這麼久才過來？」

我慢悠悠地走進去，努力裝得若無其事。他顯然一晚上都在工作。我發現了一幅新畫，是一個新裝置的組成部分，一幅我的照片放在他床邊。

「我就知道你會過來。」他說。

「我做噩夢了，睡不著，而且我得去上廁所。」

「你去了雀兒喜？」

「沒有。」我說：「我尿在一個外賣杯裡了。」

「佩蒂，不會吧！」

如果你真的必須要去的話，午夜裡走到雀兒喜可有的走了呢！

「來吧！『中國』[5]，」他說：「快到這邊來。」

一切都讓我心煩意亂，而最糟糕的還是我自己。羅柏會到我這邊來，他會對我訓話。沒有了他的安排，我的生活狀態愈發混亂。我把打字機架在一個木板箱上。地面上散落著半透明的薄紙，上面盡是寫了一半的歌，還有對馬雅科夫斯基之死和巴布·狄倫的沉思。房間裡扔著待評的唱片，牆上釘著我的英雄們，可是我的努力似乎不夠英勇。我坐在地板上努力寫作，寫不出來就剪自己的頭髮。我以為會發生的事情沒有發生。我從不期待的事情卻來了。

我回了一趟自己家，我要好好地想一想應該朝哪個方向去。我懷疑自己正在做的是否正確，是否都是輕浮之舉？這就是肯特州學生遇害的那一晚，我所經歷的糾纏不休的罪惡感。我想當一個藝術家，但我的工作也得有意義才行。

全家人圍坐在桌邊。父親為我們讀了《柏拉圖》。母親做了肉餅三明治。我家的餐桌上一直有種同志情誼[6]。席間，我意外地接到汀克貝爾的電話。她突兀地告訴我，羅柏和大衛有一腿。「他們現在就在一起呢！」她有點得意地說。我只告訴她，打這個電話很沒必要，我已經知道了。

我呆呆地掛掉了電話，卻不禁疑惑：也許她只是把我的猜測說出來了而已。我搞不懂她為什麼要打電話給我。她不像是要幫我，我們沒那麼好。我猜測著她到底是心胸狹窄之輩，還是搬弄是非之人，也可能她說的並不是真的。坐在回程的巴士上，我決定什麼也不說，給羅柏機會，讓他以他自己的方式告訴我。

5 China，全書中出現了兩次，佩蒂的中間名字為Lee，推測是羅柏對她的暱愛之稱。
6 此詞於此處非同性戀之意。

他又有了那種惶惑的神色，就像在布倫塔諾書店把布雷克沖進廁所的那次。他已經去過42街，還看上了一本有意思的新的男性雜誌，但是要十五美元。他其實有錢，可他想確定一下值不值得。當他撕掉那層收縮膜的時候，店主回來逮到了他。店主開始大喊大叫，要求羅柏買下雜誌。羅柏被搞得心煩意亂，把雜誌朝店主扔過去，那人追著他出來。他上了地鐵，從書店一路跑回家。

「全都怪那本該死的雜誌！」

「那雜誌好嗎？」

「我也不知道，看起來不錯，但被那個人一搞我就不想要了。」

「你應該自己拍照片。不管怎麼說都會比那些好。」

「我也不知道，也許有可能吧！」

幾天過後我們去了珊蒂家。羅柏不經意地拿起她的拍立得相機。「這個能借我玩玩嗎？」他問。

★

羅柏拿起拍立得。那肢體動作，手腕的猝然一動。把照片拽出來時的聲響和期盼，六十秒之後看他到底拍到了什麼。這過程的即時性正符合他的性子。

一開始他只是擺弄這臺相機。他不太確信這東西適合他。再說相紙也太貴了，十張照片就要花大約三塊錢，在一九七一年這是個可觀的數目。但比起快照亭，這當然強多了，沖印照片的束縛也解除了。

我是羅柏的第一個模特兒。他跟我在一起比較自在，他也需要時間去掌握技術。這臺相機的機械操作很簡單，但選擇也有限。我們拍了數不清的照片。一開始他不得不對我嚴格控制。我會慫恿他拍《全數歸還》封面上那種：巴布・狄倫被他最喜歡的東西圍繞著。我擺好我的骰子、「罪人」牌照、一張科特・韋爾（Kurt Weill）的唱片和我的《金髮疊金髮》，還穿了一條安娜・馬格納尼（Anna Magnani）那樣的黑襯裙。

「太多破爛東西啦！」他說：「我只拍你吧！」

「但我喜歡這些。」我說。

「我們不是拍唱片封面，我們是搞藝術。」

「我恨藝術！」我喊著，他按下了快門。

他是自己的第一個男主角，誰也不能質疑他拍自己。他有分寸，他只需看著自己，就知道想要什麼效果。

他對自己的第一批照片很滿意，但相紙成本太高，他被迫放下了相機，不過也沒放棄太久。

早期的拍立得（Plaroid）相片，1970年。

羅柏花了大把時間改進他的工作空間和作品展示方式，但有時候他也會一臉愁容地看著我。「這樣好嗎？」他會問。我叫他別擔心。說實話，我自己也有一堆事情，羅柏的性感勸說實在不是我眼下所關心的。

我喜歡大衛，羅柏正在創作特殊作品，而這也是我第一次能夠隨心所欲地表達自我。我的房間折射出我內心世界生機勃勃的凌亂，像鐵路貨車車廂，也像仙境。

一天下午，葛瑞格里·柯索來了。他先去找羅柏，兩人一起抽了菸，當他來我房間時太陽已經快下山了。我正坐在地板上敲著我的雷明頓打字機。葛瑞格里進了屋就開始慢慢數落我的房間。我的尿杯和破玩具。「怎樣?這裡就是我的地方。」我拖來一把舊扶手椅。葛瑞格里點起一根菸，從那一堆我扔掉的詩裡撿著看，看著看睡著了，菸頭在椅子扶手上留下一個小小的燙痕。我倒了點雀巢咖啡澆滅它。他醒了，喝掉了剩下的咖啡。我給了他急需的幾塊錢。他正要走的時候，看到我在小地毯上方掛著的法國舊耶穌受難像。在耶穌腳下，有一個骷髏頭裝飾了象徵死亡的文字。「這意思是『要記得我們不能永生』」葛瑞格里說：「但詩歌可以。」我點了點頭。

他走了，我坐回我的椅子，撫摸著那個菸痕，我們最棒的詩人留下的新鮮燙痕。他總是惹麻煩，甚至可能闖出大禍，然而他能給我們像新生的小鹿一樣純潔的作品。

秘密壓抑著羅柏和大衛，兩人都以保持那點神秘為樂，但我認為大衛太外向，為他們倆的關係就快瞞不住我而開始變得緊張。

我和羅柏、大衛和大衛的朋友露露・德拉法蕾絲（Loulou de la Falaise）雙雙去參加了一個派對，狀況也在那裡爆發。我們四人跳了舞。我喜歡露露，這個魅力不凡的紅髮女子正是聖羅蘭（Yves Saint-Laurent）著名的繆斯女神，她是夏帕雷利（Elsa Schiaparelli）的模特兒跟法國伯爵生的女兒。她戴了一隻很重的非洲手鐲，手鐲摘掉時，我看到她的細手腕上有一條紅線，她說那是布萊恩・瓊斯繫的。

那晚似乎還不錯，只是羅柏和大衛總是不停進進出出。突然，大衛抓起露露的手，拉著她離開舞池，唐突地離開了派對。

羅柏追了上去，我跟在後面。大衛和露露正要鑽進計程車時，羅柏哭喊著叫他不要走。露露看了看大衛，不解地問：「你們倆個在一起嗎？」大衛砰地關上車門，揚長而去。

到了這個地步，羅柏不得不告訴我那個我早知道的事實。我平靜地默默坐在那裡，聽他掙扎著尋找合適的字眼向我解釋剛才的事。看著羅柏如此心煩意亂，我一點快感也沒有。我明白這對他來說很艱難，於是告訴他汀克貝爾說的話。

羅柏暴怒。「你怎麼什麼也沒說？」

讓羅柏受刺激的是，汀克貝爾不僅告訴我他在劈腿，還說他是同性戀。羅柏好像忘了我其實知道這件事。這是他第一次被公開貼上標籤，對他而言一定不好受。在布魯克林，他和泰瑞的關係也只限於我們兩人知道，而非廣為人知。

羅柏哭了。

「你確定？」我問他。

「我什麼都不確定，我想做我的創作，我知道我可以做到。這是我知道的。」

「佩蒂。」他說著抱住我：「這些跟你都無關。」

從那以後，羅柏基本上不跟汀克貝爾說話了。大衛搬到了17街，離華盛頓・歐文（Washington Irving）的故居不遠。我靠牆睡在我這邊，羅柏睡在他那邊，我們的生活還以往常的節奏繼續著。

後來，我自己靜下來好好想了想，我真是太遲鈍了。我心裡很難受，失望於他沒把我當成可信賴的人。他說過我無需擔心任何事，可是最後還是讓我擔心。然而我也明白他為什麼沒有告訴我。我想，要他解釋自己的欲望，還要確認自己的性向，一定是很彆扭的事。他有對男人的強烈欲望，但我從沒感覺被少愛過，中斷我們的肉體關係對他來說也不容易，我懂的。

羅柏和我依舊堅守著我們的誓言，不會離開對方。我從不曾透過性向的透鏡去看他，他在我心中的形象完整無缺，他是我今生最完美的藝術家。

巴比・紐沃斯像電影《逍遙騎士》（*Easy Rider*）般地騎車進了城。他跨下車來，和那些畫家、音樂人、詩人齊聚一堂，各種族群大集合。他就是行動的催化劑。他會一陣風似地飄進來，把我帶去各處，去接觸別的藝術家和音樂人。我是個新人，而他卻欣賞鼓勵我在寫歌上的笨拙嘗試，我想做出點東西來證明他沒有看走眼。受到盲威利・麥克特爾（Blind Willie McTell）和漢克・威廉斯這些說故事的人啟發，我編寫了一首長篇民謠敘事詩。

一九七〇年六月五日，他帶我到東菲爾莫去看了「寇斯比、史提爾斯、納許和楊」（Crosby, Stills, Nash and Young）的演出。不是我喜歡的那種樂團，但見到尼爾・揚讓我很感動，因為他的歌曲〈俄亥俄〉（Ohio）給我極深的印象。他把藝術家作為負責的評論者的角色更加具體化了，他以作品向四個因和平而喪生的年輕肯特學生致敬。

之後我們又去了伍斯塔克，「樂團」（The Band）正在那邊錄製《怯場》（*Stage Fright*）。錄音師是陶德・朗葛蘭（Todd Rundgren）。羅比・羅布森（Robbie Robertson）

正全神貫注地錄製歌曲〈巫醫〉（Medicine Man）。其餘的人多數都陸續散去參加某個重口味的派對了。我和陶德熬夜聊到了天亮，發現我們都來自上達比。我祖父家離他出生長大的地方很近。我們還有很多相似的耐人尋味的點——認真、樂於工作、主觀、怪里怪氣，不受青睞。

巴比繼續向我敞開他的世界。

他帶我認識了陶德、畫家布萊斯．馬登（Brice Marden）和賴瑞．普恩斯（Larry Poons），還有比利．斯旺（Billy Swan）、湯姆．帕克斯頓（Tom Paxton）、艾瑞克．安德森（Eric Andersen）、羅傑．麥克奎恩（Roger McGuinn）和克里斯．克里斯多弗森（Kris Kristofferson）等音樂人。他們就像鵝群一樣，調轉方向朝雀兒喜走去，等待珍妮絲．喬普林的到來。能打入這群人的私密世界，我唯一的通行證就是巴比的一句話，而他的話是備受尊重的。他把我以「詩人」的身分介紹給珍妮絲，從那以後珍妮絲就經常喊我「詩人」。

我們都到中央公園的沃曼溜冰場去看珍妮絲的演出。票都賣光了，暴滿的人群溢出了周圍的石欄。我和巴比站在臺側，著迷於她那激動人心的能量。突然間頃盆大雨，緊接著電閃雷鳴，舞臺上人員散去。演不下去了，巡演技術工人開始拆除設備。觀眾拒絕離去，開始發出噓聲。

珍妮絲心煩意亂。「他們噓我，兄弟。」她向巴比哭訴著。

巴比拂去她眼前的頭髮。「他們不是在噓你，親愛的，」他說：「他們噓的是這場雨。」

這群充滿熱忱的音樂人留在雀兒喜，他們常拿著木吉他去珍妮絲的套房。我獲准去看他們排練她新專輯的歌曲。珍妮絲是這座摩天輪的皇后，坐在她的懶人椅上，拿著一瓶南方安逸甜酒，哪怕是在下午。邁克．波拉德（Michael Pollard）總是伴其左右。他們就像一對心心相印的雙胞胎，語言模式都一樣，每句話都加個「兄弟」。我坐在地板上，聽克里斯．克里斯多弗森唱起他的〈我和巴比．麥吉〉（Me and Bobby McGee），珍妮絲唱和聲。我本來是衝著這樣的時刻去的，但我當時太年輕，專注於自己的思緒，幾乎捕捉不到這些瞬間。

羅柏在他一邊的乳頭上穿了個洞。他是在珊蒂．戴利家，依偎在大衛．克羅蘭德的臂彎裡請醫生做的。她用16釐米底片拍下了整個過程，一個邪惡的儀式，羅柏的**情歌戀曲**（Un chant d'amour）。我相信在珊蒂的完美指導下，它會被拍得很美。但我覺得這個過程令人反感，就沒去看；他一定會被感染的，果然被我說中。我問羅柏什麼感覺，他說既好玩又詭異。然後我們三個去了馬克斯。

我們和唐諾．萊昂斯一起坐在密室裡。和沃荷工廠裡那些主導人物一樣，唐諾也是來自小鎮上的愛爾蘭天主教家庭。念哈佛的時候是個才華洋溢的古典派，註定要在學術界有一席之地。但他被念劍橋藝術系的伊迪・塞奇薇克迷住了，放棄一切追隨她來到紐約。唐諾一喝酒就會變得極犀利，跟他一起的朋友不是被他損到底，就是笑死。狀態最好的時候，他會滔滔不絕地談起電影和戲劇，引用晦澀難懂的拉丁文和希臘文，以及大段大段的艾略特（T. S. Eliot）。

唐諾問我們要不要去樓上看地下絲絨樂團的開幕秀。這場演出標誌了他們在紐約的重組，也是馬克斯舉辦的第一場搖滾現場秀。我還沒看過他們，這讓唐諾很震驚，堅持要我們跟他一起趕到樓上，聽他們的下一組歌曲。

我即刻對那音樂有共鳴，它有一種震撼的衝浪節奏。我以前從沒仔細聽過路・瑞德（Lou Reed）的歌詞，現在，尤其透過唐諾的耳朵，我意識到它們有著如此強烈的詩意。馬克斯樓上的空間很小，可能還容不下一百人，隨著演出進入忘我之境，我們也動了起來。

羅柏和大衛跳起了舞。他穿一件薄薄的白襯衫，敞開到腰際，我能看到襯衫下面那金色的乳環。唐諾拉起我的手，我們勉強算是跳舞。大衛和羅柏才是名副其實在跳舞。和唐諾聊了這麼多次，我知道他喜歡荷馬、希羅多德和《尤利西斯》，對「地下絲絨」他已不僅僅是喜歡，他認定他們是紐約最棒的樂團。

獨立紀念日這天，陶德・朗葛蘭問我要不要同去上達比探望他母親。我們在空地上放煙火，還吃了凱菲霜淇淋。後來我站在他媽媽身邊，在後院裡看著他和他妹妹玩。她疑惑地看著兒子染得五顏六色的頭髮和絲絨喇叭褲。「我生了個外星人。」她突然冒出這麼一句，這讓我吃了一驚，因為他看起來是那麼實在，至少對我而言是。當我們開車回到市區，兩人都深感找到了親人，我們倆都像外星人。

當天稍晚，我在馬克斯碰到了東尼．英格拉西亞（Tony Ingrassia），一個從辣媽媽劇場出來的編劇。他邀我在他的新戲《島嶼》（*Island*）裡擔任一個角色的朗誦。我心存疑慮，不過他把劇本給了我，承諾我不會有厚厚的舞臺妝和閃閃發光的東西。

對我來說這似乎是個容易的角色，我不必與劇中其他任何角色有關係。我演的人物叫李奧娜，完全的自說自話型，注射安非他命，語無倫次地扯著布萊恩．瓊斯。我一直就沒搞懂這齣戲講的是什麼，但它是東尼．英格拉西亞的史詩。就像《諜網迷魂》（*The Manchurian Candidate*），大家都參與了。

我穿著那件磨舊的船領衫，在眼睛周圍畫了黑色眼影，我必須表現出我最慘的樣子。我猜我的樣子跟一隻有毒癮的浣熊差不了多少。我有一場嘔吐的戲，那不成問題，我只要在臨吐前幾分鐘含上一大口磨碎的豌豆和玉米糊就行了。但有天晚上排練時，東尼拿出注射器，若無其事地說：「裝裝樣子就行了，你懂的，從手臂裡拔一點血出來，這樣觀眾就以為你真的在注射。」

我差點暈過去。我連看都不敢看那個針筒，更別說往手臂上打了。「這個我沒辦法。」我說。

他們都很震驚。「你沒打過嗎？」

從我的打扮看來，所有人都理所當然覺得我吸毒。我拒絕打針。最後他們在我手臂上塗了熱蠟，然後東尼教我該怎麼演。

羅柏覺得這件事太好玩了，覺得我應該被這樣整一次，還沒完沒了地拿這件事取笑我。他當然知道我有針頭恐懼症，他喜歡看我上臺表演。他每一場排練都來看，盛裝打扮的他看起來能夠勝任角色。東尼．英格拉西亞端詳著他說：「看起來挺棒啊，希望他也會演戲。」

「把他放在一把椅子上，」韋恩．康蒂插嘴道：「什麼也不用做。」

羅柏一個人睡，我去敲他的門，門沒鎖。我站在那看著他睡覺，就像我第一次見到他時那樣。他依然是當初那個一頭牧羊人亂髮的男孩。我坐到床邊時他醒了。他一隻手臂撐在床上，笑了。「想鑽進來嗎，『中國』？」他開始搔我癢。我們扭打在一起，笑個不停，然後他跳了起來。「我們去科尼島吧！」他說：「我們倆再拍一次照片。」

我們把喜歡的事都做了一遍。在沙灘上寫名字，去了耐森餐廳，在遊樂園裡遛達。我們找到上次那個老人，再拍了一次照片，在羅柏的堅持下，我騎上了老人的毛絨道具小馬。

我們一直玩到黃昏才登上回程的F線地鐵。「我們還是我們。」他說。他握著我的手，我靠在他肩上，在回家的地鐵上睡著了。

可惜，我們新拍的照片後來弄丟了，不過我自己騎小馬的那張，寂寞又有點挑釁的那張，保留了下來。

羅柏坐在紙箱上，我為他讀著我的新詩。

「你應該讓更多人聽到。」他像往常一樣地說。

「有你聽，就夠了！」

「我想讓每個人都聽到。」

「不，你難道要我在該死的茶會上讀嗎？」

但不可否認，我被羅柏說動了心，他從傑勒德．馬倫加那裡得知，週二有詩人吉姆．卡羅（Jim Carroll）主持的一段自由表演時間，他向我保證我也能上臺朗誦。

我同意一試，選了兩首我覺得適合表演的詩。我已經記不清我讀了些什麼，卻清楚記得羅柏穿了什麼：一條他自己設計的牛仔金色皮套褲。我們討論過該配什麼樣的襠布，最終又決定不要那東西了。這天七月十四日是法國革命紀念日，我開玩笑地預言那些詩人一看他就會被殺頭。

我一下就喜歡上了吉姆・卡羅。他看起來很美，留著一頭赤金色的長髮，瘦而結實，穿著黑色的Converse高筒運動鞋，性格也很好。依我看，他就是阿蒂爾・韓波和神聖的傻瓜帕西法爾（Parsifal）的合體。

我的寫作風格，正從法國散文詩的拘謹，轉向布萊斯・桑得拉斯（Blaise Cendrars）、馬雅科夫斯基和葛瑞格里・柯索的虛張聲勢。他們為我的作品注入了幽默和那麼點神氣活現的氣勢。羅柏向來是我的第一個聽眾，光是讀給他聽就培養我不少自信。我聽垮掉派詩人和小奧斯卡・布朗（Oscar Brown Jr.）的朗誦錄音，研究韋切爾・琳賽（Vachel Lindsay）和阿特・卡尼（Art Carney）這樣的抒情詩人。

一天晚上，《島嶼》最後一次排練結束，我無意中遇到了吉姆，他正在雀兒喜外面閒逛，吃著刨冰。我問他要不要同去甜甜圈店喝一杯難喝咖啡。他欣然同往。我告訴他我喜歡在那裡寫東西。第二天晚上，吉姆帶我到42街上的比克福德餐廳去喝了難喝咖啡。他告訴我傑克・凱魯亞克喜歡在那裡寫東西。

吉姆住在哪我不太清楚，不過他太多時間都待在雀兒喜飯店。第三天晚上他跟我回了家，過了一夜；我已經有太久沒對羅柏以外的人有過感覺了。

羅柏並沒有感到隔閡，因為我能認識吉姆也多虧他的幫忙。他們很合得來，而且令人高興的是，我們住在羅柏隔壁似乎沒有什麼不自然。羅柏經常住在大衛家，他好像很高興看到我不再是孤單一人。

我以自己的方式全心全意地對待吉姆。他睡著了我幫他蓋上毯子，早晨我會為他買好甜甜圈和咖啡。他沒什麼錢，對自己無傷大雅的海洛因癮也毫無愧意。有時候我會陪他一起去買毒品，我對這些毒品一無所知，只在《凱恩之書》(*Cain's Book*)裡讀到過，亞歷山大．特羅基（Alexander Trocchi）在書中描述了一個癮君子，他在一條往來於紐約諸河的駁船上寫作，海洛因在他的靈魂之河上穿梭。吉姆在他長著雀斑的手上注射毒品，就像黑暗版的《頑童歷險記》主角。我把目光轉向別處，問他疼不疼。他說不疼，不用擔心。然後我會坐在他身邊，聽他吟誦華特．惠特曼，坐著就睡著了。

在我白天工作的時候，羅柏和吉姆會去時代廣場散步。他們倆對42街上的底層世界有著共同的熱愛，閒逛中還發現兩人都對當牛郎有同好。吉姆賺錢是為了買毒品，羅柏是為了繳房租。即使到了這時候，羅柏也還在質問自己做這些事的動機。他被外界認定的性向讓他不舒服，他質疑自己當牛郎到底是為了錢還是為了快感。這些話題他都可以和吉姆聊，吉姆不會批判他。他們都從男人身上賺錢，而吉姆對此毫不在乎，對他而言，那只是生意罷了。

「你怎麼知道你不是同性戀？」羅柏會這樣問他。

吉姆說他肯定不是。「因為我一直都是為了錢。」

快到七月中時，我付清了第一把吉他的尾款。那是在第八大道上的一家當鋪用預付訂金、餘額結清後取貨的方式買的，是一把馬丁（Martin）牌的小型木吉他，一把典型的「客廳吉他」。琴上有一個小小的青鳥貼花，還有一條五彩的編織背帶。我買了一本巴布．狄倫的歌譜，學了幾個簡單的和絃。一開始聽起來還不算太差，但越彈就越難聽了。我不懂吉他是要調音的。我把吉他拿到馬修那裡去，他幫我調好琴。然後我才想到，不管這把琴何時走音，我都可以找到音樂人幫忙，只要他們願意配合。雀兒喜的音樂人多得是。

我已經寫好了詩歌〈不明之火〉（Fire of Unknown Origin），遇到巴比，我把它變成了我的第一首歌。我掙扎著想在吉他上找幾個和絃來伴奏，然後把它唱給羅柏和珊蒂聽。

死亡來了，穿著女士長裙掠過走廊
死亡來了，穿著禮拜服騎行在高速路上
死亡來了，我束手無策
死亡走了，必定也留下了什麼

珊蒂尤其興高采烈。那掠過走廊的長裙說的就是她。

參加《島嶼》的演出，給了我一種我有表演能力的信念。我一點也不怯場，而且樂於設法從觀眾身上得到回應。但我在心裡告誡自己，我不是一塊表演的材料。當演員似乎和當兵差不多：你必須為了更好的什麼犧牲自己，你必須相信這個理由，我就是無法放棄更多的自我去成為一名演員。

扮演李奧娜，印證了我那尚不自覺的怪咖性格。不知道我能不能算一個演員，反正獲得惡評是我的強項。這齣戲在社會上反應不錯。安迪．沃荷每晚都來，也很有誠意與東尼．英格拉西亞合作。田納西．威廉斯（Tennessee Williams）手挽著坎迪．達林出席了最後的演出。如魚得水的坎迪，因為能出現在這位偉大劇作家身邊而狂喜不已。

我或許可以虛張聲勢，但我知道我缺乏演員同事們那種熱情和悲劇美。那些與多家劇院合作的演員，無一不盡心盡力，在艾倫．史都華（Ellen Stewart）、約翰．瓦卡羅（John Vaccaro）和名聲赫赫的查理斯．路德拉姆（Charles Ludlam）這樣的導師手下苦幹。我雖沒有選擇他們追求的方向，卻對我學到的東西心存感激。還要經過一段時間，我的劇場經驗才會派上用場。

因為中央公園的那場大雨，珍妮絲．喬普林在八月裡又回來了，她看起來開心極了。珍妮絲對錄音充滿了期待，圍著紫紅、粉色和紫色的羽毛圍巾華麗地進了市區。她去哪都圍著它們。演出非常成功，結束後我們都去了下百老匯附近的一個藝術家酒吧「雷明頓」。她的隨行人員把屋裡坐得滿滿的：邁克．波拉德、《全數歸還》封面上那個穿紅裙的姑娘莎莉．格羅斯曼（Sally Grossman）、布萊斯．馬登、「挖掘者」運動創始人的埃默特．格羅根（Emmett Grogan）和女演員塔斯黛．韋爾德（Tuesday Weld）。點唱機正在放查理．普賴德（Charlie Pride）。珍妮絲幾乎整晚都和一個她喜歡的帥哥待在一起，但就在打烊之前，那人卻和一個更漂亮的諂媚女人溜掉了。珍妮絲受了很大刺激。「這種事老是發生在我身上，兄弟。又是一個寂寞夜了。」她在巴比的肩頭抽泣著。

巴比叫我把她送回雀兒喜，務必照顧她。我把她送回她的房間，在她哀嘆自己命不好的時候陪在她身旁。走之前，我告訴她我為她寫了一首小歌，並且唱給她聽。

我苦幹著

為讓世界看到我
哦，我從不曾夢想
自己必須這樣做
世界旋轉，照片一張張
我多喜歡隨著人群歡笑
當愛從座無虛席的劇場
悄然溜走
可是寶貝啊
人群散去
我回去發現自己仍孤單
不敢相信
我不得不獻出你

她說：「這就是我，兄弟。這就是我的歌。」我要走了，她對著鏡子整理著她的圍巾。「我看起來怎麼樣，兄弟？」

「你就像顆珍珠，」我回答：「珍珠[7]般的姑娘。」

吉姆和我在唐人街度過不少時光。每次跟他出去都像一場未知的冒險，像騎上盛夏的浮雲。我喜歡看他和陌生人打交道。我們會去鴻發餐館，因為那裡便宜，餃子也不錯，他還會和店裡的老人們聊天。他們上什麼就吃什麼，或者指著別人桌上的菜，因為菜單都是中文。他們擦桌子時會先朝桌上潑熱茶，然後拿抹布擦。整個屋裡都飄著烏龍茶香。有時候吉姆只是接過一個話題，和某位尊者模樣的老人聊起來，老人們會帶我們穿越他們生命的迷宮，穿越鴉片戰爭和舊金山的鴉片館。然後我們會從默特街流浪到莫柏里，再到23街，回到我們的時代，彷彿一切都沒有發生過。

我送了他一把自鳴箏當生日禮物，還趁史克萊柏納午休時間為他寫了一首長詩。我希望他能當我的男朋友，但結果證明沒什麼指望。試圖去表達我的激情使我變得更多產，同時我也相信我寫得更好了，但我還是永遠都成不了他的靈感源泉。

吉姆和我有過一些非常甜蜜的時光，也肯定有一些低潮，但我的記憶是為懷舊和幽默服務的。我們度過的那些渙散的日夜，像濟慈般異想天開，又如折磨我們的蝨子般粗魯；彼此都斷定蝨子是被對方傳來的，雀兒喜飯店每一個無人看管的浴室裡，我們都曾在裡面用克威爾除蝨洗髮精洗頭。

7 Pearl是珍妮絲·喬普林的綽號，也是她1970年死後發行的專輯標題。

紐約23街的逃生梯。

他人不怎麼可靠，遇事會逃避，而且有時會嗑太多藥無法對話，但他寬容、單純，而且是一個真正的詩人。我知道他不愛我，但我還是愛慕他。最終他還是漸行漸遠，只留給我一縷赤金色的長髮。

羅柏和我去找哈利。哈利正在跟一個朋友討論，該由誰來保管一隻特別的灰色玩具羊羔。那玩具跟個孩子一樣高，附輪子，繫著一條長長的紅絲帶：是艾倫·金斯堡的夥伴彼得·奧洛夫斯基（Peter Orlovsky）的羊。他們把它交付給我，我想這一定會讓羅柏抓狂，因為我保證過不再收留孤獨的垃圾或是壞掉的玩具。「你必須拿著，」羅柏說著，把絲帶交到我手中，「這是史密斯收藏的經典物件。」

幾天後，馬修不知從哪裡冒出來，還帶來一箱四十五轉唱片。他迷上了菲爾·史佩克（Phil Spector）；看起來菲爾製作的每張單曲這裡都有。他緊張地瞥向屋裡。「你有什麼單曲唱片嗎？」他不安地問。

我起身翻遍了洗衣間，找到我裝唱片的盒子，一個奶油色布滿了音符的盒子。他立刻開始清點我倆的收藏。「我就知道，」他說：「我就知道我們數目剛好。」

「剛好做什麼？」

「剛好可以一晚聽一百張唱片。」

我覺得有道理。從〈我把心賣給了收破爛的〉（I Sold My Heart to the Junkman）開始，我們一張接一張地放唱片，每首歌都是那麼好聽。我一躍而起開始跳舞，馬修像個瘋狂的ＤＪ一樣不停地幫唱片翻面。唱片放了一半時，羅柏進來了。他看了看馬修，看了看我，又看了看唱機。

驚艷合唱團（The Marvelettes）正在唱著。我說：「你還在等什麼呢？」他的外衣滑落到地板上，接下來還有三十三張唱片要放。

這是一個惡名昭彰的地方，二〇年代這裡曾是電影協會影院，三〇年代時是魯迪．瓦利（Rudy Vallée）主持的喧鬧西部鄉村俱樂部。在四〇和五〇年代，偉大的抽象表現主義藝術家和導師漢斯．霍夫曼（Hans Hoffman）在三樓開課，為傑克森．波拉克、李．克拉斯納和威廉．德庫寧這些人上課。六〇年代，這裡是一代人俱樂部（Generation Club），吉米．韓崔克斯常在那裡泡著，俱樂部關門後，他接手了這地方，把它變成8街52號裡的頂級錄音室。

八月二十八日，那裡舉辦了一個開幕派對。沃托克商行負責媒體宣傳，我從沃托克的珍．佛里曼（Jane Friedman）那兒得到了我夢寐以求的邀請函。她也為伍斯塔克音樂節做過宣傳。我們是在雀兒喜透過布魯斯．魯道認識的，她對我的作品很有興趣。

這件事讓我很興奮。我戴上草帽朝市中心走去，但當我到了那裡，卻怎麼也不敢進去。正巧吉米・韓崔克斯出現在樓梯上，發現我像個花瓶一樣坐在那裡，他咧嘴笑了。他得趕飛機去倫敦參加維特島音樂節。我告訴他我很膽小不敢進去，他溫和地笑著，說他也跟一般人認為的相反，很靦腆，參加派對總令他緊張。他在樓梯上陪我待了一會兒，告訴我他想要用這個錄音室做些什麼。他夢想著能聚集世界各地的音樂家。這樣他們就能帶著他們的樂器來到伍斯塔克，在地上坐成一圈，彈啊，彈啊。什麼調，什麼速度，什麼旋律都不重要，他們能一直彈，直到度過不和諧階段，找到一種共同的語言。最後，他們將在他的新錄音室裡，把這種抽象的世界性音樂語言錄下來。

「和平的語言，你喜歡嗎？」我喜歡。

我不記得我是不是真的進了那間錄音室，不過吉米的夢想再也不可能實現了。九月，我跟妹妹和安妮一起去了巴黎。珊蒂・戴利在航空公司有熟人，幫我們拿到了便宜的機票。這一年裡巴黎已經變了，我也變了。似乎整個世界都在慢慢蛻去純真。或許，是我看得太清楚了一點。

我們走在蒙帕納斯大道上，我再一次看到令我痛心的新聞頭條：*Jimi Hendrix est mort. 27 ans.* 我知道這是什麼意思：吉米・韓崔克斯去世，時年27歲。

吉米・韓崔克斯再也沒機會回到伍斯塔克創造世界性語言了，也再不可能到「電動女士」錄音了。我覺得我們痛失了一位好友。我回想起他的背影，那刺繡背心，還有他跨上樓梯的長腿，那也是他最後一次邁進這方天地。

十月三日，史蒂夫・保羅派車接我和羅柏去東菲爾莫見強尼・溫特。強尼會在雀兒喜住幾天。他演出結束後，我們聚集到他的房間。他之前才在吉米・韓崔克斯的守夜活動上表演過，我們又一起哀悼了這位吉他詩人的離去，並在談論他的過程中尋得一點安慰。

沒想到第二天晚上，我們又聚在強尼的房間裡再一次相互慰藉。我的日記裡只寫了一個人名：珍妮絲・喬普林。她因毒品使用過量死在洛杉磯「里程碑」飯店的105號房，時年二十七歲。

強尼受了刺激。布萊恩・瓊斯、吉米・韓崔克斯、珍妮絲・喬普林，他馬上就聯想到他們名字裡的字母J，恐懼與悲痛一併湧上心頭。他特別迷信，擔心下一個就會是自己。羅柏試圖安撫他，但又對我說：「不能怪他，這事情確實太詭異了。」他建議我看看強尼的塔羅牌怎麼說。我看了，牌上暗示有一個矛盾力量的漩渦，但沒說會有危險。不管有沒有塔羅牌，強尼的臉上並沒有死亡的氣息。他這個人不比尋常，非常精明。即使「J俱樂部」的多起死亡令他焦躁，發狂地在屋裡走來走去，他仍是一副決不會坐以待斃的樣子。

我精神渙散，好像又卡住了，手邊都是沒寫完的歌和丟棄的詩。我盡可能地深入，然後碰壁，撞上我自己想像中的壁壘。後來我認識了一個朋友，告訴我他的秘方，非常簡單：既然撞上牆，就破牆而入。

★

陶德．朗德葛蘭帶我到「村之門」去看一個叫「聖潔的變態賭王」（Holy Modal Rounder）樂團的表演。陶德已經做完自己的專輯《小不點》（*Runt*），正想製作點別的有意思的東西。像尼娜．西蒙和邁爾斯．戴維斯（Miles Davis）這樣的大牌會在村之門樓上演出，更小眾的樂團被安排在地下室。我一直沒聽過「聖潔的變態賭王」，我知道《逍遙騎士》裡用了他們的〈鳥之歌〉（Bird Song），不過肯定有意思，因為能吸引陶德的總是些不尋常的東西。

聆聽迷幻民謠樂團演出，會恍若置身一場熱烈喧囂的阿拉伯民間舞會。我看好那個鼓手，他就像是個逃犯，在員警查看別處的時候溜到鼓的後面。演出行將結束時，他們表演了一首叫做〈怒不可遏〉（Blind Rage）的歌，隨著他在鼓上的重擊，我心想：這個人真正體現了搖滾樂的精髓和靈魂。他身上兼具了美、力量和動物性魅力。

我們去了後臺，有人把我介紹給這位鼓手。他說他叫「瘦影」。我說：「很高興認識你，『瘦』。」我提起我在幫一本叫《Crawdaddy!》的搖滾雜誌寫稿，我想寫一篇文章介紹他。這個主意似乎讓「瘦」很高興。我開始宣揚我的觀點，說他多麼有潛力，搖滾樂如何如何需要他，他只是點點頭。

「哦，這我倒沒好好想過。」他回答得簡明扼要。

我肯定《Crawdaddy!》會接受這篇寫搖滾樂未來救贖的文章，「瘦」也同意到23街來接受採訪。他被我那亂糟糟的屋子逗得很開心，四肢攤開躺在我的小地毯上，講起了他自己。「瘦」說他是在拖車上出生的，吐露了一段很長的故事。他很有話聊。在這場快樂的角色對調中，他變成了敘述者。他的故事可能比我的更荒誕不經。他的笑很具感染力，他堅毅、聰明，也富於直覺。在我眼裡，他就是那種能言擅道生活豐富的牛仔。

接下來的日子，他會深夜出現在我門外，靦腆而誘人地咧嘴一笑，我會抓起我的外套和他一起出去散步。我們從不走離雀兒喜太遠，然而這座城市卻似乎消失在山艾樹裡，零落的碎片像風滾草般在風中變形。

十月裡，一股冷鋒掠過紐約，我要命地咳嗽起來。我們閣樓裡的暖氣很不穩定，就好像這不是給人住的地方，一到夜裡暖氣就不暖了。羅柏經常住在大衛那裡，我則會把我們所有的毯子都蓋上，看《小露露》漫畫，聽巴布．狄倫，一直熬到很晚。

我因為長智齒，整個人能量耗盡。醫生說我貧血，叫我吃紅肉、喝黑啤酒，這也是波特萊爾孤獨地拖著病體在布魯塞爾的冬日裡艱難跋涉時所得的建議。

我比可憐的波特萊爾要足智多謀一些，我穿了一件口袋很深的格紋外衣，從格里斯泰迪斯超市偷了兩小塊牛排，打算用祖母的鑄鐵鍋在輕便電爐上煎。在街上我意外地遇到「瘦」，兩人第一次在晚上以外的時間散步。我實在擔心肉會壞掉，最後不得不向他招認，我口袋裡有兩塊生牛排。他看著我，試圖分辨我是不是在胡說，然後把手伸進我的口袋，在第七大道當街掏了一塊牛排出來。他佯裝訓誡地搖搖頭說：「好吧，親愛的，我們吃了它。」

我們上了樓，我點起電爐，吃掉了剛起鍋的牛排。從那以後，「瘦」就隨時關心起我吃飽了沒。幾天後他來看我，問我愛不愛吃「馬克斯」的龍蝦，我說我還真沒吃過，他似乎很震驚。

「你沒吃過那裡的龍蝦？」

「沒有，我沒在那邊點過餐。」

「什麼？穿衣服，我們去弄點吃的。」

我們坐計程車到了「馬克斯」。他自信地走進密室，不過我們沒坐圓桌。接下來他為我點餐：「給她來一份你們這裡最大的龍蝦。」我感覺到所有人都把目光投向我們。我也忽然想到，我從沒和羅柏以外的任何男人來過「馬克斯」，何況「瘦」還是個大帥哥。當我那隻佐以融化奶油的巨大龍蝦端上來時，我又忽然想到，這個鄉下帥哥可能沒錢付帳。

我正吃著龍蝦，發現賈姬・柯帝士對著我打手勢。我猜她也想吃點龍蝦，那不是問題，我把一隻肥肥的蝦鉗包在餐巾裡，跟著她走進了洗手間。賈姬劈頭就開始質問我。

「你怎麼會跟山姆・謝普（Sam Shepard）在一起？」她脫口而出。

「山姆・謝普？」我說：「哦，不，這人叫『瘦』。」

「親愛的，你不認識他啊？」

「他是『聖潔的變態賭王』樂團的鼓手。」

她在皮包裡手忙腳亂地一通亂翻，蜜粉飛揚得到處都是。「他是外百老匯最大牌的編劇，林肯中心正上演他的戲，他都得過五座奧比獎了！」她一邊不假思索地說著，一邊畫著眉毛。我狐疑地盯著她，這意想不到的真相，就好像茱蒂・嘉蘭（Judy Garland）和米奇・魯尼（Mickey Rooney）的某部音樂劇裡的情節大轉折。

「哦，不過對我來說無所謂。」我說。

「別傻了，」她激動地抓著我說著：「他能把你帶進百老匯。」賈姬的那種表達方式，能把很隨性的互動變得像B級片誇張畫面。

賈姬把龍蝦鉗還給了我。「不用了，謝謝，親愛的，我瞄上的是更大的獵物。

你幹嘛不帶他來我這桌坐坐，我很想跟他打招呼。」

呃，我並不垂涎百老匯，也不打算把他當成一個戰利品到處炫耀，不過至少我知道他一定付得起帳了。

我回到桌邊，直盯著他看。「你叫山姆吧？」我問。

「嗯，對，是這麼回事，」他像演員W．C．菲爾茨（W. C. Fields）一樣慢聲慢語地說。不過這時甜點上來了，一客加巧克力醬的香草聖代。

「山姆是個好名字。」我說：「你一定可以成功。」

他說：「吃你的霜淇淋吧，佩蒂．李。」

在羅柏忙碌的社交生活裡，我覺得自己越來越格格不入。他帶我去喝茶，去吃飯，偶爾還去參加派對。那些餐桌上所擺的成套餐具，光是叉子、湯匙就比五口之家需要用的還多。我就是不懂，吃飯的時候我們為什麼要分開坐，不懂我為什麼要跟不認識的人聊天。我只能苦悶地等著下一道菜端上來，沒有人像我這麼不耐煩。然而當我看著羅柏以一種我不曾見過的安逸自在與人交流，幫別人點菸，說話的時候吸引住他們的目光，又不得不欽佩他。

他慢慢進入了一個更上流的社會。某種程度，他的社會轉型比性向轉型更令我難以承受。對於他雙重的性，我只需要去理解和接受就好了。但如果要在社交方面跟得上他，我將不得不改變我的方式。

有些人，生性叛逆。讀了南茜・米爾福德（Nancy Milford）寫的塞爾妲・費滋傑羅的故事，她桀驁不馴的精神深得我心。我想起與母親經過商店櫥窗時，我曾經問為什麼沒有人打破它。她解釋說，社會上有心照不宣的行為準則，而那是我們身為社會人和平共處的方式。我們來到了一個一切都被前人安排好的世界，一想到這個，我就感覺受到禁錮。我竭力壓抑著破壞性的衝動，不斷以創造性的衝動取代之。不過，那個憎恨規則的小我並沒有死。

我向羅柏講起童年的我有打破櫥窗的願望，他還拿這件事取笑我。

「佩蒂！不行啊，你是個壞胚子啊！」他說。不過我不是。

沒想到，山姆對這個小故事有共鳴。他倒是馬上就能想像出我穿著棕色小鞋，渴望引發一陣騷亂的樣子。當我告訴他有時我想踹櫥窗的衝動，他只是說：「踹吧，佩蒂・李。我會保釋你的。」和山姆在一起，我可以做我自己，他比任何人都懂那種不能釋放內心天性的滋味。

羅柏對山姆不感興趣，他正鼓勵我變得更優雅，因而擔心山姆只會縱容我粗俗不恭的作風。他們提防著彼此，也一直沒能彌合這道嫌隙。在外人眼裡，這或許因為他們性格大不相同，但在我看來，這是因為他們兩個都是我內心最在乎的堅強男人。拋開用餐禮儀不說，我在他們兩人身上分別發現了某種我也有的東西，帶著幽默和得意接受了他們之間的矛盾。

受到大衛的鼓舞，羅柏拿著他的作品探詢著一間又一間畫廊，但都毫無結果。但他並不退怯，另尋對策，他決定在生日那天在雀兒喜飯店的史丹利．阿莫斯畫廊展覽他的拼貼作品。

羅柏做的第一件事就是去蘭姆斯頓廉價用品店。那裡比伍爾沃思小，也便宜些。我們都喜歡找盡藉口去突襲他們的過季庫存：紗線、紙樣、鈕釦、日常用品、《紅皮書》（*Redbook*）、《電影故事》雜誌（*Photoplay*）、香爐、節日賀卡、家庭號包裝的糖果、髮夾和絲帶。羅柏一堆一堆地買他們的經典款銀色相框。一美元一個，非常受歡迎，你甚至能看到女作家蘇珊．宋塔這樣的人也在買。

為了發出獨一無二的邀請函，他拿出了在42街買的軟色情（soft-porn）[8]撲克牌，把展覽資訊印在背面，然後裝在一個從蘭姆斯頓買的牛仔風格仿皮證件夾裡。

這次展覽的是羅柏的怪胎主題拼貼，不過他還為畫展準備了一幅相當大的祭壇背景裝飾畫。我的一些個人物品也被他用在畫面裡，包括我的狼皮、一條刺繡絲絨女用圍巾和一個法國的耶穌受難像。因為他挪用了我的東西，我們還小吵了

8 又稱「軟核色情」，一種電影、攝影或色情書刊的類型，沒有「硬核色情」那麼露骨。

一架，不過最後還是我讓步，羅柏認為反正不會有人買走，他只是希望別人能看到。

展覽地點在雀兒喜飯店510套房。房間裡擠滿了人。羅柏和大衛一起出現。環顧四周，我能追溯到我們在這間飯店的整個歷史。羅柏最大的擁護者之一，珊蒂·戴利，正眉開眼笑。那幅祭壇裝飾畫讓哈利大吃一驚，他要在他的電影《馬哈哥尼》（*Mahagonny*）裡把它拍進去。《頭髮》（*Hair*）音樂劇的導演之一傑羅姆·拉格尼（Gerome Ragni）買走了一幅拼貼畫。收藏家查理斯·科爾斯（Charles Coles）約好日後討論購買事宜。傑勒德·馬倫加和勒內·里卡德（Rene Ricard）在跟唐諾·萊昂斯和布魯斯·魯道聊天。在羅柏的作品前，大衛就是一個舉止優雅的主持和代言人。

那些畫都是我看著羅柏創作的，觀察賞畫的人群則是另一種情感體驗，畫作已經走出了我們的私密世界。這是我一直希望的，但與別人分享它，還是多少刺痛了我的佔有欲。而比這種感覺更重要的，是我看到了羅柏的喜悅，他的臉上寫滿了肯定，如同瞥見了他曾如此堅決找尋、又如此努力達成的未來。

和羅柏的預期相反，查理斯·科爾斯買走了那幅祭壇裝飾畫，我再也沒能拿回我的狼皮、我的圍巾和我的耶穌受難像。

★

「那女人死了。」巴比從加州打電話來，告訴我伊迪・塞奇薇克死了。我不認識她，但我還是少女的時候，曾在《時尚》雜誌上看到過一張她的照片，她在床上足尖點地地旋轉，背後掛著一幅馬的畫。她看起來沉著自如，好像全世界只剩下她一人。我把照片撕下來貼到我的牆上。

巴比似乎為她的早逝悲痛不已。「為這位小姐寫首詩吧！」他說，我答應了。為像伊迪這樣的女孩寫輓詩，我必須在自己身上找到某種女人的感覺。我必須思量身為女人意味著什麼，由這個在白馬跟前跳舞的女孩帶路，我步入了我存在的核心。

我陷入一種垮掉派情緒裡，各種權威書籍一落一落地堆著。《神聖的野蠻人》（*The Holy Barbarians*）。《憤怒的青年》（*The Angry Young Men*）……仔細翻翻，我還找到一些雷・布雷瑟（Ray Bremser）的詩。他讓我真正地投入。雷有一種人聲薩克斯風的氣質，當語言像線性的音符般湧出，你能感受到他那份即興的從容。受到啟發，我放了一些柯川的唱片來聽，但沒產生什麼效果，只是自娛自樂罷了。楚門．卡波堤（Truman Capote）曾譴責凱魯亞克是在堆字而非寫作。但凱魯亞克將他的身心注入了一捲捲的電傳打字紙，在他的打字機上猛敲。而我，我才是在堆字，我懊惱地一躍而起。

我翻開垮掉派選集，找到喬治．曼德爾（George Mandel）的《誘人的海》（*The Beckoning Sea*）。我輕聲地讀，然後放聲朗誦，去感受他字裡行間的大海和浪潮加速的節奏。我一鼓作氣，又讀了柯索和馬雅可夫斯基，然後又回到大海，好讓喬治推我離岸。

羅柏躡手躡腳地走進來，坐下，點著頭，他全神貫注地傾聽著。我那永遠不朗誦的藝術家，隨後俯身從地上撿起了一些詩頁。

「你該對你的作品好一點。」他說。

「我不知道我在幹嘛！」我聳聳肩：「可是我沒辦法不這樣，我現在就像一個亂劈亂砍的盲人雕塑家。」

「你需要向世人展現你的能力，為什麼不朗誦一場呢？」

寫作正在加重我的挫敗感；它不夠實在。他告訴我他有主意了。「我幫你辦一場朗誦會，佩蒂。」

我完全沒期待過這麼快就辦詩歌朗誦會，但這個想法勾起了我的興趣。我一直在寫詩愉悅自己和身邊可數的幾個人。也許是時候該看看自己能否過得了葛瑞格里這一關。在心裡，我知道自己已經準備好了。

我也在幫《Crawdaddy!》、《馬戲團》和《滾石》這樣的搖滾雜誌寫稿。那個時代，音樂記者仍然是一種崇高的職業。保羅・威廉斯（Paul Williams）、尼克・托希斯（Nick Tosches）、理查・梅爾策（Richard Meltzer）和山迪・珀爾曼（Sandy Pearlman）這些作者都是我所敬重的。我以波特萊爾為榜樣，他曾寫過一些關於十九世紀藝術與文學最具特色的評論文章。

在我收到的一堆有待評論的唱片裡，有一套洛特・倫亞（Lotte Lenya）的雙專輯。我決心要讓大家都知道這位偉大的藝術家，於是打了電話給《滾石》雜誌的楊・溫納（Jann Wenner）。我以前從沒跟他說過話，他似乎被這個請求弄糊塗了。但當我一指出在專輯《全數歸還》的封面上，巴布・狄倫手裡拿的就是洛特・倫亞的專輯，他就欣然同意。有我之前寫伊迪・塞奇薇克的詩打頭陣，我努力詮釋倫亞作為藝術家和一個剛柔並濟女人的雙重角色。我傾注在這篇文章上的情感也融入我的詩歌，給了我另一種自我表達的模式。我原本不認為他們真的會發表這篇文章，但楊收到後打電話來，說我雖然講話口氣像個卡車司機，卻寫了一篇優美的好文章。

幫搖滾雜誌寫稿也讓我接觸到我欣賞的作者。山迪・珀爾曼給了我一本《搖滾時代II》（*The Age of Rock II*），那是喬納森・艾森（Jonathan Eisen）編的選集，收錄了前一年裡最優秀的音樂評論。最觸動我的是一篇蘭尼·凱（Lenny Kaye）關於無伴奏合唱的溫暖而增長知識的文章。它帶我一起尋根，回到青春期的街角，男孩們聚在一起唱三聲部的節奏和藍調歌曲。它也和當時一些憤世嫉俗、自命清高的批評論調形成反差。我決定要找到他，感謝他寫了這樣一篇鼓舞人心的文章。

蘭尼在市中心布利克街上的「鄉村老歌」工作，在一個週六晚上我順路拜訪了他。店裡的牆上掛著車輪蓋，還有好幾櫃的四十五轉老唱片。基本上只要是你能想到的歌，都能從那幾堆蒙灰的唱片裡挖出來。在後來的拜訪中，只要店裡沒客人，蘭尼就會播放我們共同喜愛的單曲，我們會隨著「多維爾兄弟」（The Dovells）的〈布里斯托頓足舞〉（Bristol Stomp）起舞，或是跟著莫琳·格雷（Maureen Gray）的〈就在今天〉（Today's the Day）跳「81」舞。

「馬克斯」裡的圈子在更替。「地下絲絨」的夏日駐場吸引了新的搖滾樂擁護者。圓桌邊經常坐滿了音樂人、搖滾媒體和像丹尼·戈德堡（Danny Goldberg）這樣的音樂生意密謀革新者。你能在莉蓮·羅克松（Lillian Roxon）、麗莎·羅賓遜（Lisa Robinson）、丹尼·菲爾茨和那些正在把密室漸漸據為己有的人身邊找到蘭尼。你仍然可以期待霍利·伍德勞恩神氣十足地走進來，安德列婭·費爾德曼（Andrea Feldman）在桌子上跳舞，賈姬和韋恩揮灑漫不經心的光輝，但他們作為「馬克斯」焦點的日子已經屈指可數了。

我和羅柏在那裡待的時間少了，我們追求著自己的圈子。然而「馬克斯」還是折射出了我們的宿命。羅柏開始拍「沃荷居民」的照片，即使他們正在離去。我藉由寫作和最終的演出，與身在其中的那些人一起，慢慢陷入了搖滾樂的世界。

山姆在雀兒喜租到一個附陽臺的房間。我喜歡待在那裡，能在飯店裡重新擁有一個房間真好。我想什麼時候洗澡都可以。有時候我們就坐在床上讀書，我讀「瘋馬」，他讀貝克特（Samuel Beckett）。

就我們共同生活一事，山姆和我長談過一次。那時他向我透露他結婚了，才剛生了兒子。或許那是年少輕狂時的草率，但我並不認為不負責任的方式會對彼此造成怎樣的影響。我見了他的妻子奧蘭，一個年輕有才氣的演員。我從不期望他離開她，我們心照不宣地共處著。他常常出門，留下我獨自待在他的房間裡和他的東西為伍：他的印度毛毯、打字機和一瓶Ron del Barrilito三星級蘭姆酒。

羅柏聽說山姆已婚之後表示震驚。他最後會離開你的，他這樣說，但這我早就知道。他認為山姆是個靠不住的牛仔。

「那你也不會喜歡傑克森．波拉克。」我回嘴說，羅柏只聳了聳肩。

我在寫一首獻給山姆的詩，向他對房車的迷戀致敬。這首詩叫〈壞小子之歌〉

（Ballad of a Bad Boy）。我從打字機裡把它抽出來，在房間裡踱著步，大聲地朗讀。成功了，它有了我所找尋的能量和韻律，我去敲羅柏的門。「想聽我念點東西嗎？」我說。

儘管我們這段時間沒有在一起，羅柏外出找大衛，我和山姆為伴，可是我們還是有交集；我們的創作。正如羅柏承諾的，他決意為我辦一場朗誦會。他代表我去找傑勒德．馬倫加，傑勒德正計畫二月在聖馬克教堂裡朗誦，他慷慨地同意讓我來為他開場。

即使對那些造詣最高的詩人而言，由安妮．瓦爾德曼（Anne Waldman）帶領的「詩歌計畫」仍是大家嚮往的論壇。從羅柏．克里利（Robert Creele）到艾倫．金斯堡，再到泰德．貝雷根（Ted Berrigan）都在那裡朗誦過。如果我真的打算表現我的詩歌，那裡是最好的地方。我的目標不是簡單地把詩讀好，或者不丟人現眼。我的目的是要在聖馬克一戰成名，我是為了詩歌，為了韓波，也是為了葛瑞格里。我要在文字創作中注入搖滾樂的速度快感和正面衝擊力。

陶德建議我要狠一點，給了我一雙蛇皮的黑靴子穿。山姆建議我加上音樂，我把雀兒喜的音樂人想了一遍，然後想起蘭尼．凱說他會彈電吉他，我跑去找他。

「你會彈吉他，是吧？」

「對，我喜歡彈吉他。」

「好，那你能用電吉他表現一場車禍嗎？」

「行啊，可以。」他毫不遲疑地說，並且答應為我伴奏。他帶著他的吉布森Melody Maker電吉他和一個小芬德（Fender）音箱來了23街，我正在背我的詩，他進來了。

朗誦會計畫於一九七一年二月十日舉行。茱蒂・林拍了一張我和傑勒德在雀兒喜飯店前微笑的照片，準備用在宣傳單上。我尋找著與那天有關的好預兆：滿月、布雷希特誕辰。都不錯。出於對布雷希特的愛，我決定用〈刀子麥克〉（Mack the Knife）作為我朗誦的開場。蘭尼伴奏。

那是無與倫比的一夜。傑勒德・馬倫加是有著非凡感召力的詩人表演藝術家，吸引來了眾多沃荷世界的菁英，從路・瑞德到勒內・里卡德，從布麗吉德・柏林（Brigid Berlin）到安迪本人。蘭尼的朋友也來捧場：莉蓮・羅克松、理查與麗莎・羅賓遜、理查・梅爾策、羅尼・霍夫曼（Roni Hoffman）和山迪・珀爾曼。還有一個雀兒喜代表團，包括佩姬、哈利、馬修和珊蒂・戴利。與會詩人有約翰・喬諾（John Giorno）、喬・布雷納德（Joe Brainard）、安妮・鮑威爾和貝爾納黛特・梅爾（Bernadette Mayer）。陶德・朗葛蘭帶來了GTOs樂團的克莉絲蒂娜小姐。葛瑞格里在他靠走道的座位上不安地挪動著，等著看我的表演。羅柏和大衛一起進來，坐在前排中間。山姆從包廂圍欄裡探出身來，催促我開始。氣氛緊張了起來。

安妮・瓦爾德曼把我們介紹給觀眾，我整個人都亢奮起來。我把這個夜晚獻給從該隱到惹內的罪人們。我選的是像〈誓言〉（Oath）這樣的詩，它以一句「耶穌是為別人的罪而死／不是我的」開始，接著用〈不明之火〉（Fire of Unknown Origin）做了和緩的轉折。我為羅柏朗誦了〈魔鬼長了個肉刺〉（The Devil Has a Hangnail），為安妮朗誦了〈為我淚流成河〉（Cry Me a River）。〈掛圖藍調〉（Picture Hanging Blues）是以傑西・詹姆斯（Jesse James）女友的角度寫的，加上副歌，比我以前寫的都更像首歌。

在蘭尼的強悍節奏和弦和迴盪全場的電音的伴奏下，我以〈壞小子之歌〉結束了朗誦。這是聖馬克大教堂裡第一次奏響電吉他，激起了歡呼與奚落。這裡是詩歌的聖地，所以有一些反對者，不過葛瑞格里仍然興高采烈。

前臺響起如雷歡呼。這場演出釋放出所有我潛藏的傲慢。到了後來，我體內充滿了腎上腺素，以至於舉止像隻趾高氣昂的公雞。我沒有感謝羅柏和傑勒德，也沒和他們的人交際。我只和山姆匆匆逃走，去喝了兩杯龍舌蘭，吃了龍蝦。

我度過了我的輝煌之夜，真讓人興奮，但我認為應該繼續前進，把它忘了比較好。我不擅長面對這一切。我知道我傷害了羅柏的感受，他卻始終不掩飾我帶給他的驕傲。然而我必須弄清楚，我似乎有截然不同的另外一面；我不確定它和藝術之間是怎樣的關係。

因為那場詩歌朗誦，突然間各種邀請如轟炸般落下。《*Greem*》雜誌同意出版我的一組詩；倫敦和費城有人要我去做朗誦會；中土圖書公司要出我的平裝口袋詩歌集；還可能和史蒂夫．保羅的藍天唱片簽約。這些一開始都讓我受寵若驚，後來似乎成了尷尬，它的反作用甚至比讚美我的髮型更加極端。

一切都發生了，讓我覺得，來得太容易了。羅柏都沒這麼輕易得到過什麼，我信奉的詩人們也不曾有過這些。我決定放棄，我回絕了唱片約，辭掉史克萊柏納書店的工作，改為每週五到史蒂夫．保羅幫忙。我有了更多自由，錢也賺得多了一點，史蒂夫卻始終在問我，為什麼寧願替他做飯和掃鳥籠，而不去灌唱片。我不太相信自己就是掃鳥籠的命，但我也知道簽下那紙合約並不合適。

我想起了從瑪麗．桑多茲（Mari Sandoz）寫的《瘋馬：沃格拉拉族的怪人》裡學到的東西。「瘋馬」相信他會在戰鬥中取勝，但如果他停下腳步從戰場上拿走戰利品，他就會被擊敗。他在馬的耳朵上紋了閃電的圖形，這樣他騎在馬上時，看到它就能提醒自己。現在的我要實踐這一課，小心不要拿走那並非理所當然屬於我的戰利品。

我決定紋一個類似的刺青。我坐在大廳裡，在筆記本上畫著閃電圖案，一個奇特的女人走了進來。她頂著一頭紅色亂髮，肩上趴著一隻活的狐狸，她滿臉都是精細的刺青。我意識到如果去掉這些刺青，人們將會看到一張瓦莉的臉——那《左岸之戀》封面上的女郎。很久以前她的照片就在我的牆上佔據一席之地了。

我直截了當地問她能不能幫我紋膝蓋。她盯著我，點頭默許。幾天後，我們安排好在珊蒂．戴利的房間裡由她幫我刺青，珊蒂把過程拍了下來，她以前拍過羅柏扎乳環，這次就像輪到我完成入會儀式一樣。

我想自己去，不過山姆也想在場。「瓦莉」的技藝很原始：一枚銜在嘴裡的大號縫衣針，一根蠟燭，還有一瓶墨藍色墨水。我決心默默忍住，安靜地坐著，她在我膝蓋上刺著閃電。刺完了我之後，山姆也請她在他的左手上刺一個。她一針一針地在他拇指和食指之間的「蹼」上刺著，直到一輪新月掛上天際。

一天早上，山姆問起我的吉他怎麼不見了，我告訴他我把它給了我的妹妹金柏莉。那天下午，他帶我去東村裡的一家吉他行。牆上掛著木吉他，就像在當舖裡那樣，只有臭脾氣的店老闆才會一副不想失去其中任何一把的樣子。山姆叫我隨便選哪個都行，我們看了很多「馬丁」，其中有些吉他還鑲嵌著珍珠母，很漂亮，但真正吸引我目光的是一把破舊不堪的黑色「吉布森」，一把一九三一年經濟大蕭條時期的產物。背板被砸過也已修復，弦鈕的齒輪也生鏽了。但它身上的某種什麼俘虜了我。我想是因為看它這副樣子，除了我也再沒別人想要了吧！

「你確定想要的就是它嗎？佩蒂．李？」山姆問我。

「就是它了。」我說。

山姆花二百美元買下了它，我想老闆會在心裡竊笑吧！沒想到他卻追到街上對我們說：「要是你不想要了，我再把它買回來。」

山姆為我買了把吉他，這真是個溫柔體貼的表示。它讓我想起賈利．古柏（Cary Cooper）演的電影《火爆三兄弟》（*Beau Geste*）。他飾演Beau Geste，一個法國外籍軍團的士兵，以犧牲自己的名譽為代價，保護了養育他的女人。我決定為這把吉他取名叫「博」（Bo），Beau的簡寫。這樣它就能讓我想起山姆，那個其實是愛上了吉他的男人。

「博」這把我至今保有並珍愛的吉他，成了我吉他中的功臣，我大部分的歌都是用它寫的。第一首就是寫給山姆，也許是我預見他將離去吧！工作和生活中的內疚在向我們步步逼近。

山姆和我還像以前一樣親密，但對他來說遲早是要離開的，這個我們都明白。一天晚上我們沉默地坐著，思考著同一件事。他一躍而起，把他的打字機抱到床上。「我們來寫個劇本吧！」他說。

「寫劇本我可一竅不通啊！」我答道。

「這很簡單，」他說：「我來開頭。」他這樣地描述了我在23街的房間：車牌、漢克．威廉斯的唱片、玩具小羊、地上的床墊，然後介紹他自己的角色，瘦影。

然後他把打字機往我這一推，說：「該你了，佩蒂．李。」

我決定幫我的角色取名叫卡瓦勒。這名字來自一個叫艾伯丁·薩拉津（Albertine Sarrazin）的法裔阿爾及利亞作家，她像惹內一樣，是一個不停遊走於文學和犯罪之間的早熟孤兒。我最喜歡的作品《卡瓦勒》（*La Cavale*），法文是是逃亡的意思。

山姆說得對。寫劇本沒什麼難的。我們就是講故事給對方。角色就是我們自己，把我們的愛情、想像力和輕率魯莽在《牛仔嘴》（*Cowboy Mouth*）裡譯成密碼。或許這不是個中規中矩的劇本，我們把這場奇遇的結尾儀式化了，為山姆創造一個逃亡的壯麗出口。

卡瓦勒在故事裡是名罪犯，她綁架了瘦影，把他藏在她的小窩裡。這兩個人，既相愛也爭吵，更創造了一種他們自己的語言——即興詩歌。當寫到要用詩一般的語言即興創作一場辯論的部分時，我臨陣退縮了。「我辦不到。」我說：「我不知道該說什麼。」

「說什麼都行。」他說：「即興創作寫錯也沒什麼。」

「那要是搞砸了呢？要是我把節奏破壞了呢？」

「不會。」他說：「這就像打鼓。你錯過一拍，就再創造一拍。」

在這樣簡單的一來一往裡，山姆教我即興創作的秘訣，這秘訣我用了一輩子。

四月底，《牛仔嘴》在46街西的美國普雷斯劇院首演。在劇中，卡瓦勒試圖把瘦影重新塑造成她心中的搖滾樂救世主。瘦影一開始為這個主意而陶醉，也為卡瓦勒傾倒，但最後不得不告訴她，自己圓不了她的夢。瘦影回到他的世界、他的家庭和他的責任身邊，丟下了卡瓦勒，也釋放了她。

演出成功令山姆興奮，但將自己送上舞臺也讓他倍感壓力。在羅柏．格勞蒂尼（Robert Glaudini）的指導下，排練充滿變化、大家興致昂揚，而且不受觀眾限制。第一場預演是給當地小學生看的，當孩子們笑著、歡呼著鼓勵我們時，讓我們放心了許多，我們就像是在跟他們合作。但正式預演時山姆卻好像覺醒了，不得不面對現實生活中的人們及他真實的問題。

第三天晚上，山姆消失了，我們終止了演出。就像瘦影一樣，山姆回到他的世界、他的家庭和他的責任身邊。

然而置身劇中也教我認識了自己。我想不出卡瓦勒那個「有著牛仔口音的搖滾基督」形象能怎樣用於我所做的事，但在我們歌唱、辯論和逗對方說話的時候，我發現家中的我已站上了舞臺。然而我不是演員，我沒法在生活和藝術之間劃清界限。臺上的我一如在臺下。

在離開紐約去加拿大的新斯科細亞省之前，山姆在信封裡留了些錢。他要我好好照顧自己。

我的這位印第安風格牛仔，他看著我。「你知道，你為我築的夢想並不是我的夢想。」他說：「也許那些夢想對你更有意義。」

★

我站在人生的十字路口，不知該走哪邊。羅柏沒有因為山姆走了而洋洋得意。史蒂夫·保羅提供我機會跟其他音樂人一起去墨西哥寫歌，羅柏還鼓勵我去。墨西哥有兩樣是我喜歡的：咖啡和迪亞哥·里維拉。六月中我們抵達了阿卡普爾科，住在一棟大海景別墅裡。歌我沒寫多少，咖啡倒是喝足了。

一場危險的暴風雨把大家都趕回了家，不過我沒走，最後經洛杉磯回到紐約。我就是在那兒看到了巨大的「門」樂團新專輯《洛杉磯女人》（*L. A. Woman*）看板，上面是一個被釘在電線桿上的女人。一輛車從身邊駛過，車上的電臺裡傳出他們的新單曲〈風暴騎士〉（Riders on the Storm）。我自責，我幾乎忘記了吉姆·莫里森對我有多麼重要的影響，是他引領我走上把詩歌融入搖滾的道路，我決定要去買這張專輯，為他寫一首有力的作品。

但我剛回到紐約，他在巴黎去世的消息就從歐洲傳開了。有那麼一兩天，沒有人能確定究竟發生了什麼。吉姆死在他的浴缸裡，原因不明；那是七月三日，也是布萊恩·瓊斯的祭日。

當我走上樓梯的時候，我知道情況不妙。我聽到羅柏哭喊著：「我愛你！我恨你！我愛你！」我撞開羅柏工作室的門，他正盯著一面橢圓形的鏡子，鏡子的一側是一條黑鞭子，另一側是他數月前噴繪的一張魔鬼面具。他正在經歷一場糟糕的迷幻體驗，善與惡的較量。魔鬼正向他逼近，改變著他的面容，變得像那張面具一樣扭曲、血紅。

我對這種狀況毫無經驗。回想起我在雀兒喜吃藥那次他是怎樣幫助我的，我一邊平靜地和他說話，讓他鎮定下來，一邊把面具和鏡子從他眼前拿開。一開始他像看陌生人一樣看著我，但很快他吃力的呼吸就緩和了。他筋疲力盡地隨我坐到床上，把頭枕在我腿上睡去。

他的雙重性令我憂心，我主要是怕他苦惱。剛認識他的時候，他的作品映射出對上帝兼愛天下的信仰。然而他偏離了軌道，天主教徒對善與惡的執著重新跳了出來，就好像他必須要二選一似的。他已經和教堂決裂，現在它正在他體內坍塌。迷幻體驗放大了他的恐懼：他已與更黑暗的力量無可挽回地結了盟，他的浮士德協議。

羅柏喜歡把自己說成魔鬼，半開玩笑，或只為顯得與眾不同。我坐著看他繫上一塊皮革的襠布。他無疑更像酒神而不是撒旦，渴求著自由和更進一步的體驗。

「你不需要變得邪惡才算與眾不同，」我說：「你原本就與眾不同，藝術家本來就自成一格。」

他抱了抱我。那塊襠布抵住我。

「羅柏。」我尖叫著：「你太壞了！」

「我早就告訴過你。」他眨著眼說。

他出門，我也回到自己那邊。透過窗戶，我看著他匆匆走過基督教青年會。這個藝術家兼牛郎，也是個好兒子和輔祭。

我相信他會再度接受這樣的理念：世界上沒有純惡，也沒有純善，只有純粹本身。

羅柏沒有收入可投入嗜好，他繼續同時以幾種不同形式進行創作。經濟條件允許的時候他就拍照，有現成的材料他就做項鍊，他還用能找到的材料創作裝置作品。但攝影對他產生的吸引力是毋庸置疑的。

我是他的第一個模特兒，第二個是他自己。他從拍我（也包含我的收藏或者他的祭典道具）開始，逐漸發展為拍裸像和半身像。後來大衛替我分擔了一些任務，他是羅柏最完美的繆斯。大衛上相而且靈活，對羅柏的某些特別構想態度也很開放，比如一絲不掛而穿著襪子，赤身裹在黑網裡，或在嘴裡塞上一個領結。

他仍然在用珊蒂・戴利的 Land 360 蛇腹拍立得相機。設定和功能都很有限，但技術簡潔，也無需測光表。他會在畫面上塗一層粉色的蠟質塗層以保護照片。若是忘了塗，照片就會慢慢褪色。他會把拍立得的整個裝備都用上：底片盒、拉片，有時甚至會用上以感光劑處理過的半成品。

因為底片的價格高，他必須使每張照片都成功。他不喜歡犯錯或浪費底片，這大大鍛鍊了他銳利的視角和果敢的作風。他一絲不苟又精打細算，一開始是出於無奈，後來變成習慣。看著他突飛猛進是一件欣慰的事，尤其我也參與其中。作為藝術家和模特兒，我們的信念很簡單。我相信你，我也相信自己。

★

一名新的重要人物走進了羅柏的生活。大衛把羅柏介紹給大都會美術館的攝影館館長——約翰．麥肯德里（John McKendry），他老婆是梅沁．德拉法雷斯（Maxime de la Falaise），紐約上流社會的領軍人物。約翰和梅沁為羅柏提供了一個入口，進入一個他所能期待、最具魅力的世界。梅沁是一位手藝精湛的廚師，她會精心策劃晚宴派對，那些端上桌鮮為人知的菜肴，多靠她自行鑽研英國幾世紀以來的烹調學問。賓客對每一道精緻菜餚也能對應以別具風味的談吐。她桌邊代表性的常客有：比安卡．傑格（Bianca Jagger）、梅麗莎（Marisa Berenson）和貝里（Berry Bererson）、東尼．

珀金斯（Tony Perkins）、喬治・普林頓（George Plimpton）、亨利・蓋爾德查勒（Henry Geldzahler）、戴安娜（Diane von Fürstenberg）和埃貢（Egon von Fürstenberg）。

羅柏想帶我去接觸這個社會階層；他覺得我可以和這些有意思的、懂藝術的人搭上線，希望這能對我們有所幫助。和平時一樣，這件事在我和他之間不止製造了幽默的衝突。我的穿著不得體，在他們中間我覺得尷尬，再不然就是無聊，我在廚房晃的時間比待在餐桌邊多。梅沁對我很有耐心，而約翰似乎能真正理解我作為一個局外人的感受。或許他也感到格格不入吧！我真的挺喜歡他，他也想方設法讓我能夠自在一點。我們會坐在他家的拿破崙式坐臥兩用長沙發上，他用原汁原味的法語讀韓波的《彩畫集》給我聽。

約翰在大都會美術館地位特殊，所以他能夠進入收藏庫，那裡放著美術館的所有攝影收藏，其中很多從未開放展示過。約翰的專長是維多利亞時代攝影，他知道我也非常喜歡。他邀請羅柏和我去參觀那些作品。扁平的檔案箱從地板一直堆到天花板，金屬架上和抽屜裡裝著早期攝影大師們的佳作：福克斯・塔爾博特（Willam Fox Talbot）、艾爾弗雷德・施蒂格利茨（Alfred Stieglitz）、保羅・史川德（Paul Strand）和湯瑪斯・埃金斯。

能掀開照片上的薄紙，真正地觸摸它們，感受那紙質和藝術家的手法，給了羅柏極大的衝擊。他專注地研究著它們的紙張、工藝流程、構圖和光影的強度。

「這真的就是光的藝術啊！」他說。

約翰把最激動人心的作品留到最後。他一張接一張地分享了那些公眾看不到的照片，包括施蒂格利茨拍的喬治婭．歐姬芙（Georgia O'Keeffe）精緻的裸體。照片是在他們關係最好的時候拍的，透過那份親密，可見兩人共同的智慧和歐姬芙的陽性美。羅柏關注技術層面的時候，我專注地望著歐姬芙就像施蒂格利茨所注視的那樣，不見雕飾。羅柏關心如何拍攝照片，我關心如何成為照片。

這次的秘密參觀，是約翰第一次表現山對羅柏支持鼓勵的複雜情感。約翰欣賞羅柏的作品，幫他買了一臺屬於他自己的拍立得，還為羅柏從拍立得公司爭取了一筆補助金，提供了他所需的全部底片。這些來得正是時候，羅柏對攝影的興趣正與日俱增，唯一令他卻步的就是貴得離譜的底片。

約翰不光在美國為羅柏打開社交圈，還把他推上國際，因為不久他就帶著羅柏到巴黎赴一趟美術館的公差。這是羅柏第一次出國。他在巴黎的視野富麗堂皇。羅柏的朋友露露是約翰的繼女，羅柏在花神咖啡館寫信給我時，他們正在和伊夫．聖羅蘭及其合夥人皮埃爾．貝赫傑（Pierre Bergé）共飲香檳。在明信片裡，羅柏說他正在拍雕塑的照片，他第一次把對雕塑藝術的愛融入了攝影。

約翰對羅柏作品的熱愛，出人意料地蔓延至羅柏本人。羅柏接受了約翰送的禮物，利用了約翰為他打開的機會，但從來沒把約翰當成戀人。約翰這個人敏感、易變、體弱多病，沒有哪一樣是吸引羅柏的。羅柏欣賞約翰的妻子梅沁，堅強又富於野心，出身完美。或許是他對約翰的感受一貫漫不經心，隨著時間的流逝，他發現自己捲入一場毀滅性的浪漫執著。

羅柏不在的時候，約翰會來找我。他有時會帶來禮物，比如從巴黎買的小紐花金戒指，或者一本魏崙或馬拉美的特別翻譯版本。我們聊路易士．卡羅和朱麗亞．瑪格麗特．卡梅隆（Julia Margaret Cameron）的攝影，但他真正想聊的是羅柏。表面上看，約翰的悲哀可歸咎於一廂情願，可是我跟他相處越久，越覺得更深層的原因似乎是他那解釋不清的自我厭憎。約翰是那麼地熱情洋溢、好奇和友善，我想不出他為何如此妄自菲薄。我盡我所能地安慰他，卻無法真正安慰到他；羅柏對他的感情，永遠只限於當他是朋友和導師。

在《小飛俠》的故事裡，有一個「迷失的孩子」就叫約翰。有時在我看來，約翰就是那樣，一個蒼白纖弱的維多利亞式男孩，總是追著彼得．潘的影子。

除了盡全力提供攝影所需的器材，約翰．麥肯德里再給不了羅柏更好的禮物了。讓羅柏神魂顛倒、欲罷不能的不僅是攝影的過程，還有攝影的藝術地位。他無休止地和約翰討論這個問題，而約翰那種故步自封讓他很鬱悶。羅柏覺得以約翰在大都會美術館的地位，應該更努力地讓攝影獲得與繪畫和雕塑同等的尊重和評論水準。而約翰，正在籌辦一個保羅．史川德的大展，他雖與攝影結緣，卻沒有提升其藝術地位的潛在意識。

我沒料到羅柏會徹底屈服於攝影的力量。我鼓勵他拍照，是為了讓照片和他的拼貼、裝置融為一體，希望看到他繼承杜象的衣缽。但羅柏轉移了焦點。照片不只是他達到目的的手段，而更反客為主。沃荷就是一個在所有創作元素上徘徊的人，他啟發了羅柏，但也讓他深陷其中。

羅柏決定做點安迪不曾做過的事。他已經幫天主教聖母和耶穌像毀過容了；也把畸形人和施虐受虐引入了他的拼貼。安迪視自己為被動的觀察者，而羅柏終將投入行動，他將接觸和記錄以前只能透過雜誌圖片才能接近的東西。

他開始另闢蹊徑，拍他複雜的社交生活中所結識的那些人，從瑪麗安・菲絲佛（Marianne Faithfull）到有刺青的年輕牛郎，從名聲顯赫到聲名狼藉者。不過他總是回到他的繆思身邊。我覺得自己不再是他理想的模特兒了，可是他對我的異議置之不理。他看我，比我看自己看到得更多。他每次從拍立得底片上撕下圖像時，都會說：「有你我就絕不會失手。」

我喜歡他的自拍像，他也拍了很多。他尊稱拍立得為藝術家的快照亭，而約翰給了他需要的所有二十五分錢硬幣。

我們應邀參加費爾南多・桑切斯（Fernando Sánchez）主持的化妝舞會，他是個了不起的西班牙設計師，以設計充滿挑釁的內衣而聞名。露露和梅沁送來一條夏帕雷利設計的復古風多綴折晚禮服。上半身是有蓬蓬袖的黑色V領連衣裙，下半身變成一條紅色的及地長裙。看上去就像白雪公主遇到七個小矮人時穿的那種。羅柏欣喜若狂。「你打算穿嗎？」他激動地說。

謝天謝地，這裙子太小了。取而代之我穿了一身黑，腳蹬嶄新的Keds白帆布鞋。大衛和羅柏繫了黑色領帶。

那是當季最富魅力的派對之一，參加者都是藝術圈和時尚界頂端人士。我覺得自己就像巴斯特．基頓（Buster Keaton）演過的角色，當費爾南多走過來時，我正獨自一人靠在牆邊。他懷疑地看看我。「親愛的，這套衣服棒極了。」他邊說邊輕輕拍著我的手，審視著我的黑外套、黑領帶、黑絲襯衫和黑緞窄管褲說：「不過這雙白球鞋，我可不敢苟同。」

「可是這是我這身戲服的重點啊！」

「戲服？你扮演的是誰？」

「穿喪服的網球員。」

費爾南多上上下下地打量我，哈哈大笑起來。「很有意思。」他說，然後領著我滿屋炫耀。他拉過我的手，一下子把我帶進了舞池。我可是從南澤西來的，我可以掌握眼前這陣勢，舞池是我的了。

我們的對話把費爾南多迷住了，他給了我一個機會，參加他即將舉行的時裝表演。我受邀和那些內衣模特兒走在一起。我還是穿著那條黑緞褲，一件爛T恤，白球鞋，戴著他那條八英尺長的黑羽毛圍巾，唱著〈安妮有個寶貝〉（Annie Had a Baby）。這是我的伸展臺處女秀，也是我模特兒生涯的開始和結束。

更重要的是，費爾南多對羅柏和我的作品都很支持，經常到閣樓來看我們的新作。在我倆都需要錢和鼓勵的時候，他還買了我們的作品。

羅柏為我的第一本小詩集拍了照片，那是一本口袋書，名為《柯達》（*Kodak*），由費城的中土圖書公司所出版。我想好了，它應該像《狼蛛》（*Tarantula*）上的巴布·狄倫封面，一張封面中的封面。我買了一些底片和一件白色飾領襯衫，穿了件黑夾克，戴了副「旅人」墨鏡。

羅柏不想讓我戴墨鏡，但他還是遷就我，拍下將用作封面的照片。「現在，」他說：「摘掉墨鏡，外套也脫掉。」他拍了更多我只穿白襯衫的照片；選出四張，擺成一排，然後拿起拍立得相紙盒，把其中一張照片放進黑色金屬框。這跟他想要的形象還有距離，於是他把它噴塗成白色。羅柏有修改材料的能力，能把它們派上意想不到的用場。他又從垃圾裡揀出三、四張，如法炮製。

他翻找著拍立得拍壞的照片，那些黑色標籤紙上寫著「請勿觸摸此處」，並把它們丟進一個用過的盒子裡。勢如破竹的羅柏就像《春光乍洩》裡的大衛·亨明斯（David Hemmings）。痴迷地專注，貼在牆上的照片，貓警探趾高氣揚地穿過他的作品地帶。帶血的足跡，他的腳印，他的標記。就連片中亨明斯的那句話，也彷彿成了一句潛臺詞，成了羅柏的私密咒語：**真希望我有成噸的錢／那樣我就自由了／自由了做什麼？／做所有事。**

★

正如韓波所說：「新的風景，新的喧囂。」我和蘭尼·凱在聖馬克表演過後，一切都在加速運轉。我和搖滾圈的關係更緊密了。很多有名的作家，像戴夫·馬什（Dave Marsh）、東尼·格洛弗（Tony Glover）、丹尼·戈德堡和山迪·珀爾曼都參加了那次活動，我也得到更多的寫作邀約。《Creem》雜誌同意出版一組詩。它將象徵著我詩歌的首次重要發行。

對於我應該做什麼，山迪·珀爾曼尤其有遠見。我雖未準備好實現他對我未來的特別規劃，對他的洞察力卻一直很感興趣，因為山迪的腦袋裡裝了從畢達哥拉斯的數學到音樂守護聖人聖塞西莉亞（St. Cecilia）在內的所有東西。只要是你能想得出來的主題，他的觀點背後都有大量知識的支持。對吉姆·莫里森的狂熱是他神秘感性的中心，莫里森在他的神話裡地位極高，他甚至會效仿他穿起黑色的皮衣和皮褲，外束一條寬大的銀色貝殼式皮帶，那是蜥蜴王[9]的招牌行頭。山迪說話很幽默，語速也快，常戴著墨鏡，掩護了那雙冰冷的藍眼睛。

在他看來，我就像在帶領一支樂團，這是我還不曾想到的，我甚至覺得沒有這個可能。但和山姆・謝普在《牛仔嘴》裡創作、表演過歌曲之後，我確實萌生了探索歌曲創作的欲望。

山姆已經介紹我認識了李・克拉布崔（Lee Crabtree），一個跟「他媽的」樂團（The Fugs）和聖潔的變態賭王樂團合作的作曲家兼鍵盤手。他在雀兒喜有個房間，一書桌滿滿堆的都是作品，厚厚幾疊誰也沒聽過的音樂。他看上去總有點不大自在，長著雀斑，紅頭髮塞在一頂水手冬帽底下，戴眼鏡，絡腮鬍也有點發紅，根本看不出他還是不是年輕人。

我們從我寫給珍妮絲的那首歌開始，那首她永遠唱不到的歌。他處理這首歌的方式，把它當作一架汽笛風琴那樣地去演奏它。我本身就有點內向，他更內向，我們對彼此都很耐心。

他慢慢開始信任我，講了一點他的故事給我聽。他深愛著他的祖父，祖母去世後，祖父留給了他一份不多卻意味深長的遺產，其中包括他和祖父合住的紐澤西的家。他母親反對這份遺囑，利用他脆弱的情緒狀態百般阻撓，還試圖讓他出具書面

9 指吉姆・莫里森。

保證。他帶我去他和祖父合住的房子，當他坐在祖母的椅子上時，他哭了。

之後我們的排練狀況很好，我們寫了三首歌。他對〈狄倫的狗〉（Dylan's Dog）和〈不明之火〉這兩首的旋律有一些想法，最後我們以〈工作之歌〉（Work Song）收尾，就是我為珍妮絲寫的那首。好聽到我都大吃一驚，因為他為我找到了一個我能唱的調。

一天他到23街來看我。外面下著大雨，他心煩意亂。他母親已成功阻撓了那份遺囑，否定了他對祖父房產的繼承權。他濕透了，我給了他一件山迪・珀爾曼送我的T恤，那是為珀爾曼底下一支新樂團設計的原版T恤。

我盡我所能地安慰他，我們說好下次再見。但後來的一週裡他沒有再來排練。我到雀兒喜去找他。打聽了幾天之後，安妮・瓦爾德曼告訴我，他無法面對守不住遺產的打擊和遭收容的威脅，已經從雀兒喜的樓頂縱身躍下了。

我目瞪口呆。我梳理記憶，尋找著跡象。我不清楚我本來是不是能幫上他，但我們正在學著交流和分享信任。「怎麼沒人告訴我？」我問。

「我們不想讓你難受。」安妮說：「他死的時候穿的是你給他的那件T恤。」

從那以後，我唱歌時總是無法開口唱歌。我又縮回到寫作裡，歌唱卻自己來找我。山迪・珀爾曼堅信這就是我應該去做的事，把我介紹給他手下樂團的鍵盤手艾倫・拉尼爾（Allen Lanier）。他們樂團原先叫「白白軟軟的小肚子」（Soft White

Underbelly），為 Elektra 唱片公司錄了一張永遠也別想發行的專輯。現在他們叫斯托克—福里斯特樂團（Stalk-Forrest Group），但過不多久就變成「藍牡蠣教派」（Blue Öyster Cult）了。

山迪介紹我們認識有兩個動機。他覺得艾倫應該能幫我寫給自己的那些歌作曲；再來，或許我也可以為這支樂團寫點歌。艾倫出身於一個很傑出的南方家族，在南北戰爭時期他家曾出過詩人悉尼・拉尼爾（Sidney Lanier）和劇作家田納西・拉尼爾・威廉斯。他說話柔聲細語，很會鼓勵人，能與我分享對詩歌和威廉・布雷克的愛，他還能憑記憶背誦布雷克。

我們的音樂合作進展緩慢，友誼卻日益加深，很快就在工作關係之上建立了戀愛關係。不像羅柏，總是會在工作上避開這種事。

羅柏挺喜歡艾倫。他們彼此尊重，也尊重彼此和我的關係。

艾倫的加入，使大衛、羅柏和我之間達成了平衡，我們四個友善地共處著。艾倫因為樂團的關係經常出城去，但他只要在家，陪我的時間也越來越多。艾倫貼補了我們的開銷，羅柏也為經濟獨立做了一切努力。他會抱著他的作品集從這家畫廊到那家畫廊，不過得到的往往是相同的答覆。作品不錯，但很危險。他偶爾能賣出一張拼貼，或是被利奧・卡斯泰利（Leo Castelli）之類的人鼓勵一下，但總的說來，他正和年輕的尚・惹內處在相似的位置。惹內把他的作品拿給考克多和安德列．紀德看。他們知道他很棒，但害怕他的才華，也怕他的題材將他們暴露。

羅柏涉足人性的陰暗，並把它轉化成為藝術。他毫不心虛地工作著，賦予同性戀以壯麗、雄性美和令人豔羨的高貴。他不做作地創造了一種無損陰柔優雅的陽剛氣質。對自己逐漸形成的性信仰，他無意發表政治聲明或宣言。他在表現某種新的東西，某種不同於他所見、所探索過、也尚不曾被見和被探索過的東西。羅柏尋求提升男性體驗的各種方式，把神秘主義注入了同性戀。就像考克多評價惹內的一首詩那樣：「他的下流從不下流。」

羅柏永遠都不向世俗妥協，但奇怪的是，他卻很留心我的一言一行。他擔心我反抗性的舉止會妨礙我成功。可是他希望我得到的成功，卻是我最不關心的。安德魯．懷利（Andrew Wylie）領軍的創新小出版社「電報圖書」願意出版我一本小詩集，而我的作品正聚焦於跟性、女人和瀆神。

讓我感興趣的女孩有：瑪麗安．菲絲佛、安妮塔．帕倫伯格（Anita Pallenberg）、阿梅莉亞．埃爾哈特（Amelia Earhart）和抹大拉的瑪利亞（Mary Magdalene）。我會跟羅柏去參加派對，只為去看女人。她們都是很好的素材，也深諳穿衣之道。馬尾加絲質復古襯衣連身裙……其中一些被我寫進了作品。別人誤會了我的興趣。他們以為我是個潛伏的同性戀，抑或裝得像，但我只是米基．斯皮蘭（Mickey Spillane）那一型的，磨礪著我堅實、諷刺的稜角。

羅柏對我作品的內容如此關心，讓我覺得好笑。他擔心如果它太挑釁，會難以成功。他一直想要我寫一首能讓他跟著跳起舞來的歌。最後我告訴他，他有點像他爸了，一心希望我走上商業道路。但我真的沒興趣，我也一向這麼粗野。他為此憂慮，但依然認為自己是對的。

《七重天》（*Seventh Heaven*）出版的時候，羅柏和梅沁・麥肯德里一起為我辦了作者簽名會。那是一場非正式的活動，在她中央公園西邊的華麗公寓裡舉行。她親切地邀請了很多她在藝術界、時裝界和出版界的朋友。我為他們朗誦，然後從一個大購物袋裡掏出書賣給他們，一塊錢一本。因為我在麥肯德里的客廳裡推銷書，羅柏小小地訓斥了我；喬治・普林頓卻覺得我的廣告詞很有吸引力，還尤其喜歡寫伊迪・塞奇薇克的那首詩。

我們社交禮儀的差異，再怎樣令人惱火，也是帶著愛與幽默的。再怎樣不和，我們最後還是越來越像，是彼此靠近而不是彼此疏遠。我們以同樣的活力，承受住或大或小的所有事情。對我來說，羅柏和我的人生無可控制地交織在一起，就像考克多的《可怕的孩子》（*Les Enfants Terribles*）裡的兄妹保羅和伊莉莎白。我們玩著類似的遊戲，宣告找到了最鮮為人知的珍寶，我們難以界定的摯愛常常令朋友和熟人們困惑。

因為否認自己是同性戀，他受過責難；人們也指責我們不是真正的一對。但公開自己是同性戀時，他又害怕我們的關係就要毀滅。

我們需要時間去搞清楚這一切意味著什麼，我們要怎樣達成協定、重新定義我們的愛。我從他身上明白了，矛盾往往是通向真理最清晰的道路。

羅柏若是水手，山姆．瓦格斯塔夫（Sam Wagstaff）就是入港的航船。在大衛．克羅蘭德的壁爐臺上，擺著一幅戴水手帽的青年像，四分之三側面，傲慢而迷人。山姆．瓦格斯塔夫拿起它來，端詳著。「他是誰？」他問。

「就是他。」大衛這樣想，也是這樣回答的。

山姆本名山繆．瓊斯．瓦格斯塔夫二世（Samuel Jones Wagstaff Jr.），他聰明、英俊，還有錢。他是收藏家、贊助者，也是底特律美術館的前館長。他正站在人生的十字路口，繼承了一大筆遺產，置身於一場哲學性的僵局，站在精神和物質的中間點。他究竟應該放棄一切去追尋蘇菲派的道路，還是投資他尚未體驗過的某一門藝術，問題似乎突然在羅柏挑釁的凝視中得到了答案。

羅柏的作品散落在大衛的公寓裡，山姆看到了他想要的一切。

大衛相當無意識地策劃了羅柏的生活。在我看來，他就是一個傀儡大師，把新

紐約42街快照亭，1970年。

的角色帶入我們的人生舞臺，改變羅柏的人生軌跡和後來的歷史。他把約翰．麥肯德裡帶給他，為他打開了攝影的金庫大門。然後又派來山姆．瓦格斯塔夫，給了他愛、財富、友誼和一點苦難。

幾天後，羅柏接到一通電話：「那個害羞的色情攝影師在嗎？」山姆開口就問。無論男人女人，都對羅柏如飢似渴。經常有熟人來敲我的門，問我他有沒有弱點，尋求走進他心扉的方法。「愛他的作品。」我會告訴他們，但沒什麼人聽得進去。

露絲．克里格曼（Ruth Kligman）問過我，若她向羅柏示愛我會不會介意。露絲寫過一本《戀情：傑克森．波拉克回憶錄》（*Love Affair: A Memoir of Jackson Pollock*），她是那場奪命車禍的唯一倖存者，有著伊莉莎白．泰勒式的風姿。她從頭到腳精心打扮，剛邁上臺階我就聞得到香水味。她輕輕敲我的門，說是約好了來找羅柏，又對我眨眨眼。「祝我好運。」她說。

幾小時過後，她回來了；甩掉那雙露腳跟的高跟鞋，揉著腳踝。「天啊！他剛說『過來看我的蝕版畫』，結果他的意思真的是『過來看我的蝕版畫』。」

愛他的作品。這是通往羅柏心扉之路。而唯一真正領會這一點的人，有能力全然愛上他作品的人，也將是要成為他的戀人、贊助者和終生朋友的那個人。

山姆第一次來的時候我不在，但據羅柏說，他和山姆整個晚上都在研究他的作品。山姆的反應富於洞察力，令人興奮，帶著調皮的暗諷，他答應會再來。羅柏就像個少女一樣地等著山姆的電話。

他以驚人的敏捷走進了我們的生活。山姆·瓦格斯塔夫長得如雕塑一般，就像是從花崗岩上鑿下來的，是一個有著葛瑞格里·派克（Gregory Peck）嗓音的高個粗獷版本的賈利·古柏。他深情而自然。他對羅柏的吸引力不只在外表。山姆生性樂觀積極，有好奇心，和羅柏在藝術圈裡認識的其他人不同，身為同性戀的他似乎並不因此而痛苦。以他的年紀，他並不怎麼開放，但也不慚愧、不分裂，並且似乎很高興分享羅柏對開放的渴望。

山姆身體強壯，健康，思路清晰——可知在那個藥物彌漫的時代，對藝術和創作的清醒交流可是一種挑戰。他有錢但不炫耀。他也相當博學，對挑釁的思想熱忱開放，對羅柏和他的作品而言，山姆是完美的擁護者和供養人。

山姆對我們兩個都有吸引力；特立獨行的一面吸引我，特權的一面吸引羅柏。山姆正在研究蘇菲主義，他穿著樸素的白亞麻布衣和涼鞋，不事張揚，對自己給身邊人的影響似乎全無意識。他是耶魯大學畢業的，當過海軍少尉，參加過奧馬哈海灘的諾曼地登陸，是沃茲沃斯美術館（Wadsworth Atheneum）和底特律美術館的館長。從自由市場經濟到佩姬·古根漢（Peggy Guggenheim）的愛情生活，他都能以一種有教養的幽默的方式侃侃而談。

相差二十五歲的羅柏和山姆是同一天生日，這似乎決定了他們宿命中的結合。十一月四日，我們在克里斯多福街上的正宗黑人餐廳「粉紅茶杯」裡為他們慶祝。別看山姆那麼有錢，我們喜歡的地方他也都喜歡。那天晚上，羅柏送給山姆一幅照片，山姆送給羅柏一臺哈蘇相機。在我看來，這次禮物交換正是他們作為藝術家和贊助人的角色象徵。

哈蘇是一種中片幅相機，剛好可以搭配拍立得的底片夾。它性能複雜，要用測光表，可互換的鏡頭給了羅柏更大的景深，也給了他更多的選擇和靈活性，更多對光的運用和控制。羅柏已經確立了他的視覺語彙。新相機並沒有教給他什麼，只讓他恰如其分地獲得了他所找尋的東西。羅柏和山姆互贈的這份禮物，對彼此而言都再重要不過了。

★

夏末，兩輛「雙氣泡」凱迪拉克轎車整天都停在雀兒喜樓下。一輛是粉紅色，另一輛是黃色，穿套裝、戴寬邊帽的皮條客們跟這兩輛車很搭配。他們手下的女人們的衣著也和他們很搭配。雀兒喜在變化，23街上的氣氛也有了種躁狂的感覺，就像什麼地方出了問題。大家的注意力都被一場西洋棋局吸引了，年輕的美國人巴比・費雪（Bobby Fischer）要去挑戰那頭「俄羅斯大熊」，但那個夏天依然毫無邏輯感。一個皮條客被殺了；無家可歸的女人們在我們門前變得殺氣騰騰，叫罵著髒話，劫掠我們的郵件。朋友們和巴德之間的那種儀式性的辯論也辯過了頭，很多房客已經被趕了出來。

羅柏經常隨山姆一起旅行，艾倫也和樂團去巡演。他們並不想留下我一個人。我們的閣樓遭了小偷，羅柏的哈蘇和機車外套被偷了。我們從沒被搶過，羅柏很鬱悶，不光因為那臺昂貴的相機，還因為這件事所暗示的：安全感的失去和對隱私的侵犯。我哀痛著那件機車外套，因為我們在裝置裡用過它。後來，我們發現它被掛在樓外的逃生梯上。小偷逃跑的時候把它弄掉了，但拿走了照相機。那小偷大概是被我那屋的凌亂給嚇到了，但還是偷走了一九六九年我們在周年紀念日去科尼島時我穿的那身衣服。那是我最喜歡的衣服，就是照片裡的那一身穿著。它掛在我門後的鉤上，剛剛乾洗過。他為什麼偷走，我永遠不得而知。

是該走的時候了。我生活中的三個男人——羅柏、艾倫和山姆——討論解決了這個問題。山姆出錢替羅柏在邦德街買了一間閣樓，離他一個街區。艾倫在東10街上找到一間一層的公寓，可以走到羅柏和山姆那裡。他要羅柏放心，他的樂團收入足夠照顧我。

我們決定一九七二年十月二十日搬走。那天是阿蒂爾・韓波的生日。就羅柏和

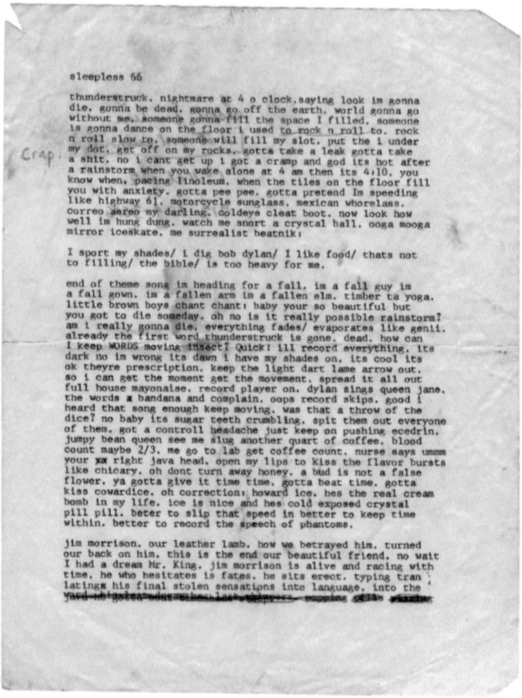

sleepless 66

Crap.

thunderstruck. nightmare at 4 o clock.saying look im gonna die. gonna be dead. gonna go off the earth. world gonna go without me. someone gonna fill the space I filled. someone is gonna dance on the floor i used to rock n roll to. rock n roll slow to. someone will fill my slot. put the i under my dot. get off on my rocks. gotta take a leak gotta take a shit. no i cant get up i got a cramp and god its hot after a rainstorm when you wake alone at 4 am then its 4:10. you know when. pacing linoleum. when the tiles on the floor fill you with anxiety. gotta pee pee. gotta pretend Im speeding like highway 61. motorcycle sunglass. mexican whorelass. correo aereo my darling. coldeye cleat boot. now look how well im hung dung. watch me snort a crystal ball. ooga mooga mirror iceskate. me surrealist beatnik:

I sport my shades/ i dig bob dylan/ I like food/ thats not to filling/ the bible/ is too heavy for me.

end of theme song im heading for a fall. im a fall guy im a fall gown. im a fallen arm im a fallen elm. timber ta yoga. little brown boys chant chant: baby your so beautiful but you got to die someday. oh no is it really possible rainstorm? am i really gonna die. everything fades/ evaporates like genii. already the first word thunderstruck is gone. dead. how can I keep WORDS moving insect? Quick! ill record everything. its dark no im wrong its dawn i have my shades on. its cool its ok theyre prescription. keep the light dart lame arrow out. so i can get the moment get the movement. spread it all out full house mayonaise. record player on. dylan sings queen jane. the words x bandana and complain. oops record skips. good i heard that song enough keep moving. was that a throw of the dice? no baby its sugar teeth crumbling. spit them out everyone of them. got a controll headache just keep on pushing ecedrin. jumpy bean queen see me slug another quart of coffee. blood count maybe 2/3. me go to lab get coffee count. nurse says ummm your xx right java head. open my lips to kiss the flavor bursts like chicary. oh dont turn away honey. a bud is not a false flower. ya gotta give it time time. gotta beat time. gotta kiss cowardice. oh correction: howard ice. hes the real cream bomb in my life. ice is nice and hes cold exposed crystal pill pill. beter to slip that speed in better to keep time within. better to record the speech of phantoms.

jim morrison. our leather lamb. how we betrayed him. turned our back on him. this is the end our beautiful friend. no wait I had a dream Mr. King. jim morrison is alive and racing with time. he who hesitates is fates. he sits erect. typing tran latingx his final stolen sensations into language. into the [illegible]

佩蒂1971年冬天創作的一篇短文Sleepless 66。

我所關心的：我們已經守住了我們的誓言。

一切都會改變，我這樣想著，邊打包我那一團混亂的東西。我在一個裝過滿滿一箱鮮洋蔥皮的文具箱上綁了一圈細繩。現在它裝的是一疊沾著咖啡漬的打字稿，那是羅柏挽救回來的，是他從地板上撿起來又用那雙米開朗基羅的手撫平的紙。

我和羅柏並肩站在我這邊的閣樓裡。我留下了一些東西——玩具小羊，一件白色降落傘絲做的外套，牆上用模板噴寫的「PATTI SMITH 1946」——向這個房間表示敬意，就像一個人灑酒敬神那樣。我知道我們此刻在想著同樣的事情：我們所經歷過的那一切，好的壞的，但也有一種釋然的感覺。羅柏握著我的手。「你難過嗎？」他問。

「我已經準備好了。」我回答。

我們正在離開布魯克林之後的生活，一直被雀兒喜的振動舞臺統領著的生活。旋轉木馬慢了下來。在我收拾過去這幾年裡積累的東西時，哪怕是無足輕重的東西，隨之浮現的也是一張張面孔的重播，其中有些我再也無法見到了。

一本傑羅姆．拉格尼給的《哈姆雷特》。他曾想讓我去演悲傷、傲慢的丹麥公主。拉格尼是《頭髮》的創作者之一，在劇中也有演出，我不打算再跨界了，但他對我的信心改善了我的自我認知。他充滿活力，肌肉結實，笑的時候嘴咧得大大的，一頭的捲髮；他會對某種瘋狂的設想興奮不已，他會跳到椅子上，高舉雙臂，就好像他必須和天花板，或者更有甚者，宇宙，分享他之所見一樣。

那條帶金星的藍色緞質袋子，是珍妮．漢米爾做給我裝塔羅牌的，而那些塔羅牌預示出安妮、珊蒂．戴利和佩姬的命運。

一個埃爾莎．佩雷蒂（Elsa Peretti）送給我的、用西班牙蕾絲做頭髮的布娃娃。馬修的口琴盒。勒內．里卡德斥責我、叫我繼續畫畫的字條。大衛鑲滿水鑽的黑色墨西哥皮帶。約翰．麥肯德里的船領衫。賈姬．柯帝士的安哥拉毛衣。

疊那件毛衣的時候，我想像著她在「馬克斯」密室那層薄薄的紅色燈光下的模樣。圈子裡正以雀兒喜一般的速度變幻著，那些曾試圖使之充滿《電影故事》魅力的人，將會發現新的門房正在遺忘他們。

很多人都無法成功。坎迪．達林死於癌症。汀克貝爾和安德列婭．費爾德曼自殺了。其他人則將自己獻祭給藥物和厄運。他們倒下了，求之若渴的明星地位已不復尋，黯淡的星辰正從空中隕落。

作為少數的倖存者之一，我無意辯護。我更願意看到他們都有成就，抓住成功的機遇。結果卻是我，得到了那匹最好的馬。

第四章

分開，但還在一起

★

我們分開住了，不過離得很近，走路就能到對方的住處。山姆替羅柏買了一層沒裝修的閣樓，位在邦德街24號。那是一條有車庫、戰後建築和小倉庫的鵝卵石小街，自從一群前衛藝術家們搬進去，大肆清理、洗刷，並刮去大窗戶的歲月痕跡，讓陽光照射進來之後，這些工業區街道便又恢復了生機。

約翰・藍儂和小野洋子在對街有處房子；布萊斯・馬登就在隔壁工作，他用一整桶的亮光顏料和小幅靜物相片將工作室神秘地裝飾一新，那些照片後來被萃取成煙霧與光影的創作。裝修羅柏的閣樓則是一件大工程。水管配線不穩定的時候，水管裡會噴出蒸汽。大片的原始牆磚隱蔽在發了黴的石膏隔板裡。羅柏拆了石膏板，清洗了牆磚，又在上面塗了好幾道白漆。最後布置成一個工作室，可以展示裝置藝術，他的天下。

艾倫總是和「藍牡蠣教派」一起在路上巡演，留我一個人在家。我們的公寓在東10街上，離聖馬克教堂只有一個街區。房子很小很漂亮，推開落地玻璃門就能看到一座花園。我和羅柏從新的住處重新來過，恢復了我們過往的生活，一起吃飯，搜集小零件，拍照片，還監督彼此的創作。

儘管現在羅柏有自己的地方了，但關於錢的那條神經，他始終鬆不下來。他不想完全依賴山姆，而且比以前更加堅定要自力更生。離開23街之後，我處於一種過渡期。妹妹琳達在斯特蘭書店幫我找到一份兼職。我買了好幾疊書，卻一本都沒讀。我在牆上貼了很多張紙，一筆也沒畫。我把吉他輕輕收進了床底下。晚上，獨自一人的時候，我就只是坐著，等待。又一次，我發現自己在思忖究竟該做些什麼有意義的事情。似乎我能想得出的，都是些不敬的或者無關緊要的事。

新年那天，我為羅伯托・克萊蒙托（Roberto Clemente）點了一根蠟燭，他是我弟弟最喜歡的球員，在淒慘的尼加拉瓜大地震賑災救援任務中墜機身亡。我責備起自己的不作為和自我放縱，決心重新投入創作。

稍晚，我坐在聖馬克教堂的地板上參加一年一度的馬拉松朗誦會。一場能令教堂受惠的活動，從午後一直持續到晚上，所有為不朽的「詩歌計畫」出過力的人都出席了。我待到朗誦會結束，在心裡和那些詩人較量著高下。我想當詩人，但又知道我永遠也融不入這群與外隔絕的人們，眼前我最不願做的事就是跟另一個圈子談社會政治。我想起我媽媽說的，你在元旦這天所做的，能預言你的一整年。我感受到了自己如聖格列哥里（Saint Gregory）整理聖樂的精神，下定決心要讓一九七三年成為我的詩歌年。

上帝有時是慷慨的，安迪・布朗（Andy Brown）很快答應出版一本我的詩集。有望在高譚書店出版作品深深地鼓舞了我。長久以來，安迪．布朗容忍我在鑽石街歷史悠久的書店裡閒逛，允許我把我的傳單擱在他們的櫃檯上。現在，帶著成為高譚作家的可能，再看到那則「**智者垂釣於此**」的書店標語，我感到一種無法言喻的驕傲。

我從床底下拖出了我的「赫密斯2000」打字機。（那臺「雷明頓」已經壞了。）山迪．珀爾曼說，赫密斯是長著翅膀的使者，是牧羊人和竊賊的守護神，於是我希望神能向我傳達一些隱語。時間我有得是。這是我差不多七年以來第一次沒有固定工作。我們的房租是艾倫繳的，我在斯特蘭書店兼差賺生活費。山姆和羅柏每天下午都帶我出去吃飯，晚上我則在我那間漂亮的小廚房裡蒸北非小米飯，如此我已別無所求。

羅柏一直忙於準備他的第一個拍立得攝影展。邀請函裝在一個奶油色的絲質信封裡：一張自拍像，拍的是鏡中他赤裸的腹部，他的Land 360蛇腹拍立得掛在腰間。手腕上的血管毋庸置疑地明顯浮現。他用一片白色圓型剪紙擋住私處，並在右下角親手蓋上了他的印章。羅柏希望展覽始於邀請函，將每張邀請函揮灑成吸引人的禮物。

開幕儀式於一月六日在光之畫廊舉行，那天也是聖女貞德的生日。羅柏送了我一枚銀鑄獎章，上面有著法國皇家鳶尾花飾的貞德肖像。參觀者擠滿了現場，皮衣男孩、變裝皇后、社會名流、搖滾小子，還有藝術品收藏家……真是一場完美的紐約大融合。這是一場正面樂觀的聚會，或許還有一股嫉妒的暗流。他那大膽而優雅的展示，將經典主題與性、花朵和肖像混合一起，各種元素等量齊觀：在一束花旁，毫無歉意地讓穿環的陰莖入鏡。對他而言，此即是彼。

★

在我試圖去寫阿蒂爾．韓波的時候，馬文．蓋（Marvin Gaye）的〈問題男人〉（Trouble Man）唱了一遍又一遍。我把他一張有著狄倫般挑釁面容的照片，貼在我很少使用的書桌上。我懶散地坐在地板上，在我的赫密斯2000上敲打著詩歌、隻字片語和一個劇本的開頭，一段我和詩人保羅．魏崙想像中的對話，爭論著阿蒂爾那無法企及的愛。

一天下午，我在地板上成堆的書和紙之間睡著了，再次進入了一個似曾相識的啟示錄般的夢境。坦克車披掛著閃閃發亮的布料，繫著駝鈴。穆斯林和基督教天使隨時準備置對方於死地，他們的羽毛散落在移動的沙丘表面。我艱難地穿過了劇變和絕望之後發現，背叛的枯林下深埋著一個被輾軋過的皮箱。而在那個越來越破爛的箱子裡，是阿蒂爾．韓波親筆寫下的偉大遺失之作。

你可以想像他在香蕉園裡閒散遛達，用科學的語言沉思。在哈勒爾這個鬼地方，他在咖啡園裡工作，騎馬爬上阿比西尼亞高原。深夜，他躺在完美光暈的月光下，月亮宛如一隻莊嚴的眼睛望著他，掌管著他的睡眠。

我被這突如其來的啟示驚醒。我要去衣索比亞找到這個小提箱，它似乎更像是個預兆而不是夢境。我會帶回那些封存在阿比西尼亞塵土中的文字，把它送給世界。我將這個夢描述給出版商、旅遊雜誌和文學基金會聽，但我發現，想像出來的韓波密件在一九七三年並不是個時髦的誘因。我非但沒有放棄，反倒對自己命中註定要找到它們信以為真。當我夢見山坡上的一棵沒有樹影的乳香樹，我相信那小提箱就埋在樹下。

我打算請山姆贊助我的衣索比亞之旅。他有冒險精神和同理心，對我的提議也感興趣。可是羅柏被這個念頭嚇壞了。他成功說服山姆，說我會迷路，會被綁架，或者被鬣狗活活吃掉。坐在克里斯多福街上的咖啡館裡，當我們的笑聲隨著濃縮咖啡的熱氣一起飄散，我告別了哈勒爾的咖啡園。感懷起碼在這個世紀裡，那安息的寶藏不會遭受打擾。

我真的想離開斯特蘭，我討厭被困在地下室裡，做著拆封庫存的工作。曾在《島嶼》中指導過我的東尼．英格拉西亞，希望我能演出一場叫〈身份〉的獨幕劇。我讀了劇本，可是沒讀懂，寫的都是我和另一個女孩的對話。經歷幾次毫無感情的排練之後，他要求我對那個女孩溫柔點。「你太僵硬，太冷淡了！」他怒吼。我得借用對妹妹琳達表達的關愛感情，努力詮釋出這份溫柔。「她們可是一對情侶。你必須把這一點表達出來。」他高舉雙臂，這讓我詫異不已，劇本裡可沒暗示要這麼演。「就假裝她是你的哪個女友就行啦！」我和東尼激烈地爭論一番，最後他竟然不可置信地大笑。「你不打針，又不是同性戀，你到底都在做什麼啊？」

我盡了最大的努力去猥褻那個女孩，就此立下決心不再演戲，我不是當演員的料。

羅柏要山姆協助我離開斯特蘭。他雇用我幫他編目整理他大量收藏的書本和卡奇納娃娃，他打算捐贈給大學。我都還沒進入狀況，就已經和傳統的雇傭關係說了再見。我再也不用打卡了，時間和金錢都是我自己的。

在〈身份〉中扮演同性戀失敗之後，我決定如果再有機會登臺，就要做我自己。我與珍·佛里曼攜手合作，她為我找了一份在酒吧讀詩的零工。珍經營一家成功的廣告宣傳公司，擁有支持邊緣藝術家的聲譽。我雖然沒受到熱烈的歡迎，卻磨練出幽默地與有敵意的觀眾鬥嘴的能力。她替我在默瑟藝術中心爭取到替紐約娃娃（New York Dolls）等樂團暖場的機會，地點就在日漸中落的百老匯中心飯店，在那棟曾經富麗堂皇的十九世紀宏偉建築裡，戴蒙·吉姆·布萊迪（Diamond Jim Brady）曾和莉蓮·拉塞爾（Lillian Russell）吃過飯，朱布力·吉姆·菲斯克（Jubilee Jim Fisk）

在大理石臺階上遭到槍擊。要說它哪裡還殘存著一點之前的壯麗遺風，便是仍駐紮於此的戲劇、詩歌和搖滾樂等豐富的文化團體。

夜復一夜地對著不易嘗鮮、難於駕馭又專為紐約娃娃而來的聽眾朗誦詩歌，根本是一種挑戰性十足的訓練。沒有樂手和隊友的配合，只有我好姊妹兵團的靈魂人物琳達扮演著工作人員、陪襯綠葉和守護天使等多重角色。她有一種自然純樸但無所畏懼的精神。我們在巴黎街頭歌唱巡演的時候，她擔起了向觀眾收錢的重任。在默瑟表演時，琳達為我準備了一套配備，包括一臺小卡帶錄音機、一個擴音器和一架玩具鋼琴。我可以朗讀我寫的詩歌，應付各種尷尬狀況，有時還用我的錄音機放一點伴奏唱歌。

每場演出結束後，珍都會從她口袋裡掏出一張五美元鈔票，說是我們對分的酬勞。隔了好了一陣子我才明白，我根本沒錢可拿，珍其實是自掏腰包。那是一段艱辛而精采的時光，到了夏天我終於步上軌道，開始有來聽我的詩的聽眾，而且他們似乎也真能和我心意相通。我喜歡以〈尿工廠〉（Piss Factory）為每場演出收尾，那是一首我即興創作的散文詩，講述我從一條無工會的生產線逃到自由之都紐約。它似乎拉近了我和聽眾的距離。

七月十三日這天星期五，在格林街與運河街的街角，地下導演傑克・史密斯（Jack Smith）住的閣樓頂上，我在吉姆・莫里森紀念會上朗誦。那是我的演出，到場的每個人都和我一起歌頌吉姆．莫里森。蘭尼．凱也在其中，儘管那晚我們沒有合作，但很快地他將成為我演出的要角。

這場自發動員的詩歌朗誦會很成功，激發了珍的靈感。她認為我們可以和蘭尼聯手，找到讓我的詩歌引吸到更多聽眾的方式。我們甚至討論要加上一臺真的鋼琴，琳達還開玩笑說這會害她失業——這一點她倒是沒說錯。珍是個頑強倔強的人，她有著老百老匯的家庭背景；她父親山姆．佛里曼是一位傳奇的經紀公關，和吉普賽．羅斯．李（Gypsy Rose Lee）、洛特．倫亞和約瑟芬．貝克（Josephine Baker）等藝人都合作過，百老匯上演的每一個故事他都看過。珍繼承了他的眼光和不屈不撓的堅定；她會找到另一條讓我們破牆而出的路。

我又回到了打字機前。

「佩蒂，不會吧！」羅柏倒抽了一口氣：「你在抽大麻。」我怯懦地抬起頭，被逮了個正著。

我看了《不速之客》（*The Harder They Come*），受它的雷鬼樂風深深打動。我聽起電影原聲唱片，追尋著雷鬼歌手Big Youth、I-Roy與U-Roy的足跡，這又讓我回到了衣索比亞。一發不可收拾，我發現了拉斯特法里派（Rastafarian）和電影《所羅門王》（*Solomon and Sheba*）的關係，以及阿比西尼亞之於韓波是怎麼回事，有那麼一刻我還打算嘗試一下他們的神聖香草。

直到被羅柏抓到我獨自坐在角落，試圖往一支空的酷斯香菸紙捲裡塞大麻，那都一直是我獨享的樂趣。我不會捲大麻菸，有點不好意思，但他坐到地板上，把我偷藏的一點墨西哥大麻裡的種子都撿出來，幫我捲了兩根細細的大麻菸。他賊笑地看著我，我們第一次一起抽。

我跟羅柏一起抽著，並沒有抵達阿比西尼亞平原，而是去了無法自已的「歡笑谷」。我跟他說大麻應該留著寫詩的時候用，不該拿來瞎玩。然而我們只是笑個不停。「走！」他說：「我們去B＆H攝影器材店。」那是我第一次在迷幻恍惚下走到外面的世界。我花了好長時間才套上靴子繫好鞋帶，找到手套，還有帽子。羅柏站在一旁大笑，看著我在原地轉圈。我終於明白為什麼等他和哈利去「霍恩與哈達特」要那麼久。

後來，儘管和從前一樣好玩，我總是獨自抽大麻，聽《嚎叫的靶子》（Screaming Target），寫下難解的文句。我從不認為大麻是一種社交性質的藥物。我喜歡用它來工作，來思考，還曾用來跟蘭尼．凱和理查．索爾（Richard Sohl）一起即興，我們三人聚在乳香樹下夢想著海爾．塞拉西（Haile Selassie）。

山姆．瓦格斯塔夫住在包厘街和邦德街街角的一棟壯觀傳統白色建築五樓。上樓的時候，我知道總會有些什麼新鮮、美妙的收藏等著我欣賞、觸摸、記載：玻璃底片、以被遺忘的詩人為主題的銀鹽相片、霍皮印第安人的圓錐形帳篷的凹版照片。在羅柏的慫恿下，山姆已經開始收藏攝影作品了，一開始還是慢熱的，帶著愉快的好奇心，然後就著了迷，就像一個鱗翅類學者走入了熱帶叢林。山姆買齊了他要的收藏，有時他看起來什麼都想要。

山姆買的第一幅照片是一件用達凱爾銀版相機拍攝的精美作品，裝在一個紅絲絨收藏盒裡，盒子上有個金色軟釦。照片賣相完美無瑕，而羅柏收藏的銀版作品是在二手店成堆的古老家庭照裡翻找出來的，相形之下黯淡許多。羅柏有時會為此鬱悶，他可是最先開始的收藏者。「我比不過他，」他多少有點懊悔地說：「我創造了一隻怪獸。」

我們三個會到書店街挖寶，第四大道兩側曾經開著一整排、布滿灰塵的二手書店。羅柏會在那些裝著舊明信片、立體視覺卡片和錫版攝影的箱子裡仔細翻找。山姆沒什麼耐心，反正他沒把價錢看在眼裡，索性買一整箱。我則站在一旁聽他倆爭吵，聽起來覺得好熟悉。

搜索書店是我的專長。偶爾，我會發現一張不可多得的維多利亞時代擺在櫥櫃上的相片卡，或者一套世紀初大教堂的重要攝影集，一次幸運的尋寶之旅，我翻到一張喀麥隆的鳥瞰照片。那是攝影收藏熱開始之前，也是能買到便宜貨的最後時光。當時仍能偶遇凹版印刷的愛德華．寇帝斯（Edward Curtis）大片幅野外攝影，山姆醉心於北美印第安人照片的美感和歷史價值，買了好幾套。後來，我們坐在他灑滿天光的寬敞、空曠的公寓地板上，欣賞著那些照片，我們不僅為那些形象，也為照片製作的工藝感動。山姆會去感受拇指和食指間的照片邊緣：「這紙有點意思。」他是這樣說的。

滿懷著嶄新的激情，山姆逛遍了拍賣行，為得到一張特別的照片還經常飛越大洋。羅柏在山姆的遠征中陪伴著他，有時也會影響到他對照片的選擇。羅柏藉這種方式，從納達爾（Nadar）到歐文．潘（Irving Penn），私下揣摩著他所敬仰的藝術家。

羅柏激勵著山姆，就像他當年激勵約翰．麥肯德里用他的職位提升攝影在藝術界的地位一樣。相對地，兩個男人也都鼓勵羅柏把攝影作為表達自我的主要形式。起初因為懷疑而僅止於好奇的山姆，現在已經皈依攝影了，他已花費了一小筆巨資，他的藏品將來會成為美國最重要的攝影收藏之一。

羅柏那臺簡單的Land 360蛇腹拍立得無需使用測光表，設定也很原始：變暗、變亮。小圖標指示距離：關閉、近、遠。以前，使用無拘無束的拍立得完美契合了他耐心不足的天性。現在他已經天衣無縫地改用了更大片幅的哈蘇，不過那臺相機在23街被偷了。羅柏在邦德街上買了一臺適用拍立得背板的格拉菲克相機。四乘五的片幅很適合他。拍立得現在生產正片和負片，沖洗第一版照片也成為了可能。在山姆的支持下，他終於有財力實現他的每一個拍攝構想，還能正式委託一位名叫羅柏・福斯迪克（Robert Fosdick）的木匠製作他精心設計的複雜相框。從這點來說，這遠比僅把他的照片用在拼貼裡走得更遠。福斯迪克能領會羅柏的感性，一絲不苟地將羅柏的速寫變成有雕塑感的相框，融合了幾何式設計、各種平面和意象，烘托出照片整體呈現的效果。

那些相框特別像羅柏在一九六八年送給我的那本速寫本裡的畫。和過去一樣，他幾乎從一開始就能構思好作品完成後的樣子，這倒是他第一次有能力完整實現這些想像。全都是託了山姆的福，自從他親愛的母親去世後，他的錢也更多了。羅柏賣掉了一些作品，不過他最想要的仍莫過於自給自足的生活。

我和羅柏在邦德街拍過很多照片。我喜歡那兒的氛圍，而且覺得我們的照片拍得真的不賴。有好多都是以刷白的磚牆為背景，牆體沐浴在紐約絢麗的燈光裡，一眼就能認出來。我們能拍出這麼好的照片，原因之一是我自己的構圖元素都不見了，畫面裡沒有我那些能讓人辨識出來或被刻意埋藏好的、雜七雜八的意圖。儘管作為情侶我和羅柏已經分開，照片裡的我們卻顯得更加親密，那些照片所展現的，除了我們對彼此的信任，別無其他。

有時我會坐在一旁，看他穿著條紋長袍自拍，然後慢慢地褪去長袍，赤身裸體地，與光線融為一體。

為我的新詩集《維特》（*Witt*）拍封面的時候，我在腦海裡構想著，封面應該呈現一種神聖的氣氛，就像印著聖像的卡片那樣。羅柏不喜歡當指導，但很自信能讓我倆都滿意。我去羅柏的閣樓沖了個澡，這樣就乾淨、清爽了。我把擋在臉上的頭髮梳開，裹了一條茶色亞麻布的舊西藏長袍。還沒拍幾張，羅柏就說他要的封面已經拍到了，不過他對後來拍的照片也相當滿意。

九月十七日那天，安迪・布朗為我舉辦了一個派對，祝賀我的新書發行和我的第一個素描展。羅柏仔細研究了我的畫，拿來展覽的作品都是他挑選的。山姆出畫框錢，珍・佛里曼的朋友丹尼斯・弗洛里奧（Dennis Florio）在他的畫廊裡幫畫作裝上了框。每個人都為了辦一次出色的展覽貢獻了一己之力。我感覺找到了自己的位置，我的畫和詩得到了賞識。看到我的作品掛在這家書店裡，意義非同小可，在一九六七年的時候這裡還無法提供短期工作給我。

《維特》和《七重天》大不相同。《七重天》的詩更輕鬆，有節奏，也口語化。《維特》則運用了散文詩，反映出法國象徵主義的影響。安迪對我的成長頗有感觸，許諾若我寫本韓波的專論他就幫我出版。

一個新計畫在我的血管中湧動，我講給羅柏和山姆聽。我的衣索比亞之旅也許無法實現，但我覺得我至少可以到法國的沙勒維爾來一趟朝聖之旅，那是韓波誕生和埋葬的地方。山姆難以抵擋我的熱忱，向我妥協了，同意贊助這趟旅行。因為巴黎沒有鬣狗，羅柏也不再反對。我決定十月動身，那是韓波出生的月份。羅柏帶我上街去買合適的帽子，我們選了一頂有羅緞飾帶的棕色軟毛氈帽。山姆把我送到一個驗光師那裡，配了一副英國「國家保健中心」樣示的眼鏡，向約翰・藍儂致敬。顧慮到我丟三落四的習慣，山姆給了我兩副眼鏡的錢，不過我卻另選了一副只有艾娃・嘉納（Ava Gardner）才能戴出感覺的不實用義大利墨鏡。那是一副白色貓眼眼鏡，放在一個押有米蘭印記的灰粗花呢盒子裡。

我在包厘街發現了一件寬鬆的草綠色橡膠絲雨衣，一件迪奧的犬牙花紋灰亞麻女式襯衫，一條棕色長褲，一件燕麥黃的無領開襟毛衣：這一整套衣服花了三十塊錢，只需稍微洗洗、補補就可以穿了。我在格紋旅行箱裡放進我的波特萊爾式領結、筆記本，羅柏多放了一張聖女貞德雕塑的明信片。山姆送了我一個衣索比亞帶回來的銀鑄科普特十字架，茱蒂・林為我裝上她的小半片幅相機，還教我怎麼用。我的朋友、詩人珍妮・漢米爾完成了她的非洲之旅，她經過了我的夢之地，帶回一大把藍色玻璃珠——傷痕累累的哈勒爾貿易珠，韓波就是用這種珠子買東西的——真是令我鍾愛的紀念品。我把珠子作為護身符收進胸前暗袋裡。

爾後我整裝待發，準備踏上旅程。

★

我那華而不實的雨衣，難以抵禦巴黎秋天陰冷的毛毛雨。我回顧了我和妹妹一九六九年夏天去過的幾個地方，然而少了她陽光般的存在，維克多・雨果站、圓頂咖啡以及那些令人迷醉的街巷和咖啡館都顯得特別寂寞。我走著，一如我們曾經那樣地走著，在拉斯佩爾大街來回往復。我找到了我們當時住的康帕涅－佩米埃爾街9號。我在雨中站了一會。早在一九六九年我就被吸引到這條街上來了，因為有那麼多藝術家都在這裡住過。保羅・魏崙和韓波。杜象和曼・雷。就是這裡，在這條街上，伊夫・克萊因（Yves Klein）沉思過他著名的藍色時期，尚盧・高達拍了他珍貴的《斷了氣》（*Breathless*）片段。我又走了一個街區，到蒙帕納斯公墓，去向布朗庫西（Constanton Brancusi）和波特萊爾致上我的敬意。

夜幕降臨，我也累了。跟隨韓波傳記作家伊妮德・斯塔基（Enid Starkie）的指引，我找到了哈斯林街上的外國人飯店。在這裡，據她所寫，阿蒂爾曾睡在作曲家卡巴內（Cabaner）的房間裡。也曾有人發現他睡在大廳，穿著一件超大的長大衣，戴著一頂皺氈帽，抖落印度大麻夢境的殘渣。前臺服務生以溫柔的幽默接待了我。我用我糟糕的法語解釋了我的使命以及我今晚為什麼非要住在這。他表示同情，但房間已經全滿。我坐在大廳發黴的沙發上，實在不能再被雨淋了。緊接著，我的好運來了，他示意我跟他走。他把我領到一扇門前，門打開，是一條蜿蜒的小樓梯。他在一串鑰匙裡找著，試過幾把之後，得意洋洋地打開了一個頂樓房間。除了一個雕刻著楓葉圖案的木箱和一張馬鬃床墊之外，房間裡空空如也。飛舞著灰塵的光線從傾斜的天窗射進屋裡。

——Ichi?（這裡？）

——Oui.（對。）

他算我很便宜的房價，多加幾法郎還多得到一支蠟燭和一些床單。我把床單鋪到馬鬃床墊上，床墊上似乎有一個高大粗獷的人形。我迅速地紮了營。夜幕降臨，我就著燭光把東西歸置好——聖女貞德的畫片、一本《巴黎的憂鬱》（*Paris Spleen*）、鋼筆和一瓶墨水。不過我寫不了東西。我能做的只是躺在馬鬃床墊上，躺進那個經年累月睡出來的壓痕裡。蠟燭在盤子裡融成一灘，我墜入了無意識，一個夢也記不得。

黎明時分，那位先生端來一杯熱巧克力和一個奶油麵包捲，我感激地享用著。我收拾起僅有的行李，穿戴好，向巴黎東站走去。我坐在皮椅上，對面是一個睡著的小男孩和他的家庭女教師。我完全不知道自己會找到什麼或者會睡在哪裡，但我相信命運。黃昏時我抵達了沙勒維爾，開始找飯店。拖著我的小旅行箱獨自趕路，沒有旅伴有點辛苦，不過總算讓我找到了——兩個正在疊床單的女人。她們似乎被我的出現嚇了一跳，滿腦子的疑惑，不會說英語。尷尬了一會兒之後，我被領到樓上一個漂亮的房間。所有的東西，就連四柱臥床的頂篷，都蓋著印花棉布。我餓到不行，享用了一份豐盛的熱湯配鄉村麵包。

然而再一次的，在房間的寂靜裡，我發現我仍寫不了東西。我早睡早起，滿懷著新的信念，匆忙穿上雨衣，走上沙勒維爾的街道。令我詫異的是韓波博物館關門了，於是我在安靜的氣氛中走過未知的街巷，尋找著公墓的方向。在一片種著巨大捲心菜的菜園後面，便是韓波的安息之所。我站了良久，看著那塊墓碑，他的名字上方鐫刻著「*Priez pour lui*」（為他祈禱）的字樣。韓波墓地已然疏於打理，我掃去了上面的落葉和一些瓦礫。我把藍色玻璃珠裝在一個石甕裡，埋在他的墓碑前，念了一小段祈禱文。因為他不可能再去哈勒爾了，我覺得，我應該帶點哈勒爾的東西給他。我拍了張照片，然後道別。

我回到博物館，坐在臺階上。韓波曾經站在這裡，鄙視所見的一切——那石磨，那石灰岩橋下疾疾流過的河水，他當年鄙視的如今都受我尊敬著。博物館仍不見有開門的意思。我正陷入一絲憂傷，一名老人，大概是看門人吧，可憐我，打開了厚重的大門。他忙著的時候，便讓我和韓波那些並不顯眼的遺物待在一起：他的地理書、小旅行包、錫酒杯、湯匙，還有繡織地毯。我看到他的條紋絲巾褶痕裡有修補過的痕跡。還有一張畫著轎子的小紙片，他會躺在那轎上，挑夫將徒步穿越岩石地帶把他帶到海邊，那裡有船能將他載往他盼望的馬賽。

晚飯我吃得簡單，燉菜、紅酒加麵包。我回到房間，卻無法忍受獨自待在房裡。換洗了衣服，穿上雨衣，我大膽地走進沙勒維爾的夜色。天色很暗，我走在寬敞空曠的韓波河濱路上。感覺有點害怕，然後，遠遠地，我看到一盞小燈，一盞霓虹燈——韓波酒吧。我停下腳步深吸了一口氣，不敢相信我的運氣竟有這麼好。我慢慢地靠近，真怕它像沙漠裡的海市蜃樓一樣消失掉。這是一間只有一扇小窗的白色灰泥酒吧。周圍一個人影也沒有。我半信半疑地走了進去。裡面光線昏暗，多是些年輕人和滿臉怒氣的客人，靠在自動點唱機上。牆上釘了一些褪色的阿蒂爾的照片。我要了一杯保樂牌茴香酒和白開水，似乎最接近苦艾酒的就是這個了。點唱機裡，查爾·阿茲納弗（Charles Aznavour）、鄉村歌曲和凱特·史帝文斯（Cat Stevens）瘋狂地混雜在一起。

我待了一下便離開了，回到飯店房間，待在飯店的溫暖和地方特產的花朵之中。**漫牆遍灑著小花，就像漫天羅布初升的繁星。**這是我筆記本上僅有的一行。我曾想像自己能寫出令人震驚的、向韓波致敬的、增強大家對我的信心的語句，可是沒有。

第二天早晨我結了帳，把我的行李留在大廳。這是禮拜天的早晨，鐘在敲著。我穿了那件白襯衫，繫著波特萊爾領結。我的襯衫有點皺，精神狀態也是。我又去了博物館，那裡總算開門了，我買了票。坐在地板上，我畫了一小幅鉛筆素描——**聖徒韓波，沙勒維勒爾一九七三年十月**。

我想買個紀念品，在杜卡爾這地方我找到了一個小跳蚤市場。我看上一個簡單的金線圈戒指，買不起。約翰．麥肯德里有一次去巴黎為我帶回來過一個類似的戒指。我還記得他躺在他那張精美的坐臥兩用沙發上，我坐在他腳邊，聽他朗讀《地獄一季》（*A Season in Hell*）裡的片段。我想像羅柏此刻就在我身邊，他若真的在，應該已買下那個戒指，戴在我手上了。

開往巴黎的列車上平淡無奇，我一度發現自己在流淚。一到巴黎，我便搭上往拉榭思神父公墓的地鐵，因為在回紐約之前我還有一件事要做。雨又下起來了。我在公墓牆外的一家花店前停下，買了一小束風信子，前往找尋吉姆．莫里森之墓。那時候還沒有路標，不怎麼好找，不過我尋著鄰近墓碑上祝福者們潦草留下的訊息一路走去。秋風掃落葉的瑟瑟聲和雨聲，在那片寂靜的映襯下變得更加清晰。在那個沒有標示的墓前，擺放著朝聖者的禮物：塑膠花、菸頭、空了一半的威士忌酒瓶、斷了線的念珠和奇怪的護身符。在他的周圍，譯成法文的歌詞塗鴉圍繞著他：*C'est la fin, mon merveilleux ami*。意即**這就是終點了，親愛的朋友**。

我感到格外輕鬆，一點也不悲傷。我覺得他可能會從薄霧中無聲地走來，輕拍我的肩膀。似乎他葬在巴黎是正確的。雨鄭重其事地下了起來。因為身上濕得厲害我想走了，卻突然間覺得邁不動步伐。我有種不安，如果不趕緊離開我就會變成石頭，變成一尊手持風信子的雕像。

遠遠地，我看到一個穿著厚重外衣的老婦人，她拄著一根長長尖尖的棍子，身後拖著一個大皮袋，她正在清理墓地。一看到我，她就用法語對我嚷起來。我請她原諒我不會說法語，但我知道她是怎麼想的。她反感地看看那墓地，看看我。所有可憐巴巴的寶貝和周圍的塗鴉對她而言只是褻瀆，沒什麼好解釋的。她搖著頭，嘟囔著，我驚訝於她能無視那如注的大雨。突然間，她轉向我，用英語粗暴地喊道：「美國人！為什麼不尊敬你們的詩人？」

那時的我很累。那時的我二十六歲。四周那些粉筆寫下的留言，就像眼淚一般在雨中消溶，在護身符、香菸、吉他撥片下面匯成涓流。在這塊埋葬著吉姆．莫里森的土地上，漂浮的花瓣就像是《哈姆雷特》裡奧菲莉亞的花束上散落的。

「呃！」她再次喊道：「回答我，美國人！你們年輕人為什麼不尊敬自己的詩人？」

「*Je ne sais pas, madame.*（我不知道。）」我回答著，低下頭。

在韓波逝世紀念日那天，我演了我的第一場「搖滾韓波」，我和蘭尼．凱又再次相聚了。演出是在時代廣場對面的外交官飯店屋頂花園舉行的，以柯特．韋爾（Kurt Weill）的經典作品〈呢喃〉（Speak Low）為開場曲，向艾娃．嘉納在《愛神輕觸》（*One Touch of Venus*）中演繹的愛神致敬，比爾．艾略特（Bill Elliott）鋼琴伴奏。加上我對韓波的愛為主題，詩歌和歌曲交相輝映。我和蘭尼重新演奏了在聖馬克教堂表演過的作品，還加上漢克．巴拉德的〈安妮有個寶貝〉。向人群中望去，從史帝夫．保羅到蘇珊．桑塔格在內的各色人物讓我們吃了一驚。這讓我第一次想到，雖然這場演出只是單一事件，但我們的確具有某種可以繼續深入的潛力。

我們也不太確定能在哪裡實現夢想，因為百老匯中心已經垮了。我們當時的音樂是那樣難定義，似乎也沒有合適我們的地方。但我們已經有了觀眾，我相信我們可以帶給他們一些東西，也希望蘭尼能成為我永久的搭檔。

珍使出渾身解數為我們找地方演出，那真不是什麼輕鬆的事。偶爾我也會在一家酒吧裡讀詩，但在我大部分的朗誦時間裡，都在跟喝多了的酒吧老主顧吵架。這些經歷大大磨練了我強尼．卡森（Johnny Carson）式機智應答的能力，但對推動詩歌交流沒什麼幫助。我頭一回到西城（West End）酒吧演出是和蘭尼一起，傑克・凱魯亞克和他的朋友們曾在這裡寫作、喝醉，不過也不一定總是按這個順序。我們沒賺到錢，但那晚結束時珍帶來了一個天大的好消息：年末那幾天，我們可以在「馬克斯的堪薩斯城」為菲爾・奧克斯（Phil Ochs）開場。蘭尼和我將一同度過十二月生日，新年夜也將融入詩歌和搖滾樂。

這是我們第一次連續的演出工作，六天時間，每晚兩場，週末三場。經歷了斷掉的琴弦和時而敵對的觀眾，我們在各路朋友的支持下打了個漂亮的仗：艾倫・金斯堡、羅柏和山姆，陶德・朗德葛蘭和比比・比爾（Bebe Buell），丹尼・菲爾茨和史蒂夫・保羅。到了新年夜，我們已經做好了所有準備。

凌晨剛過幾分，我和蘭尼站在「馬克斯」的舞臺上。人群陣營分明地嘶喊著，空氣中的興奮觸手可及。這是新一年的第一個小時，我望向人群，再次想起母親常說的話。我轉身對蘭尼說：「今天如何，今年如是。」

我拿起麥克風，他刷響了和絃。

不久後，我就和艾倫搬到麥克道格街，就在格林威治村中心的「一團糟」（Kettle of Fish）酒吧對面。艾倫又出去巡演了，我們很少見到面，但我喜歡住在那裡，沉浸於新一輪的學習中。中東吸引著我：清真寺、祈禱用的地毯和穆罕默德的古蘭經。我讀著奈瓦爾（Nerval）的《開羅女人》（*Wommen of Cairo*），還有鮑爾斯（Bowles）、姆拉貝特（Mrabet）、阿爾伯特・科瑟里（Albert Cossery）和伊莎貝爾・埃伯哈特（Isabelle Eberhardt）的故事。鑒於這些故事裡彌漫著印度大麻的香氣，我也打算享受它。在它的影響下，我聽了《酋酋卡的排簫》（*The Pipes of Pan at Jajouka*）；布萊恩・瓊斯在一九六八年製作的專輯。我很高興能聽著他喜歡的音樂寫東西。從吠犬到狂喜的號角，它一度成為我夜間的配樂。

★

山姆欣賞羅柏的作品，他對他作品的愛無人能及。

我站在他身邊，看著羅柏拍的一幅黑背景前的白色鬱金香球莖。

「你見過的最黑的東西是什麼？」山姆問。

「月蝕？」我像猜謎似地回答。

「不。」他指著照片：「就是這個，一種能令你迷失的黑。」

後來羅柏把這張照片題贈給了山姆。「他是唯一懂它的人。」他說。

羅柏和山姆親近得如同血親。山姆作為贊助者的典範，要財力有財力，要眼光有眼光，還有成全藝術家的渴望，羅柏就是他要找的那個藝術家。

羅柏和山姆不朽的愛情已經被刺探、扭曲、傳成了一個變形的版本，作為小說情節或許有意思，但若不理解他們的兩情相悅，便不能評判他們的關係。

羅柏喜歡山姆的錢，山姆喜歡羅柏喜歡他的錢。這是不是他們之間的全部動機，只要他們去別人那裡就能輕易發現。事實上，他們都有某種對方想要的東西，以這種方式，補足對方。山姆內心多希望能成為藝術家，可是他做不到。羅柏想要變得有錢有勢，可是沒辦法。他們結合，互相體驗到彼此的特質。可以說，他們是天生一對。他們需要彼此：藝術作品成全贊助者的美名，贊助者成全藝術家。

在我看來，這兩個男人之間有著割不斷的紐帶。互相的肯定令他們變得強大。他們都有堅忍的性情，但兩人在一起時卻可以大大方方地袒露自己的脆弱，並相信對方能理解。在山姆面前，羅柏可以做回自己，山姆不會評判他。他從不試圖讓羅柏把作品搞得溫和、改變穿著，或去迎合世俗。除去所有這些互動，我感受到的是他們共享的溫柔。

羅柏不是個窺淫狂。他常說他必須真正融入他的作品，而那些作品出自他對SM的追求，他拍照不是為譁眾取寵，也並不把社會認可SM視為己任。他甚至並不認為它應該被認可，他覺得他的地下世界並不適合每一個人。

毫無疑問，他享受甚至需要它的吸引力。「它令人陶醉。」他這樣說：「你能獲得那種權力。一卡車的男人都想要你，不管他們多讓人討厭，那種被所有人渴求的感覺很令人興奮。」

羅柏爾後在ＳＭ世界裡的短程旅行有時令我困惑，也會嚇到我。他無法與我分享，因為那離我們的王國相去甚遠。若我要求分享，他應該也會答應，但我並不怎麼想瞭解。不是排斥那些東西，而是那些東西弄得我神經緊張。他追求的口味對我來說太重了，他的作品也經常嚇到我：用插在他屁眼裡的鞭子的圖片做成邀請函，綁著繩子的外生殖器系列照片。他不再用雜誌上的圖片了，而是用模特兒和他自己來展現自虐的視覺效果。我為此佩服他，卻理解不了那種殘忍。對我來說很難把這些和我所認識的那個男孩對上號。

然而當我看著羅柏的作品，感覺他的表現對象並沒有「抱歉，我把我的『老二』亮出來了」的意思。他並不抱歉，也不要任何人抱歉。無論是在陰莖上穿釘的ＳＭ男子，還是迷人的社交名流，他希望他的拍攝對象都能對他的照片滿意。他希望他的拍攝對象都能對他們的交流感到自信。

他不認為他的作品是面向所有人的。第一次展出他最重口味的照片時，他把照片裝在一個標著「Ｘ」的檔案夾裡，放進一個玻璃盒裡，僅供十八歲以上觀眾觀賞。羅柏覺得他沒必要把這些照片硬推到觀眾面前，除非是我，那是他想逗我。

我問過是什麼驅使他去拍這樣的照片，他說反正要有人拍，倒不如他來。羅柏擁有特權得以目睹極端的自願性行為，被拍攝對象也信任他。他的任務不是去揭示，而是把性愛的另一種表達方式作為藝術紀錄下來，還從來沒有人這樣做過。作

往長島的火車上。

為一個藝術家，讓羅柏最興奮的就是做沒有人做過的事。

這沒有改變我和他的相處方式，但我擔心他，他有時似乎正在把自己驅入一種更黑暗、更危險的境界。我們之間最好不過的地方在於，我們的友誼是獨立於一切的避難所，他可以像一條筋疲力盡的小蛇一樣盤繞躲藏其中。

「你應該多唱唱歌。」當我為羅柏唱起皮雅芙或是我們都喜歡的老歌時，他就會這樣說。我和蘭尼已經有了幾首歌，正在整理成拿得出手的曲目，但感覺施展不開。我們想像藉著詩歌，流暢地轉成一種我們可以即興發展出重複樂句的節奏模式。雖然還沒找到合適樂手，但我們覺得兼具節奏感和旋律性的鋼琴應該很配我們的風格。

珍·佛里曼在45街和百老滙大街轉角的維多利亞劇院上租了一層樓，把其中一個小房間給了我們。屋裡有架立式舊鋼琴，聖若瑟日那天我們邀請來一些鍵盤手，想看看能否從中找到第三名樂團成員。鍵盤手都很有才華，但跟我們獨有的氣質風格合不上。就像《聖經》所說，最好的，總到最後才來。丹尼·菲爾茨推薦的理查·索爾走了進來，他穿著條紋船領衫、皺巴巴的亞麻褲子，半張臉都遮蔽在濃密的金色捲髮下。他的美貌和乾脆俐落的舉止，似乎只為烘托他是一個天才鋼琴手的事實。他坐在鋼琴前醞釀的時候，我和蘭尼對視了一下，想到同一件事。他讓我們想到《魂斷威尼斯》（*Death in Venice*）裡的塔吉奧（Tadzio）。

「來點什麼？」他隨口一問，隨即開始了從孟德爾頌到馬文．蓋再到《麥克阿瑟公園》（*MacArthur Park*）的大聯奏。十九歲的理查．索爾受過古典訓練，有著那種無需炫耀才情的自信的音樂家才有的質樸。貝多芬奏鳴曲和重複的三和弦，他彈得一樣享受。有了理查，我們才能在即興和歌曲間自如地遊走。他富於直覺和創意，能夠創造出一片天地，讓我和蘭尼自由地用屬於我們的語言探索。我們稱之為「融入語言力量的三和弦」。

春季的第一天，我們和理查一起為我們三人樂團的首次公演進行排練。「雷諾斯威尼」有一種附庸風雅的熱烈氛圍，並不適合我們不羈又不敬的表演，但好歹算是個能演出的地方：我們的風格還不明確，別人也沒法定義我們。但每一次演出時，都能看到真心實意來看我們的觀眾，我們也被壯大的觀眾群鼓勵著。儘管我們惹惱了經理，但他對我們還是不錯，給了我們五個跟霍利．伍德勞恩和彼得．艾倫（Peter Allen）同臺演出的夜晚。

那個週末正好是聖枝主日，我們正式成為三人樂團，理查．索爾變成「DNV」——「魂斷威尼斯」的縮寫，我們的金髮搭檔。

名流們在齊格菲爾劇院門口排隊入場，參加影片《女士們，先生們：「滾石」

來了》（*Ladies & Gentlemen: The Rolling Stones*）眾星雲集的首映典禮。我也興奮地去了。我記得那天是復活節，我穿了一條有白色花邊領的黑色維多利亞式絲絨長裙。看完後，我和蘭尼朝市中心走去，我的座駕是一顆南瓜，一身破爛的華服。車停到包厘街上一個叫CBGB的小酒吧門前。我們答應詩人理查・赫爾（Richard Hell）來看「電視」樂團（Television），他是貝斯手。我們不知道是什麼樣的演出，不過我很好奇別的詩人如何演繹搖滾樂。

我以前經常到包厘街這邊來找威廉・布洛斯，他就住在這個俱樂部往南幾個街區的一個地下室裡。那條街上盡是酒鬼，他們常常在巨大的垃圾桶裡點火取暖，做飯，或者點菸。放眼望去，你能看到包厘街上的篝火一路亮到威廉家的門口，我們在那個寒冷而美麗的復活節之夜也是這樣點著篝火。

CBGB深邃而狹長，右手邊是吧臺，懸垂的霓虹燈閃爍著各種品牌的啤酒廣告。左手邊是舞臺，很矮，舞臺兩側是世紀之交的浴女攝影壁畫。舞臺再過去是一張撞球桌，後面是油膩膩的廚房和一個小房間，老闆希利・克里斯托（Hilly Krystal）在那裡辦公，他的東非獵犬強納森也和他一起睡在裡面。

那支樂團樂風粗糙不羈，音樂古怪，富於個性和感染力。他們的一切我都喜歡，那種痙攣式的動作，鼓手行雲流水的爵士氣質，散漫卻高潮迭起的音樂結構。右邊那個高個的奇怪吉他手讓我感覺很親切：淺黃色的頭髮，優雅修長的手指握著吉他琴頸，就像要把它掐死一樣。那人叫湯姆・魏崙（Tom Verlaine），他一定看過《地獄一季》這本書。

在演出間歇，我和湯姆沒有談詩歌，而是聊起了紐澤西的森林、德拉瓦清冷的海灘和西部天際盤旋的飛碟。結果發現，我倆竟在相距二十分鐘車程的地方長大，我們聽著同樣的唱片，看著同樣的卡通片，而且都愛《一千零一夜》。休息結束，「電視」回到了舞臺。理查・羅伊德（Richard Lloyd）刷起他的吉他，奏響了〈華蓋之月〉（Marquee Moon）的第一個樂句。

這裡的世界和齊格菲爾大相徑庭。它毫無華麗的魅力，卻更顯熟悉，一個屬於我們的世界。在樂團演出的時候，你能聽到撞球的聲音，能聽到東非獵犬的叫聲，酒瓶子在叮噹作響，環境聲此起彼伏。儘管沒人知道，但星星正排成一列，天使在召喚。

那年春天的新聞裡全是佩蒂・赫斯特（Patty Hearst）綁架案。她被一支自稱「共生解放軍」的城市遊擊隊從她柏克萊的公寓中劫持，扣為人質。我發現這個故事之所以吸引我，一部分是因為我母親對林白綁架案的執著，和她隨之擔心自己的孩子被抓走的恐懼。悲痛欲絕的飛行員和他金髮兒子的染血睡衣，在我母親的腦海中一生揮之不去。

四月十五日，監視錄影拍到了佩蒂．赫斯特和她的綁架者一起持槍搶劫舊金山某銀行的畫面。在隨後披露的一捲錄影帶裡，她宣布效忠共生解放軍，並發表如下聲明：「告訴大家，我感覺很自由、很強大，我向外面的所有兄弟姐妹致以我的問候和愛。」這句話裡的什麼，加上我和她同名，吸引我去回應她複雜的處境。蘭尼、理查和我，把我對她處境的思考和吉米．韓崔克斯版本的〈嘿，喬〉（Hey Joe）融合一起。佩蒂．赫斯特和〈嘿，喬〉之間的關係就蘊含在歌詞裡，一個亡命者呼喊著「我感覺很自由」。

我們一直都想錄一首單曲，想看看我們現場演出的效果將如何轉化到唱片裡。蘭尼對單曲的製作和發行都很懂，所以羅柏一出資，我們就在吉米．韓崔克斯的「電動女士」錄音室約了時間。我們決定錄〈嘿，喬〉，向吉米致敬。

我們想再加一把吉他來表現對自由不顧一切的渴望，樂團選中了湯姆．魏崙。我思考著如何能打動湯姆的心，特別做了一番打扮，想必一個從德拉瓦出來的小夥子是會懂的：我穿著黑色的芭蕾平底鞋，粉色的山東綢七分褲，我的草綠色橡膠絲雨衣，打著一把紫羅蘭色的女用陽傘，走進了他兼職打工的「Cinemabilia」。這家店專售老電影劇照、劇本和從「大胖子阿巴克爾」（Fatty Arbuckle）到赫蒂．拉瑪（Hedy Lamarr）再到尚．維果（Jean Vigo）的所有人物傳記。我的打扮是否打動了湯姆不得而知，反正他滿腔熱情地加入了我們的錄音行列。

我們錄音的B棚在「電動女士」的後方，有一個小的八軌錄音座。正式開始之前，我對著麥克風輕喚了一聲「嗨，吉米」。試錄了一兩遍之後，理查、蘭尼和我同步錄音，先錄好了我們的那一軌，然後湯姆又加錄了兩軌吉他獨奏。蘭尼把這兩部分混成一個盤旋上升的主奏，然後加入一軌低音鼓。這是我們第一次使用打擊樂。

執行製作人羅柏在控制室裡焦慮地看著我們，他送了蘭尼一枚銀骷髏戒指作為這次錄音的紀念。

錄完〈嘿，喬〉的時候，我們還剩下十五分鐘。我決定嘗試一下〈尿工廠〉。我還留著這首詩的打字稿，那可是住23街時羅柏從地板上挽救回來的。那是我那個時期的個人頌歌，講的是我如何從工廠女工的單調乏味中自我解救，逃到紐約。蘭尼在理查的音軌上即興演出，我則即興地重複著詩句。我們好不容易錄到滿意時，正好是午夜。

我和羅柏站在「電動女士」大廳裡那一排外星人的壁畫前。他似乎相當滿意，但還是禁不住噘起嘴來。「佩蒂，」他說：「你沒有做能讓人跳舞的音樂。」

我說就把這個任務留給驚豔合唱團（The Marvelettes）吧！

蘭尼和我一起設計了唱片，給我們的廠牌起名為Mer。我們在費城里基大道上的一家小工廠裡壓製了一千五百張，把它們分發到書店和唱片店，標價每張兩美元。在我們演出的入口處，還能看到珍．佛里曼拿著一個大購物袋在賣我們的唱片。最讓我們驕傲的莫過於從馬克斯的自動點唱機裡聽到我們的歌了。我們詫異地發現B面歌曲〈尿工廠〉比〈嘿，喬〉更受歡迎，這激勵了我們放更多的精力在自己的作品上。

詩意將繼續成為我的綱領，但我心裡一直想著有朝一日要滿足羅柏的願望。

我已經體驗過印度大麻了，向來有保護欲的羅柏覺得我現在完全可以和他一起神遊。這可是我的第一次，我們坐在我家樓外的太平梯上俯瞰著麥克道格街，等待藥力發作。

「想做愛嗎？」他問。我吃了一驚，但也很開心他仍想和我在一起。還沒等我回答，羅柏便拉起我的手說：「對不起。」

那晚，我們沿著克里斯多福街一路走向河邊。時值凌晨兩點，那天的垃圾沒有人收，能看到老鼠在街燈下亂竄。我們向河邊走去，遇到一群狂熱風騷的同性戀男子，他們之中有穿短裙的鬍鬚男，也有皮衣聖徒與天使。我覺得自己就像《獵人之夜》（*The Night of the Hunter*）裡旅行的牧師。一切都籠罩在一種不祥的氣氛裡，廣藿香油、強力膠和氨水的氣味。我變得愈發焦慮了。

羅柏好像被我逗開心了。「佩蒂，你應該對每個人都充滿愛。」可是我放鬆不下來。一切似乎都失去了控制，一切都披上了橘色、粉色和迷幻綠的光暈。那是一個炎熱潮溼的夜晚。沒有月亮也沒有星星，沒有現實也沒有想像。

他攬著我的肩，送我走回家。天就快亮了。我花了好一陣才理解這趟路的本質，為了看清這座城市的惡魔景象。濫交。從肌肉結實的臂膀上抖落而下的亮粉。天主教紀念章從性交者身上扯下。我無法全心擁抱這種狂歡。那一晚不是我幻想的，不過追逐Cockettes變裝皇后和布洛斯筆下的《野男孩》（Wild Boys）的他，很快就會蛻變成坐在走廊慢慢喝著茶的男孩。

威廉·布洛斯看上去既衰老又年輕，有時像西部警探，有時像個型警，但怎麼看都是寫作的人。他有一個上鎖的藥箱，在你痛苦時他會打開它。他不喜歡看到自己喜歡的人忍受煎熬。看你生病，他還會餵你。拿著一條包在白報紙裡的魚，忽然出現在你門前，然後去煎了它。對女孩來說他是遙不可及的，但我還是喜歡他。

他帶著他的打字機、獵槍和長大衣暫住在一個地下室。有時他會披上他的外衣，向我們信步走來，坐到舞臺前我們為他預留的位子上。穿著皮衣的羅柏，常常坐在他身邊。像是牛仔強尼和他的馬。

這是那幾個星期過了一半發生的事。從二月到春天我們都在CBGB駐場，和電視樂團分帳，就像前一年夏天在馬克斯裡那樣，從週二到週日，兩組人馬輪班上陣。這是我們首次作為樂團進行日常演出，也讓我們更確定了想在作品中表達的東西。

十一月我們跟珍・佛里曼去了洛杉磯，在門樂團也表演過的「Whisky a Go-Go」裡完成了首輪表演，然後去了舊金山。在柏克萊，我們演出的地方就在「有點暈」唱片公司樓上，而在東菲爾莫試演的那一晚是喬納森・里奇曼（Jonathan Richman）打的鼓。那是我第一次去舊金山，我們到「城市之光」書店朝聖，那兒的櫥窗裡擺的儘是我們朋友的書。就在首次離開紐約期間，我們決定再增加一位吉他手以拓展樂團的聲音。大家的腦袋裡都在演奏三人格局無法實現的音樂。

回到紐約後，我們在《村聲》登了一則找吉他手的廣告。而來應徵的大部分人，似乎對於自己想要什麼或想聽起來像哪樣，都已經心中有數，尤其女主唱陣容對一個男人來說，更沒有興趣。我們為樂團找到了第三個男人，一個有魅力的捷克斯洛伐克人。伊凡・卡拉爾（Ivan Kral），他在外型和樂風上維護著搖滾樂的傳統和誓言，一如滾石樂團對藍調的禮讚。他在布拉格本是一顆冉冉升起的流行明星，但隨著一九六八年蘇聯入侵了他的祖國，他的夢想也被粉碎了。舉家逃亡後他不得不重新開始。他精力充沛、思想開放，已準備好進一步擴展我們那迅速發展中的搖滾樂概念。

我們想像自己是十八世紀的「自由之子」（Sons of Liberty），肩負保存、保護和表現搖滾樂革命精神的使命。我們擔心曾經養育了我們的音樂會陷入精神危機。害怕它丟失宗旨，害怕它被商業化，害怕它在壯觀的場面、鉅額資金和乏味複雜的技術泥沼中掙扎、陷落。我們會在心中呼喚保羅・里維爾（Paul Revere）的精神，他徹夜騎行，喚醒民眾，拿起武器。我們也會拿起武器，我們這一代人的武器：電吉他和麥克風。

CBGB是發出那一聲召喚的理想地。它坐落在那條飽受蹂躪的街上，吸引了一群歡迎無名藝術家的怪人。希利・克里斯托對演出者的唯一要求就是要創新。

從冬末到初春，我們一路拚殺，獲勝，直至找到了自己的步伐。在我們演奏時，歌曲也呈現出自己的生命力，常常投射出觀眾的活力、氛圍、我們漸增的信心和眼皮下發生的事情。

這段時間的好多事情我都還記得。尿和啤酒的氣味。〈來世〉（Kingdom Come）裡，理查・羅伊德和湯姆・魏崙糾纏的吉他聲線。演奏被蘭尼稱為「熾熱地帶」的那首〈大地〉（Land）時，強尼踏出一路火光熾烈的足跡，從野孩子統治的迷幻之夜向我奔來，從更衣室一路衝往無窮可能之海，如同是從坐在我們面前的羅柏和威廉・布洛斯的第三、第四意識中輸出的。到場的路・瑞德，他對詩歌和搖滾樂的探索令我們所有人受用。舞臺、觀眾和所有支持者的面孔之間那模糊的界限。珍・佛里曼在把我們介紹給阿利斯塔唱片公司總裁克萊夫・戴維斯（Clive Davis）的時候笑容滿面。她已精確地感知到他、他的廠牌和我們樂團之間有一種關聯。每晚結束時，她會站在寫著「CBGB & OMFUG」字樣的遮陽棚前，看著年輕人把我們不顯眼的樂器裝進蘭尼那輛六四年的Impala後車廂裡。

★

那個時候，艾倫終日和「藍牡蠣教派」在路上巡演，有人質疑我怎麼能對從不在家的人保持忠誠。事實上我真的喜歡他，並相信我們之間的交流強大到足以克服他長期的缺席。長久的獨守，給了我追尋藝術的時間和自由，然而隨著時間的流逝，事實證明，我以為的兩人信任被再三地褻瀆了，這害了我們兩個，也讓他的健康大打折扣。這個溫柔、聰明、看似謙遜的男人在巡演路上的生活方式，與我相信的兩人之間的默契並不相符。在此同時，我踏入未知的領域，這最後毀掉了我們的關係，但未毀掉我對他的尊重，也不抹殺他曾經的種種優點。

WBAI電臺是電臺革命最後殘存的重要傳播者。一九七五年五月二十八日，我的樂團要在上東城教堂裡義演支持他們。不僅在意識形態上，也是在美學上，能來一場有可能不經審查的現場直播，對我們來說再合適不過了。不必遵循任何格式化的束縛，我們可以自由即興一些甚至在最激進的調頻電臺裡也不多見的東西。我們對此事的重要性心知肚明——我們樂團的第一次電臺亮相。

演出結束曲是我們的〈葛洛莉亞〉（Gloria）版本，用我的詩〈誓言〉融合了偉大的范．莫里森（Van Morrison）的經典，這幾個月下來已經把它整理成形了。奏響它的是理查．赫爾的一把銅質音色的Danelectro貝斯，是我們花四十美元從他手裡買的。我很想自己彈，因為它個頭小，我應該能駕馭。蘭尼教我彈了E，隨著和紘奏響，我念道：「耶穌是為別人的罪而死，不是我的。」這句話我幾年前就寫了，作為存在的宣言，作為對自己言行負責的誓言。耶穌是一個值得反叛的人，因為他就是反叛本身。

蘭尼開始漫不經心地刷起搖滾樂的經典和紘，從E到D再到A，和紘與詩的結合令我興奮。三和弦融合了語言的力量。「這些和紘能寫成一首歌嗎？」

「最壯美的那首。」他回答著，開始了〈葛洛莉亞〉，理查跟進。

我們在CBGB待了幾個星期，大家都很明顯地感覺到，我們正在以自己的方式成長為一支搖滾樂團。五月一日那天，克萊夫．戴維斯給了我與阿利斯塔唱片的合約，我在七日簽下了它。我們並沒有白紙黑字地寫明自己要幹什麼，但在WBAI廣播的過程當中，我們能感到有一股力量正在聚集。直至〈葛洛莉亞〉即興的結尾，我們展現了自己。

蘭尼和我結合了節奏與語言，理查打底，伊凡讓我們的聲音更加有力。是時候邁出下一步了。我們需要再找一位同道中人，一個不是來改變而是來激發靈感的人，成為我們的一員。我們以一句請求結束了激情四射的演出：「我們需要一名鼓手，我們知道你就在臺下。」

他實在不可思議。在CBGB，傑伊·迪·多爾蒂（Jay Dee Daugherty）已經用家用立體聲音響拆下來的零件完成了我們的音樂。他最早是跟蘭斯·勞德（Lance Loud）的腮腺炎樂團（Mumps）從聖巴巴拉市來到紐約的。他勤懇，有點內向，崇敬凱斯·穆恩（Keith Moon），在WBAI廣播我們音樂的之後不到兩週，他已經成為了我們的一員。

現在每當我走進我們的排練室，看著我們漸增的設備，我們的芬德音箱，理查的RMI鍵盤，現在還有傑伊·迪的一套銀色的路德維西鼓，就忍不住為身為一支搖滾樂團的主唱而驕傲。

有了鼓手以後，我們接的第一個工作是到我住的麥克道格街附近的「另一端」（Other End）去演出。我只需繫緊靴帶，披上夾克，走著就能去了。樂團在這一段工作裡的重點是和傑伊．迪練習默契，更多人則等著看我們將如何引領眾人的期望。在四晚演出的第一晚，克萊夫．戴維斯的到場為現場氣氛更增添了一份興奮。當我們鑽過人群走上舞臺，氣氛熱烈了起來，如同暴風雨之將臨。

那一晚，正如常言所說，是我們皇冠上的一顆明珠。我們演得就像同一人的分身，樂團的勁拍和音高把我們飆向了另一個次元。而我站在這一切的漩渦中心，能像兔子覺察到獵狗一樣確切地感到另一個人的存在。他就在那。我突然理解了氣場這種東西的真實。巴布．狄倫就在俱樂部裡。這對我產生了奇妙的影響。我沒有感到卑微，而是感到了一種力量，那也許是他的力量吧；但我也感到了自己的價值和我樂團的價值。那晚對我來說就像一個入會儀式，那晚我必須在我的榜樣面前充分作自己。

一九七五年九月二日，我推開了「電動女士」錄音室的大門。走下臺階時，我無法不回想起吉米．韓崔克斯駐足寬慰一個害羞年輕女孩的場景。我走進A棚。掌舵的是約翰．凱爾（John Cale），我們的製作人，蘭尼、理查、伊凡和傑伊．迪都在錄音間裡調試著各自的樂器。

接下來的五個星期，我們錄製並混音完成了我的第一張專輯《群馬》（*Horses*）。

吉米·韓崔克斯再也不能回來創造他的新音樂語言了，但他留在這間錄音室裡的，是他對我們未來文化之聲的所有希望和共鳴。從我踏進錄音間的第一刻起，這些感觸就浮現在腦海中：當搖滾樂在苦澀的青春期拯救我，我的感激之情；我跳舞時嘗到的快樂；我為自己所作所為負責的過程中日積月累的道德力量。

這些東西在《群馬》裡被重新編碼，也作為對前行者的一次致敬。在〈鳥園〉（Birdland）裡，我們從年輕的彼得·賴克（Peter Reich）著手，他在等待父親威廉·賴克（Wilhelm Reich）從天而降解救他。在〈打破它〉（Break It Up）裡，我和湯姆·魏崙寫了一個夢，像普羅米修斯般被綁縛的吉姆·莫里森突獲自由。在〈大地〉裡，野孩子的意象和韓崔克斯走向死亡的步履合在一處。而〈輓歌〉（Elegie），紀念了所有那些人，在過去、現在和將來，那些我們已經失去、正在失去和終將失去的人。

《群馬》的封面肖像毫無疑問要由羅柏拍攝，我的聽覺之劍，要插在羅柏的視覺之鞘裡。我對這張照片毫無想法，只知道它應該真實。我只答應了羅柏一件事，就是我會穿一件沒有汙漬的乾淨襯衫。

我去包厘街的救世軍商店買了一疊白襯衫。有的太大，不過我真正喜歡的那件疊得整整齊齊，胸前的口袋下面還有一個字母組合圖案。這讓我想起一張布拉賽（Brassai）拍的尚‧惹內，穿著一件有字母組合圖案的白襯衫，挽著袖子。我那件襯衣上縫著「RV」字樣。我想像它原本屬於導演了《芭芭麗娜》（*Barbarella*）的羅傑‧瓦迪姆（Roger Vadim）。我剪掉袖口，穿在我的黑夾克裡面，別了一枚艾倫‧拉尼爾給我的馬別針。

這張照片，羅柏想去山姆‧瓦格斯塔夫那兒拍。在第五大道1號，他那間天臺屋沐浴在自然光裡的時候，角窗會投射出一片陰影，形成一片三角形光影，羅柏想在畫面裡用上它。

我從床上一骨碌爬起來，發現晚了。我匆匆忙忙地進行例行事務，到街角的摩洛哥人麵包坊，抓上一根法國麵包、一束新鮮的薄荷葉和一些鯷魚。回家燒開水，在水壺裡塞進薄荷葉。在切開的法國麵包上倒上橄欖油，沖洗鯷魚夾進去，灑點辣椒粉。我倒了杯茶，尋思著：還好我沒穿襯衫做這些事，否則絕對會濺上油漬。

羅柏來接我。他很擔心，因為天氣很陰暗。我穿戴完畢：黑窄管褲，白襪，Capezios黑芭蕾舞鞋。我又加上我最喜歡的領結，羅柏拍掉了我黑夾克上的麵包屑。

我們上了街。他餓了卻不肯吃我的鯷魚三明治，於是我們去了克里斯多福街上的「粉紅茶杯」。這一天就這麼悄悄溜走了。天空多雲，昏暗又陰沉，羅柏一直在等太陽出來。最後，傍晚時分，天空開始放晴。當我們穿過華盛頓廣場，眼看又要暗下來。羅柏擔心就要錯過天光了，我們向第五大道1號那一頭跑去。

天已經在逐漸變暗。他沒有助理。我們從沒聊過應該怎麼拍，或者想拍成什麼樣子。他就是拍，而我會被拍。

我知道我該是什麼樣子，他知道他該怎麼用光，這就夠了。

山姆的公寓很簡樸，一片白色，幾乎是空的，俯瞰第五大道的窗邊有一棵酪梨樹。一面大稜鏡把光線折射成彩虹，傾瀉在白色暖氣葉片對面的牆上。羅柏把我擺在三稜旁邊。準備要拍的時候，他的手微微地顫抖。我站著。

窗外始終雲聚雲散。測光表出了點狀況，他變得有點焦慮。他拍了幾張。然後放棄了測光表。一片雲飄了過來，三稜失效了。他說，「我真喜歡這襯衫的白，你知道，你能把夾克脫了嗎？」

我匆匆脫下夾克搭在肩上，就像法蘭克．辛納屈（Frank Sinatra）。我創造經典畫面，他靈活運用光影。

「它回來了。」他說。

他拍了幾張。

「沒問題了。」

「你怎麼知道？」

「我就是知道。」

那天他拍了十二張照片。

才短短幾天他就把毛片拿來給我。「這張有魔力。」他說。

現在再看，我看到的永遠不是我，而是我們。

⸸

羅柏．米勒（Robert Miller）是瓊．米契爾（Joan Mitchell）、李．克拉絲娜和艾麗斯．尼爾（Alice Neel）等藝術家的支持者，在看過高譚書店二樓展出的我的畫之後，他邀請我去他的畫廊辦展覽。安迪．布朗支持我的作品已經好多年了，看到我能有這個機會他也很高興。

參觀了57街和第五大道轉角處他的那個開闊又高級的畫廊，我不確定自己配得上這樣的展示空間。我還覺得，這種規模的畫展，我沒有羅柏不行。我問他這個展覽我能否與羅柏合辦。

一九七八年羅柏都沉浸在攝影裡。他精心製作的畫框對應了他和幾何形式之間的共鳴。他已經完成了古典肖像和獨具性感的花卉，也將色情推進了藝術王國。而他當前的任務是控制光線，達成最濃重的黑。

羅柏與百合花。

羅柏當時與霍利．所羅門（Holly Solomon）畫廊有往來，他請求畫廊允許他與我一起辦展。我對藝術圈的政治一竅不通；我只知道我倆應該一起辦展。我們選擇了一批強調了兩人關係的作品——藝術家與繆斯，這在我們之間是可以互換的角色。

羅柏希望我倆能為羅柏．米勒畫廊創作點獨特的東西。他開始挑選他拍我拍得最好的肖像，把它們印得比真人還大，並把我們在科尼島上的照片放大到六英尺長的畫布上。我畫了一系列他的肖像，還決定以他的情色攝影為基礎畫一系列素描。我們選擇了一張一名青年在另一個嘴裡撒尿的，一張血污的睪丸，還有一張模特兒穿著黑色橡膠套裝蹲著的。這些照片沖印得相對小些，我在一些圖像的四周寫滿了詩，其他的則以鉛筆畫填充。

我們考慮拍一支短片，不過資金有限。我們把錢湊在一起，羅柏雇來學電影的學生莉莎．林茲勒幫助拍攝。

沒有故事腳本。我們理所當然認為兩人都能做好自己那部分。羅柏叫我到邦德街去拍攝，還說有驚喜給我。我在地板上鋪了塊布，把他送我的那條精微的白裙、我的白芭蕾舞鞋、印度腳鈴、領結和一本「家族聖經」[1]擺在上面，打包好出發。我準備好去完成任務，然後向他的閣樓走去。

我興高采烈地去看羅柏到底為我準備了什麼。就像當初回到布魯克林的家，看到他把房間變成了一個活生生的裝置作品。他已然創造了一個神話之境，牆上覆蓋

1 在家族中傳世的《聖經》，每一代人都在上面記錄下家族資訊。

著白色的網，前面除了一尊梅菲斯特的雕像之外什麼也沒有。

我放下包袱，羅柏建議我們來用ＭＤＡ[2]。我不知道ＭＤＡ是什麼，但出於對羅柏完全的信賴，我同意了。在我們開始拍片子的時候，我甚至不太清楚它到底有沒起作用。我太專注於我在片中的角色了。我穿上白裙子，繫上腳鈴，包包就那麼敞開攤在地上。我腦子裡想的都是：天啟。交流。天使。威廉．布雷克。路西法。誕生。我說話，莉莎拍電影，羅柏拍劇照。他無聲地引導著我。我就是水中的船槳，而他是那堅定的手。

感覺到了某一個點時，我決定扯下那些網，等於毀掉他的創造。我向上伸出手去，抓緊網的邊緣，而我僵住了，渾身無力，動彈不得，也說不出話來。羅柏衝過來，抓過我的手腕握著，直到我放鬆下來。他太懂我了，無需說一個字就告訴了我這一切都不要緊。

那一刻過去了。我把網裹在身上，看著他，他拍下了這一瞬。我脫下了裙子和腳鈴。穿上我的工裝褲、馬靴，我的黑長袖運動衫——我的工作服——把其他東西收拾到包包裡，扛在肩上。

在影片旁白裡，我探究了那些我和羅柏經常討論的想法。藝術家在直覺中尋求神性的共鳴，但是為了創作，他不能停留在這個令人神往的無形國度裡。他必須回到物質世界去完成他的作品。藝術家的責任，便是在神秘的交流和創造的行動中尋找平衡。

我離開了梅菲斯特，離開了那些天使，以及那個殘存的手工世界，我說：「我選擇人世。」

我和我的樂團上路巡演了。羅柏每天都打電話給我。「你在演出嗎？你在畫畫嗎？」他的電話從這家飯店追到那家飯店。「佩蒂，你在幹嘛？畫畫嗎？」我在芝加哥休息了三天，把他急壞了。我去了一家美術用品店，買了好幾張「Arches」緞紋紙，我的首選畫紙，貼在飯店房間的牆上。我把那張在別人嘴裡撒尿的青年的照片釘到牆上，以它為基礎畫了幾幅素描。我的創作總是噴發式的。當我把它們帶回紐約，一開始對我的耽擱還很惱火的羅柏，對它們卻非常滿意。「佩蒂，」他說：「你怎麼花這麼久？」

羅柏把我不在期間他為展覽潛心創作的作品拿給我看。他已經沖印了一系列的影片劇照。我當時是那麼專注於自己的角色，都沒察覺他拍了這麼多。這些，在我們合作完成的照片裡都屬於最出色的。他決定為影片起名《保持移動》（*Still Moving*），他把劇照也放進影片的最終剪輯版，我們還為電影製作了音軌，把我的電吉他和現場解說混在一起，並引用〈葛洛莉亞〉。如此一來，便展示出我們作品

2 迷幻藥的一種，具催情作用，常與LSD一起服用。

的各個組成——攝影、詩歌、即興創作與表演。

《保持移動》投射出羅柏眼中圖像的表達與音樂的未來：一種可以成為獨立藝術形式的音樂錄影帶。羅柏．米勒很支持這部影片，給我們安排了一個小房間循環放映。他建議我們做一張海報，於是我們為彼此選了照片，鞏固了我們互為藝術家和繆斯的共同信仰。

為了在山姆．瓦格斯塔夫家舉行的開幕式，我倆盛裝打扮了一番。羅柏穿了一件白襯衫，捲起袖子，一件皮背心，牛仔褲和尖頭鞋。我穿了絲質防風衣和窄管褲。出乎意料的是，羅柏喜歡我這身打扮。從雀兒喜飯店開始，我們涉足過的所有圈子裡的人都來了。詩人和藝術評論家勒內．里卡德評論了這次展覽，寫了一篇美文，稱我們的作品為「友誼的日記」。我欠過勒內不少人情，無論我何時想要放棄繪畫，他都會斥責和激勵我。當我站在羅柏身旁，看勒內端詳那些塗了金色的畫框裡的作品時，心中充滿了對這兩個不讓我放棄的人的感激之情。

這是我們第一次也是最後一次合展。七〇年代，我跟樂團和巡演團隊的工作把我遠遠地帶離了羅柏和我的世界。在我環遊世界的時候，才有機會意識到我和他還沒一起旅行過。除了書本，我們從未一起看過紐約之外的世界，從沒有坐在飛機裡手牽手，爬升到一片嶄新的天空，再下降到一片嶄新的地面上。

然而我和羅柏早已在我們創作的前沿探索，為彼此創造了一片空間。當我走在少了他的世界舞臺上，我會閉上眼睛想像著他脫去他的皮衣，與我一起邁進那片「一千支舞的無垠之土」（Land of a Thousand Dances）。

★

一天傍晚，我們走過第8街，聽到〈因為夜晚〉（Because the Night）從一家接一家的店舖破門而出。那是我和布魯斯・史普林斯汀（Bruce Springsteen）的合作，是專輯《復活節》（*Easter*）裡的單曲。這首歌錄完後，羅柏成了它的第一個聽眾。對此我是有理由的，這是他對我一直以來的期望。在一九七八年的夏天，它上升到單曲榜的第十三名，實現了羅柏對我有朝一日做出一張熱門唱片的夢想。

羅柏微笑著，和著這首歌的律動邁著步。他掏出一支菸，點著。從他最早解救我於科幻作家之手和在湯普金斯廣場小攤上分享一杯蛋奶，我們已經經歷過很多很多了。

羅柏毫不掩飾為我的成功而驕傲。這是他期望的，也是他對我們倆期望的。他吐出一團完美的煙霧，然後用一種他和我才會用的語氣——困惑的責備，不帶嫉妒的羨慕——我們情同兄妹的語言，說：「佩蒂，你比我先出名啦！」

牽著上帝的手

第五章

一九七九年春天，我和弗雷德・「音速」・史密斯（Fred "Sonic" Smith）離開紐約展開新生活。我們一度住在布克・凱迪拉克飯店的一個小房間裡，那裡儘管很空，卻是底特律市中心史上有名的飯店。我們除了他的吉他和我最寶貝的書跟單簧管以外身無一物。就這樣，我像和初戀愛人時那般，跟我選擇的最後的男人一起生活。這名成了我丈夫的男人，我只想說，他本是人中之王，人們愛戴的王者。

告別對兩人而言都是艱難的，但對我來說是開始自己生活的時候了。「那我們呢？」他突然問道：「我媽還以為我們結婚了呢！」

我真的沒考慮到這個。「我想你必須得告訴她我們又離了。」

「我不能那麼說，」他堅決地看著我：「天主教徒是不離婚的。」

在底特律，我坐在地板上為羅柏的攝影集《Y》寫著一首詩。他給了我一束鮮花，一疊我已釘在了牆上的照片。為他，我寫下關於造物主的創作，還有那神授的權杖和被遺忘的母音。我重新過起一個平凡人的生活。新生活將我遠遠帶離了我熟知的那個世界，而羅柏始終在我的意識裡；在只屬於我的宇宙學之中，星圖上的一顆藍星。

羅柏被診出愛滋病的同時，我懷上了第二個孩子。那是一九八六年九月底，樹上沉甸甸地掛著西洋梨。我有了類似流感的症狀，但我富於直覺的美國醫生說我並沒有病，那只是懷孕的初期反應。「你要夢想成真了。」他對我說。爾後，我驚異地坐在廚房裡，覺得該是給羅柏打電話的時候了。

弗雷德和我為後來的《生命夢想》（*Dream of Life*）專輯忙碌了起來，他建議唱片封面請羅柏來拍攝。我好一段時間沒見過他，也沒跟他通過話了。我坐下來梳理心情，思量該怎麼打這通電話，這時電話鈴響了。因為我心裡想的全是羅柏，那一瞬間我有預感就是他打來的。不過來電的是我的朋友兼法律顧問艾娜．梅巴赫。她帶來了壞消息，我立刻感覺到是跟羅柏有關。他因為愛滋病併發肺炎而住院。我說不出話來，本能地把手撫在肚子上，哭了起來。

我小心泊好的每一份恐懼，都如同明亮的風帆突然間燃燒起來般倏然成真。當年對羅柏化為塵埃的不祥預感，也冷酷而清晰地再度襲來。我從另一種角度看出他急於獲得成就的原因：他就像一位註定夭折的年輕法老。

我狂躁地讓自己忙著各種小事，想著要說什麼，什麼時候說，我無法打去他家聊起工作上的合作，而得打去醫院找他。為了恢復鎮定，我決定先打電話給山姆．瓦格斯塔夫。我跟山姆儘管已經有些年沒通過話了，卻彷彿不曾分別過，他聽到我的聲音還是很高興，我問起羅柏的健康狀況。「他病得很重，可憐的寶貝，」

山姆說：「不過他沒有我慘。」這又是一個晴天霹靂，尤其山姆雖然比我們都年長，卻一直最生氣勃勃、最不受肉體折磨影響。他以典型的山姆風格，說他發現疾病正在以「最令人煩躁的」方式無情地對他展開全面攻擊。

山姆也同樣在受罪的事實令我心碎，然而聽到他的聲音還是給了我打第二個電話的勇氣。羅柏拿起電話時，聲音聽起來很虛弱，但聽到是我之後就打起了精神。儘管已經過了那麼久，我們還是像從前一樣，你一言我一語地搶著聊起來。

「我會打敗這玩意的。」他對我說。我全心相信。

「我很快就去看你。」我答應他。

「今天你讓我好開心，佩蒂。」他說著掛上電話。我能聽到他這麼說。我現在仍能聽到。

★

羅柏病情好轉出院後，我們就約好見了面。弗雷德帶了幾把吉他，我們帶著兒子傑克森（Jackson Smith），從底特律駕車來到紐約。我們住進五月花飯店，羅柏來迎接我們。他穿著他的長皮大衣，臉儘管有點紅，但看上去帥極了。他拉著我的長辮子，叫我寶嘉康蒂。我們之間如此強烈的能量，似乎已令整個房間化為了煙霧，訴說著一種獨屬於我們的熾熱情感。

我跟羅柏去看山姆，他住在聖文森醫院的愛滋病病房。堅強亢奮、全身發熱的山姆，幾近無助地躺在床上，遊走於有意識與無意識之間。他在忍受癌症的折磨，身體遍布著瘡口。羅柏去拉他的手，山姆把手抽了回去。「別傻了。」羅柏責備著他，溫柔地將他的手握住。我為山姆唱了我和弗雷德寫給兒子的歌。

我跟羅柏走去他的新閣樓。他已經不住在邦德街，搬到了23街上，一棟裝飾派藝術建築裡的寬敞工作室，離雀兒喜只有兩個街區。他樂觀地肯定他能挺過去，對他的作品、成功和財產都心滿意足。「我做得不賴，是不是？」他驕傲地說。我打量著這間屋子：一尊象牙基督像，一個白色大理石的熟睡丘比特；史蒂克利扶手椅和陳列櫃；稀有的古斯塔夫斯伯格系列花瓶。他的書桌，對我而言是他財產中的王冠。是吉奧・龐蒂（Gio Ponti）設計的，用亞麻色的胡桃木樹瘤精緻製成，懸臂式的桌面，斑馬紋的夾層，被他布置得就像一個擺著小護身符和鋼筆的祭壇。

書桌上方是一個金銀雙色的三聯畫，是他一九七三年為《維特》封面拍的肖像。他選的是我表情最純真的那張，他顛倒負片，做了一個鏡像，中央加了一片紫羅蘭色的嵌板。紫羅蘭一直是我們的顏色，是那條波斯項鍊的顏色。

「是啊！」我說：「你做得不賴。」

接下來的幾星期，羅柏為我拍了幾次照。在最後的某次拍攝中，我穿上我最喜歡的黑裙子。他遞給我一隻釘在玻璃頭大頭針上的藍閃蝶。他抓起一臺彩色拍立得。在斑斕閃耀的藍蝴蝶的映襯下，一切都化為了黑白，一種不滅的象徵。

像以前一樣，羅柏興奮地讓我看他的新作品。畫布上大幅的白金印相，彩色染料轉印的百合花。攝影作品〈湯瑪斯和達瓦娜〉（Thomas and Dovanna）的畫面中，一名裸體黑人男子和一名袍子側邊飾有白色雲紋緞帶的女子相擁而舞。我們站在一幅剛送來的作品前，他自己設計的畫框：模特兒湯瑪斯在一個黑色圓環裡，以奧運選手的姿勢拗彎身軀，底下是豹紋背板。「天才吧？」他說。那種熟悉的語調，那種專屬我們之間的交流，讓我心跳加速。「嗯，天才。」

當我在密西根州重新開始生活，我發現自己渴望羅柏的存在；我懷念起我們兩人了。我通常避之不及的電話，成為我們的生命線，我們總是通電話，儘管有時電話裡聽到的多是羅柏日漸頻繁的咳嗽聲。他在我生日那天吐露出對山姆的擔憂。

元旦那天我打電話給山姆。他剛輸完血，聽起來非常自信。他說感覺自己勝利在望。收藏家就是收藏家，他想重返他和羅柏去過的日本，那裡有一套他夢寐以求、裝在天藍色漆盒裡的茶具。他要我把那首歌謠再唱一遍給他聽，我滿足了他。

就在道別之際，山姆說了一則聲名狼藉的小故事。他知道我對大雕塑家情有獨鍾，他說：「佩姬．古根漢曾經告訴我，跟布朗庫西做愛時，你絕對、絕對不能碰他的鬍子。」

「我記住了。」我應道：「等我在天堂遇上他吧！」

一月十四日，我接到羅柏打來的發狂電話。山姆，他頑強的愛人和贊助者，去世了。他們的感情熬過了種種痛苦的轉變，還有他人的刻薄和嫉妒，卻無法遏止噩運降臨。失去山姆讓羅柏心慌意亂，那是他生命中的安全堡壘。

山姆的死也在羅柏康復的希望投下了陰影。為了讓他好過一些，我作詞、弗雷德作曲寫下了〈交集之路〉（Paths That Cross），一首有點蘇菲派風格的歌，紀念山姆。羅柏對這首歌很領情，我卻清楚知道，有一天我會尋找同樣的詞語來鼓舞自己。**那曾交集過的，終將再度交集**。

情人節這天我們回到紐約。羅柏有時會發燒，胃病也不斷復發，不過他還是那麼靜不下來。

接下來的幾天，我大部分時間都和弗雷德在「暢銷工廠」裡錄音。隨著我的懷孕症狀日益明顯，我們的工作日程更緊了，唱歌也變得困難起來。我正在錄音時，羅柏痛苦不堪地打來電話，告訴我安迪．沃荷死了。

「他不應該死的！」他哭喊著，有點絕望，有點任性，像一個被寵壞的孩子。

但我能聽到另一些想法在彼此間無聲地交流。

你也不應該死。

我也不應該死。

我們什麼也沒有說。不情願地掛上電話。

當我經過一處鐵門緊閉的教堂墓地時，正下起雪。我發現我自己正在和著走路的節奏祈禱。我加快腳步，那是個美麗的夜晚。原本輕柔的雪，此刻也下大了，我裹緊大衣。我已懷孕五個月，孩子在我肚子裡動著。

錄音室裡溫暖而明亮。理查・索爾，我鍾愛的鋼琴家，起身為我倒咖啡。樂手集結而來。這是小孩出生前我們待在紐約的最後一晚。弗雷德說了幾句關於沃荷去世的事。我們錄了〈天地上下〉（Up There Down There）。錄到一半時，腦海中閃過我捉住了一隻號手天鵝的一幕，那隻我童年的天鵝。

我悄悄走到外面的夜色，雪已經停了，看上去整個城市似乎都在紀念安迪，籠罩在一層寂靜的白雪之下——白白閃閃的，就像沃荷的頭髮。

★

我們在洛杉磯重逢。羅柏是去探望他的弟弟愛德華，他決定封面就在洛杉磯拍，那時候我和弗雷德正在跟聯合製作人吉米・約文（Jimmy Iovine）一起為完成專輯而努力。

羅柏臉色很差，準備在驕陽下一棵瀕死的乾枯棕櫚樹前拍我的肖像時，他的手一直顫抖。他弄掉了測光表，愛德華就蹲下身撿起來。羅柏感覺不太舒服，但依然集中精神拍完照片。信任、激情和我們共同感到的諷刺，充斥著那一刻。他身攜死亡，我身懷生命。我知道，我們兩個都深知這一點。

那是一張簡單的照片。我的辮子綁得像芙烈達・卡蘿。陽光照進我的眼睛。我正看著羅柏，而他活著。

那晚更晚些，羅柏來看我和弗雷德錄製我們寫給兒子傑克森的歌。也就是我為山姆・瓦格斯塔夫唱過的那首歌。第二句歌詞裡有我向羅柏的致意：**小小藍星分享光芒**。他坐在控制室的沙發上。我永遠記得那一天，是二月十九日，我母親的生日。

理查・索爾彈鋼琴，我面對著他，我們同時錄音。肚子裡孩子在動，理查問弗雷德有什麼特殊指示。「把他們弄哭，理查。」他只說了這句話。我們第一遍錄得不夠完美，第二遍，我們把前一次抓住的感覺淋漓盡致地表現出來。我唱完，理查重複一遍最後的和絃。我透過玻璃往控制室看去，羅柏已經在沙發上睡著了，弗雷德獨自站在那裡，落著淚。

一九八七年六月二十七日，我的女兒潔西．帕麗斯．史密斯（Jesse Paris Smith）在底特律降生。天空中出現兩道彩虹，我感覺充滿信心。萬靈節（All Souls's Day）那天，為了完成已經延期的專輯，我們再一次把東西都裝上車，帶著兩個孩子來到紐約。漫漫長路，我想著就要能見到羅柏了，想像著他抱起我女兒的畫面。

羅柏正在他的閣樓裡，用香檳、魚子醬和白色蘭花慶祝他四十一歲生日。那天上午在五月花飯店，我坐在書桌前為他寫下了〈野葉〉（Wild Leaves）這首詩，但沒有給他。儘管我努力想為他寫一首不朽的歌詞，一切終將難逃一死。

幾天後，羅柏拍了我穿弗雷德的飛行員夾克的照片，作為我們計劃中的單曲〈人民擁有力量〉（People Have the Power）的封面。弗雷德看到照片時說：「我不知道他是怎麼做到的，他拍的所有的你，看起來都像他。」

羅柏特別想幫我們拍全家福。我們抵達的那天下午，他穿戴得優雅而親切，卻也為一陣陣的反胃而頻頻離開房間。他始終堅忍克己地蔑視著痛苦，而我只能無助地看著他。

他只拍了一些照片，不過，這樣就足夠了。栩栩如生的肖像啊，傑克森、弗雷德和我，還有我們四個人的，然後，就在我們要走的時候，他叫住了我們。「等一下，讓我拍一張你跟潔西的。」

我抱著潔西，她竟朝他探身，笑了起來。「佩蒂，」他按下快門說：「她太完美了。」

這是我們的最後一張照片。

★

表面上，羅柏似乎擁有他想要的一切。一天下午我坐在他的閣樓裡，身邊滿是他扶搖直上的成功證明。完美的工作室，精美的私人物品，以及能實現他任何展望的財力。他現在是個大男人了；而我在他面前仍然感覺像個小女孩。他給了我一段印度亞麻布，一本筆記本和一隻紙烏鴉，全是他在我們久別期間收集的小東西。我們試圖填補我倆不在一起的那段時間。「我給我的情人放提姆．哈定的歌，跟他們講起你。我為《地獄一季》拍攝的封面是獻給你的。」我也告訴他，他一直與我同在，成了我的一部分，就像此時此刻。

這位永遠的保護者，他承諾，就像他曾經在我們23街的住處裡那樣，如果有需要，我們可以分享一個真正的家。「如果弗雷德出了什麼事，你別擔心。我會買下

羅柏為佩蒂與女兒潔西拍攝的拍立得。

一棟連排別墅，一棟沃荷住的那種褐石屋。你可以跟我一起住，我幫你養小孩。」

「弗雷德不會有事的。」我向他保證。他移開目光。

「我們從沒有過孩子。」他悲傷地說。

「我們的作品就是我們的孩子。」

我記不得最後那幾個月裡發生事情的確切時間。我不再寫日記，也許是失去了動力。為了我們的工作和羅柏，弗雷德和我駕車往返於底特律與紐約。他在恢復，他在創作，他又住院了，最後他的閣樓成了他的病房。

離別總是痛苦的。我總有種揮之不去的一廂情願，要是我一直陪在他身邊，他就會活下來。我也在和與日俱增的無可奈何抗爭。我為此感到慚愧，因為羅柏就像可以單憑個人意志就能治癒自己般地與病魔搏鬥。他什麼都試了，從科學到巫毒，除了祈禱之外的一切。若是祈禱，至少，我可以給他很多很多。我不斷為他祈禱，一個人類孤注一擲的祈禱。不是為他的生命，沒人能奪走他的生命，而是祈求他能獲得忍人所不能忍的力量。

二月中旬，我們帶著急迫的心情飛到紐約。我去探望了羅柏，一切似乎都那麼安靜，我意識到這是因為他不再沒命地咳嗽了。我在他的空輪椅旁來回走著。林・

戴維斯（Lynn Davis）的冰山照片，像一尊被大自然雕琢的軀幹般聳立著，佔據了牆面。他有一隻白貓，一條白蛇，一本白色立體聲音響的廣告型錄放在他設計的一張白桌上。我注意到，他在一幅熟睡的丘比特外圍的黑色底上加了一個白色的四邊形。

除了他的護士以外沒有別人，她離開後，留下我們兩人。我站在他床邊，拉過他的手。我們就這樣待了很長時間，什麼話也沒說。突然間他抬起頭來：「佩蒂，是藝術俘虜了我們嗎？」

我把目光轉向別處，不願去想這個問題。「不知道，羅柏。我不知道。」也許是吧！但是誰也無法後悔。只有傻瓜或是聖人才後悔被藝術擁有。羅柏示意我扶他站起來，他的嗓音顫抖。「佩蒂，」他說：「我要不行了。真的很痛苦。」

他看著我，目光充滿了愛和責備。我對他的愛救不了他，他對人生的愛救不了自己。這是我第一次真正意識到他就要死了。他遭受著常人無法忍受的身體折磨。他用帶著深深歉意的眼神看著我，我再也忍不住，放聲大哭起來。他責備我哭個什麼呢，卻伸出胳膊抱住了我。我盡力想振奮起來，但為時已晚。除了愛我什麼也給不了。我扶他坐到沙發上。所幸他沒有咳嗽，把頭枕在我肩上睡了過去。

陽光透過窗戶，灑在他的照片上，灑在這首關於我和羅柏最後的相聚的詩歌上。羅柏正在死去：創造著寂靜。我呢，註定活下來，仔細聆聽那需要我終其一生去表達的寂靜。

親愛的羅柏：

我躺在床上睡不著時，總是想到你是不是也一樣躺著沒睡呢？你還在痛苦或者感到孤獨嗎？你曾把我從最黑暗的那一段青春裡拉出來，與我分享那些造就藝術家的神聖秘密。我學著去看懂你，我寫過的每一句，畫過的每一筆，無不來自我們在一起的珍貴時光中我所得到的知識。你的作品，來自湧動之源，能夠追溯到你赤裸的青春之歌。你曾說過牽著上帝的手。要記得啊！經歷了所有這一切，你其實一直都牽著那隻手呢，緊緊地牽著它，羅柏，不要放開。

有天下午，當你枕在我肩頭睡去，我，也睡著了。但在睡著之前，忽然有什麼讓我想看看身邊所有你的作品，同時也在腦海裡打量著你這麼多年來的作品，在你所有的作品中，你仍然是你最美的作品。最美的。

佩蒂

我會說他是一件令人窒息的披風，一片絲絨的花瓣。折磨他的不是思想，而是思想的形成。它像令人恐懼的邪靈侵入了他，使他的心如此猛烈、如此沒有規律地跳動，他感覺皮膚在震顫，如同戴了一張豔俗的面具，煽情而令人窒息。

當他死去的時候我應該陪在他身邊，但我沒有。我一直關注著他離去的腳步，直到快十一點我最後一次聽到他，電話裡他竭力的喘息遮掩了他弟弟的聲音。不知為什麼，在我上樓去睡的時候，這聲音讓我感到了一種奇妙的幸福。他還活著，我這樣想。他還活著。

★

一九八九年三月九日羅柏死了。上午他弟弟打電話來。我很平靜，因為我知道這一天是要來的，甚至幾乎能精確到這一刻。我坐在那裡聽著托斯卡的詠嘆調，膝頭擱著一本書，突然間我意識到自己在發抖。我被一種類似興奮和不斷加速的感覺弄得手足無措，就好像，因為我與羅柏之間的那份親密，我獲准參與他新的冒險，參與他死亡的奇蹟一樣。

這種狂野的感覺伴隨了我幾天。我很清楚這不會被發現。但也許我的悲痛比我以為的更明顯，因為我丈夫把我們都載上了車，向南方駛去。我們在海邊找了家汽車旅館，在那裡度過整個復活節假期。我穿著我的黑風衣，足跡踏遍了那片空寂的海灘。在它不對稱的寬大衣擺裡，我覺得自己就像個公主或是個僧侶。我知道羅柏一定會欣賞這樣的畫面：白色的天空，灰色的海和這一件黑大衣。

最後，在海邊，在無處不在的上帝跟前，我漸漸平靜。我站在那裡看著天空，雲層是一派拉斐爾的色調，一朵受傷的玫瑰。我有種感覺，這是他親手畫的。你將與他相遇，你將與他相識，你將與他的手相知。這些話出現在我腦海裡，我知道有朝一日我會看到一片羅柏畫出的天空。

在語言之後出現的是一段旋律。我拎著我的軟皮鞋，逐浪涉水而行。我已從糾纏的痛苦中昇華，把它們像一匹閃亮的布料展開，一首紀念羅柏的歌。

那一首懷想的短歌，召喚他雙眼的顏色。我一遍遍對自己唱著歌詞，免得忘記。幾星期之後，我將在惠特尼美術館的追悼會上演唱這首歌。那是我們曾經夢想有朝一日將會展示我們作品的地方，在那裡，我曾透過那扇梯形的窗，遠遠看他深思地抽著菸。

成群的海鷗在我頭頂盤旋，暮色很快降下。

遠遠地我聽到一聲呼喚，是孩子的聲音，他們向我跑來。在綿延的永恆中，我停住腳步。我突然間看到了他，他綠色的眼睛，他深色的頭髮。在海鷗、孩子的嬉笑、波濤的呼嘯之上，我聽到了他的聲音：

為我微笑吧，佩蒂，一如我正為你微笑。

★

羅柏死後，我朝思暮想他的東西，其中有些曾經是我們倆的。我想要他的拖鞋，用閃閃發亮的金線繡著他的首字母的黑色比利時拖鞋，他穿著它們走過生命的尾聲。我惦記著他的書桌和椅子。它們會和他的其他貴重物品一起在佳士得拍賣。我躺著無法入睡，想著這些東西，想到都要生病了。我本來可以去出價，但我無法承受，他的書桌和椅子被轉手給陌生人。我一直在想著羅柏對自己著迷而得不到的東西所說的話。「我就是個自私的混蛋。我得不到的，別人休想得到。」

我為什麼就不能寫出喚醒死者的東西？這種追求在最深處灼燒。我克服了失去他的書桌和椅子的痛，但永遠無法熄滅創作的渴望，創作一串比科特斯翡翠更加珍貴的詞語。不過我有一縷他的頭髮，一捧他的骨灰，一箱他的來信，一面山羊皮鈴鼓。而包在一張褪色紫羅蘭色棉紙裡的是那條項鍊，兩塊紫羅蘭色的飾板上鐫刻著阿拉伯文，用黑色和銀色的線繫著，是一個熱愛米開朗基羅的男孩送給我的。

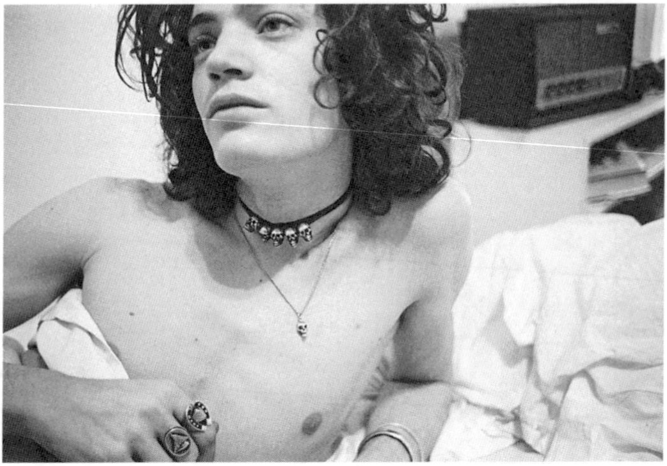

我們道別後離開他的房間。但有什麼又把我拉了回去。他淺睡著。我站在那裡看著他。如此平靜，就像一個上古的孩子。他睜開眼睛，笑了。「這麼快就回來了？」然後又再度睡去。

就這樣，這最後一面如同我們第一次見面。一個在陽光下熟睡的青年，他睜開雙眼，露出微笑，那是認出眼前之人並非陌生人的微笑。

一九八九年三月八日，我和羅柏最後一次對話。這個最後一次，指的，是他清醒活著時。他知道自己快不行了，而卻仍抱持一線希望，一絲顯而易見的執拗，交織在他的聲音裡。我問他能為他做點什麼，他說，照顧我的花。他要我為他的「花書」寫一篇序。「那都是彩色的花，我知道你更喜歡黑白的，所以你可能不會喜歡。」我會喜歡的，我說，我會寫的。我告訴他我會繼續完成我們的作品、我們的合作，只要我仍活著。「你會寫我們倆的故事嗎？」你想讓我寫嗎？你一定要寫，他說，只有你能寫。我會寫的，我向他保證，我心裡明白這是不大容易兌現的誓言。「我愛你，佩蒂。」我愛你，羅柏。然後他被推去做檢查，我便再也沒有聽過他的聲音。全是他的氣息，滿溢在他將死的這間病房裡。

一如為山姆．瓦格斯塔夫寫過的，我在他的紀念卡上寫了一首詩。五月二十二日那天，我和弗雷德參加了在惠特尼美術館舉行的悼念儀式。弗雷德穿著靛藍色斜紋布套裝，繫著深紅色領帶。我穿著我那件白蕾絲領的黑綢絲絨復活節洋裝。講臺的兩側放著兩個大花瓶，插著白色百合。他拍的花都掛在牆上。當我唱起紀念他的歌，我彷彿看到了二十年前的他：他在美術館外面抽著菸，等待著我的出現。羅柏全家都到場。他的父親哈利，友善熱情地向我打招呼。他的母親瓊，坐在掛有小氧氣瓶的輪椅上。我跪下來和她吻別，她緊握我的手。你是個作家，她努力在我耳邊說：「替我寫一句。」我猜她是想說寫一封信，但三天後她就過世了，我們把她葬在了「雪中聖母」國家公墓。

我為《花》寫了一篇文字，也兌現了瓊的請求。我寫了《珊瑚海》（*The Coral Sea*），畫了紀念他的畫，可是我們的故事卻不得已擱置了，直到我構思好該怎麼動筆。關於羅柏，關於我們，我還有很多故事可寫。而這個故事是我要說的，也是他希望我說的，我實現了我的諾言。我們就像糖果屋的漢森與葛列特兄妹，在世界的黑森林裡冒險。那裡有我們從未渴求過的誘惑、女巫和惡魔，也有我們不敢奢求的光彩。沒有人能為這兩個年輕人代言，也沒有誰能講得清他們一起度過的日日夜夜。只有我和羅柏能夠講述。我們的故事，一如他提過的。他走了，這個任務交給了我，讓我把這個故事說給你們。

二〇一〇年五月二十二日

紀念歌

小小的翡翠鳥
想要飛走
如果我蓋上手
是否
就能將他留

小小的翡翠靈魂
小小的翡翠眼睛
小小的翡翠靈魂
是否
你必須道別

所有我們追尋的
所有我們夢想的
都組成在
一如自然所知的
羽毛翠綠裏

小小的翡翠靈魂
當你遠遠發光
我聽說那是真的
神與你同在
小小的翡翠靈魂
小小的翡翠眼睛
小小的翡翠鳥
我們必須道別

羅柏的肖像畫。

一朵花自多年的花叢中生長
被一個人拍下
他造就了現代之戰慄
並為他的母親所喜

滿牆的花朵掩蓋了
一個相對年輕的人
所有的淚水
他一無所有，但緊握榮耀
他在神之手中緊握的
正引領他進入
另一個花園

——選自《花》，一九八九年

羅柏 16 歲。

紀念詩

如有力量在
黑暗中
深沉的控制
海芋的炫光
如喇叭吹奏
優美的形體
一隻堅定的手
調整孩子的蕾絲
勇者的面孔
自未被褻瀆的紗罩
一隻堅定的手
嫻熟於天堂之膚
消磨至黑暗
那裏與純真之心
系出同源

獻給羅柏的紀念卡，1989年5月22日。

從雀兒喜飯店 206 號房看出去的窗景。

野葉

野葉正在飄零
落向大地
每片葉子都是
一個時刻
一道光，在冠冕上
我們都將戴上
在某個不被羈束的時間
野葉正在飄零
落向大地

每句說過的話
每個宣示的詞
每道破碎的咒語
每個金色的偉業
所有我們演出的部分
編集一如蘆葦
野葉正在飄零
野葉，野葉

曾被提及的精靈
已經修葺的神話
每件我們經歷的事
顏色磨損殆盡
每道進入的裂痕
每個扭曲的故事
野葉正在飄零
落向大地

當篝火焚燒
當焰苗點燃
所有的時刻轉變
在風暴光輝裏
那翻騰已經足息
當信仰已然足矣
那來者與去者
野葉，野葉

書桌

世上有許多人或許都想重溫已經失去的東西。而有時，卻不得不將某些回憶放進帶點悔意的小梳妝檯裡。偶爾在一條舊手帕的褶層中，我們會發現一枚貝殼或者無足輕重的石頭，喚起那些午後歡樂時光。我們享用著片刻的喘息，讓不祥之感散盡。如同修訂過的《芬尼根守靈夜》（*Finnegans Wake*）的校樣，被遺忘在滿城迷宮般計程車陣的某個後座，又神奇地回到了驚訝而感激的詹姆斯．喬伊斯手裡。

七月中旬，我正在收集這些圖片的時候，接到了攝影師朋友琳恩．戈德史密斯（Lynn Goldsmith）的來信。她說遇到了一位叫迪萊拉的十五歲女孩，女孩讀過我的書後再分享給她媽媽。媽媽告訴她，多年以前，她剛剛生下第一個孩子時，她曾和他一起在康科特旅行過。羅柏坐在一旁，和她懷中的嬰兒甜蜜地交流。我聽了並不驚訝，羅柏對小孩一向都溫柔慈愛。

羅柏去世後，為紀念他的仁慈，迪萊拉的媽媽在拍賣會上買下了他的書桌。琳恩向我保證，如果那就是我在書中提到的那一張，那它現在找到了一個好人家。在打開附件的那一刻我失聲大哭。那就是他的書桌，和我記憶中的一樣閃閃發光。

看著迪萊拉的照片，她孜孜不倦寫著畫著的樣子，我曾夢想那就是我，眼前的

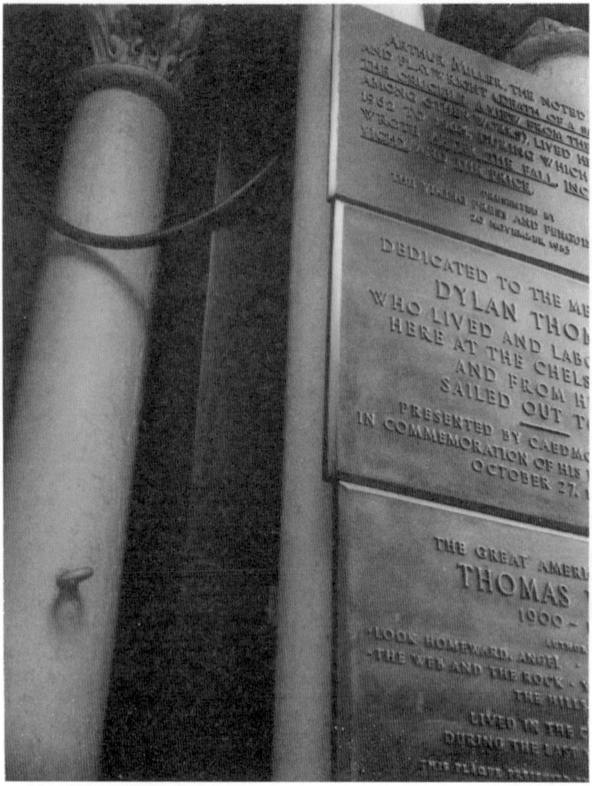
ARTHUR MILLER, THE NOTED
DEDICATED TO THE ME
DYLAN THOM
WHO LIVED AND LABO
HERE AT THE CHELS
AND FROM H
SAILED OUT T
PRESENTED BY CAEDMO
IN COMMEMORATION OF HIS
OCTOBER 27,
THE GREAT AMERI
THOMAS
1900 –

雀兒喜飯店門口的匾牌。

科尼島上的耐森餐廳。

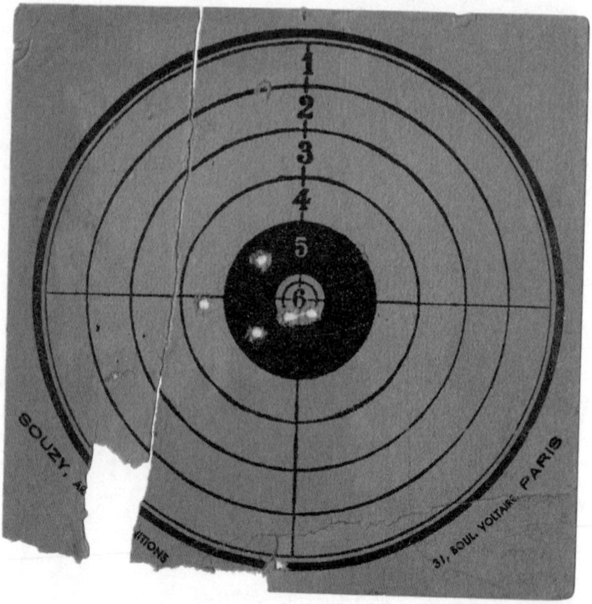
1
2
3
4
5
6
SOUZY, AR
ITIONS
31, BOUL. VOLTAIRE PARIS

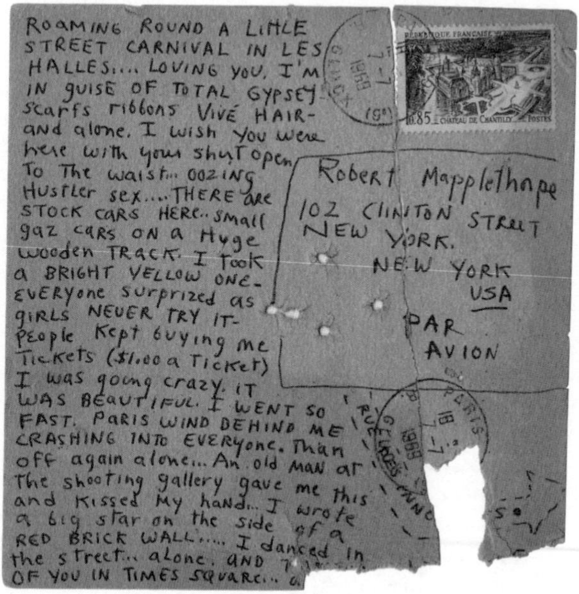

ROAMING ROUND A LITTLE
STREET CARNIVAL IN LES
HALLES.... LOVING YOU. I'M
IN GUISE OF TOTAL GYPSEY-
scarfs ribbons VIVÉ HAIR-
and alone. I wish you were
here with your shirt open
To The waist... OOZING
Hustler sex.... THERE are
STOCK CARS HERE.. small
gaz cars ON a Huge
wooden TRACK. I TOOK
a BRIGHT YELLOW ONE-
EVERYone surprized as
girls NEVER TRY IT-
People Kept buying me
Tickets ($1.00 a Ticket)
I was going crazy. IT
WAS BEAUTIFUL. I WENT SO
FAST. PARIS WIND BEHIND ME
CRASHING INTO EVERYone. Than
off again alone... An old MAN at
The shooting gallery gave me this
and Kissed My hand... I wrote
a big star on the side of a
RED BRICK WALL..... I danced in
the street.. alone. AND T
OF YOU IN TIMES SQUARE... a

Robert Mapplethorpe
102 CLINTON STREET
NEW YORK.
NEW YORK
USA
PAR
AVION

佩蒂與琳達赴法國旅行寫寄給羅柏的明信片。

Just Kids
The air was filled w/ sweetness
incredible and bright
like a gleaming sari
in the indian wind
fish were in the net
and the salt ran thru our fingers
and tears were swept away
by lover bony hand
and fair companions
fenced their prayers
sketches and linguistics
that glowed like eerie aroma
and none could know the price
no soul had ever bid
and underfoot the clover
crushed in carelessness
and vows were kept
upon the solemn banks
smiles drawn from blood
etched upon a window
pierced with dreams of god
what we ever asked for
all we ever knew
was such incredible
sweetness
that from the well
we drew

20 Dec 88.

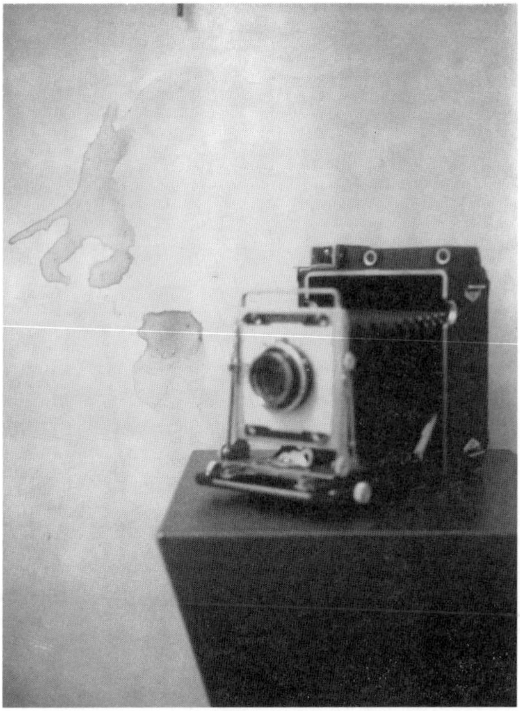
羅柏最後使用的相機，1988年。

文學森林 LF0021

只是孩子

Just Kids

作者

佩蒂・史密斯（Patti Smith）

生於一九四六年，詩人作家、樂手、視覺藝術家。被譽為「龐克教母」，她將詩作與搖滾樂作革命性的結合。一九七五年推出首張專輯《群馬》，爾後成為樂壇百大不朽經典，並獲得兩項葛萊美獎提名。

二〇〇五年，法國文化部授予史密斯「藝術及文學勳章」之最高等級「司令勳位」，這也是法國對一個藝術家所授予的至高榮譽。史密斯也於二〇〇七年進入了搖滾名人堂。二〇一〇年十一月，《只是孩子》榮獲美國國家書卷獎殊榮。

著作包括：《維特》、《巴別塔》、《白日夢》、《珊瑚海》和《純真預言》。

譯者

劉奕

二〇〇〇年清華大學美術學院畢業後改行成為搖滾樂文字工作者至今。初期寫樂評，文章多見於《通俗歌曲》等搖滾雜誌，生活交集地下搖滾場景。二〇〇五年起專職翻譯，為《滾石》雜誌翻譯文章，兼為搖滾樂人左小祖咒翻譯歌詞，同時淡出搖滾圈。個人生活簡單，愛好射箭，信仰佛教。

個人微博：weibo.com/etiaoduanku

審訂　馬世芳、葉雲平
詩作翻譯　林維甫
美術設計　永真急制 Workshop
責任編輯　陳柏昌
媒體企劃　鄭偉銘
行銷企劃　詹修蘋
副總編輯　梁心愉

初版一刷　二〇一二年五月二日
初版十二刷　二〇二一年一月十八日
定價　新臺幣三七〇元

ThinKingDom 新経典文化
發行人　葉美瑤
出版　新經典圖文傳播有限公司
地址　臺北市中正區重慶南路一段五七號一一樓之四
電話　02-2331-1830　傳真　02-2331-1831
讀者服務信箱　thinkingdomtw@gmail.com
部落格　http://blog.roodo.com/thinkingdom

總經銷　高寶書版集團
地址　臺北市內湖區洲子街八八號三樓
電話　02-2799-2788　傳真　02-2799-0909
海外總經銷　時報文化出版企業股份有限公司
地址　桃園市龜山區萬壽路二段三五一號
電話　02-2306-6842　傳真　02-2304-9301

只是孩子 / 佩蒂・史密斯（Patti Smith）著；劉奕譯. -- 初版. -- 臺北市：新經典圖文傳播, 2012.05
面；　公分. --（文學森林；21）
譯自：Just kids
ISBN 978-986-88267-2-4（平裝）

1.史密斯（Smith, Patti）　2.傳記

785.28　　101006876